受浙江大学文科高水平学术著作出版基金资助

The Sense of Dissonance

Accounts of Worth in Economic Life

不谐之音

经济生活中价值的重新诠释

[美] 戴维·斯塔克（David Stark） 著

蔡 亮 王玲玲 译

ZHEJIANG UNIVERSITY PRESS
浙江大学出版社

图书在版编目（CIP）数据

不谐之音：经济生活中价值的重新诠释 ／（美）戴维·斯塔克（David Stark）著；蔡亮，王玲玲译. —
杭州：浙江大学出版社，2022.3
ISBN 978-7-308-21386-8

Ⅰ.①不… Ⅱ.①戴…②蔡…③王… Ⅲ.①价值论
—研究 Ⅳ.①F014.31

中国版本图书馆 CIP 数据核字（2021）第 101032 号
浙江省版权局著作权合同登记图字：11-2021-218

不谐之音：经济生活中价值的重新诠释

［美］戴维·斯塔克（David Stark） 著 蔡 亮 王玲玲 译

策划编辑	陈佩钰 吴伟伟
责任编辑	陈思佳（chensijia_ruc@163.com）
责任校对	汪 潇
封面设计	程 晨
出版发行	浙江大学出版社
	（杭州市天目山路 148 号 邮政编码 310007）
	（网址：http://www.zjupress.com）
排 版	浙江时代出版服务有限公司
印 刷	杭州高腾印务有限公司
开 本	710mm×1000mm 1/16
印 张	15.5
字 数	260 千
版 印 次	2022 年 3 月第 1 版 2022 年 3 月第 1 次印刷
书 号	ISBN 978-7-308-21386-8
定 价	68.00 元

版权所有 翻印必究 印装差错 负责调换
浙江大学出版社市场运营中心联系方式：(0571)88925591；http://zjdxcbs.tmall.com

总　序

"习坎示教,始见经纶。"这是近百年前马一浮先生所作之词,意在申明浙江大学"求是""求真"之宗旨,并期待教育应如流水静深,言传身教方能培养经世济国的"经纶之才"。而在 21 世纪的第三个十年开始之际,我们必须面对一个截然不同的世界,这也许是信仰教育救国的中国学术前辈难以预料的。

20 世纪建构的政治价值和制度正面临着各种困境,文艺复兴后产生的各种近代思潮受到前所未有的冲击,宗教势力特别是宗教极端主义在全球很多地区发生了回归。欧美的主导价值-政治秩序不断受到移民问题、族裔冲突、宗教/价值观撕裂、阶级矛盾、疫病持续等多方面的挑战,世界地缘政治格局正在重组;环境危机、资本金融化和新兴技术的飞速发展对既有政治经济秩序带来多重的冲击,而国际犯罪和全球流行病也在不断挑战民族国家的权力边界与治理框架。概而言之,国际关系、政治治理模式、国家合法性基础乃至国家与社会方方面面的关系都面临着重塑。这种种的不确定性,使得既往社会科学的定见和浮泛经验很难提供新的教谕,遑论培育我们时代的经纶之才。某种程度上,我们的社会科学对于急遽变动的现实是失语的,或者继续坚持着某种一管之见的启蒙思想,或者停留在过去的安稳幻觉之中,或者梦想回归某种时空倒错的"传统",或者把急就章当作新时代的宏大方案。

在此种背景下,"经纶文库"秉承"求是""经纶"之精神,力图尝试打破学科间的僵化藩篱,引介一批国外优秀的社会学作品,涵盖历史社会学、政治社会学等,并推介国内若干高质量原创作品,以期对现实有所诊断,对学术发展有所借鉴;同时,涵育一个开放和多元的学术交流平台,促进公共讨论,培育能坚持理性精神、直面新时代的社会科学。"经纶文库"亦获得由浙江大学社会科学研究院与浙江大学联合设立的"浙江大学文科高水平学术著作出版基金"的支持。

"经纶文库"将秉持两种重要的精神。一是所选作品多有内在的历史维度,而无论其是否进行严格意义上的历史研究。对于长时段历史的观照使得这些作品秉持更为宏大的视野,关注宏观的结构和思潮的变迁。这一方面使得作品拥有更长久的学术生命,不随流行议题的流转而消退;另一方面也是重新建立过去、当下和未来之间联系的一种思想实验。在这个意义上,这些作品把历史作为一种对话的方法,期待经由历史来认识当下,并窥探通往未来的道路。二是文库作品往往关注当代主导中西方社会政治经济和思想秩序中的结构性变化,并以切实的实证研究来诊断和回应现代性的迫切危机。其中的主要议题将包括但不限于:国家建构的历史与当下挑战、社会运动的结构性变化、精英联盟(或联盟破裂)的机制与政治后果、发展型国家的过去与未来、政治/经济理念的建构与流变、国家-社会关系的变迁等。这些作品将提供难得的比较视角,使读者更深入地理解现代性如何以多元形态展开,以及当下中国问题的普遍性和特殊性。

这就是我们时代的经纶之术。这既是20世纪初精英教育精神的延续,也是对新的时代的回应。我们希望,这一努力能成为更广泛意义上的公共讨论的催化剂,以延引和启发更多的读者,来共同认识和回应当下的困境,创造新的时代。

是为序。

赵鼎新　朱天飚
2021 年 12 月 30 日

非特立独行的

不要将你的思想锚定在一处。

——但丁·阿利吉耶里(Dante Alighieri),《神曲:炼狱》

优秀的调查者总是在探索中发掘真理。

——埃尔莫·伦纳德(Elmore Leonard),《天堂先生》

失衡

(如果你感兴趣的话)

会带来发现。

——威廉·卡洛斯·威廉斯(William Carlos Williams),《帕特森四世》

致　谢

　　我首先要感谢的是米诺托的工人们、NetKnowHow 的新媒体工作者以及国际证券公司的交易员,他们热情地欢迎我和我的研究伙伴,包容我们的存在,解答我们的问题,耐心地向我们解释他们工作的复杂性。

　　知道自己不是独自一人,这对我来说大有裨益。我对亚诺什·卢卡奇(János Lukács)满怀感激,作为最具有洞察力、最不知疲倦的向导,他带领我研究了匈牙利的车间。在很长一段时间里,我们的研究从黎明就开始了,他通常先把孩子哄睡觉,然后开始在餐桌上和我一起讨论我们的实地笔记,试着找出那些不仅仅发生在米诺托,也更普遍地发生在匈牙利的激动人心的时刻,我们经常讨论到半夜。就这样,我与他结下了一生的友谊。我和莫妮克·吉拉德(Monique Girard)不仅是研究伙伴,还是生活伴侣。如果你认识莫妮克的话,你就会立刻理解她在 NetKnowHow 20 多岁的年轻人中是多么温暖而又热情的存在。如果你不认识她,在这本我们合写的民族志作品的每一页上你都能读到她的见解。丹尼尔·比恩扎(Daniel Beunza)曾是我的学生,现在是我在哥伦比亚大学的同事兼朋友,在我眼中他是一位无与伦比的民族志学者。我们没有去世界贸易中心时,他就会整理自己的实地笔记,我们也会一起进行讨论。不夸张地说,我们每实地工作一个小时,就会在下一次观察前花上三个小时讨论。本书有很多内容值得讨论,丹尼尔的实地笔记是我见过的所有民族志学者中写得最好的。看到他成为金融社会研究领域的领军人物,我欣喜万分。

　　对于本书每一部分的意见、评论和建议的准备工作,我要感谢史蒂夫·巴利(Steve Barley)、吕克·波尔坦斯基(Luc Boltanski)、皮埃尔·布迪厄(Pierre Bourdieu)、迈克尔·伯劳维(Michael Burawoy)、贝弗利·伯里斯(Beverly Burris)、米歇尔·卡伦(Michel Callon)、卡琳·克诺尔·塞蒂纳(Karin Knorr Cetina)、保罗·杜吉德(Paul Duguid)、尼尔·弗里格斯坦(Neil Fligstein)、亚诺什·科尔奈(János Kornai)、戴维·莱恩(David Lane)、斯科特·拉希(Scott Lash)、文森特·莱皮奈(Vincent Lépinay)、法比安·穆涅萨(Fabian Muniesa)、旺达·奥尔利科夫斯基(Wanda Orlikowski)、亚历克斯·普雷达(Alex Preda)、洛朗·特维诺(Laurent Thévenot)、奈哲尔·斯里夫特(Nigel Thrift)、华康德(Loïc Wacquant)、哈里森·怀特(Harrison White)、西德尼·温特莱特(Sidney Winter)和埃里克·赖特(Erik Wright)。

本书的许多观点都是我十多年来在哥伦比亚大学经济社会学研究生研讨班上所发展和验证了的。从1998年春天第一次召开研讨会到现在,研讨会一直是我们"实践"社会学的活跃场所。作为一名教师,我的乐趣之一就是每年看着一群聪明伶俐、意志坚强的学生组成团队,互相倾听,共同构思概念。在2007年的春季研讨会上,我的学生们仔细分析了本书的手稿。他们像病理学家一样,把健康的组织和有问题的、脆弱的组织区分开来。在修改过程中,我受益于他们的批评和建议,也受益于我以前学生的优秀建议。这里我要特别感谢法比恩·阿科米诺蒂(Fabien Accominotti)、巴勃罗·博茨科夫斯基(Pablo Boczkowski)、拉里萨(Larissa Buchholz)、维克多·克朗(Victor Corona)、阿曼达·达马林(Amanda Damarin)、卢卡斯·格雷夫斯(Lucas Graves)、维多利亚·约翰逊(Victoria Johnson)、丹妮·兰尼尔-沃斯(Dani Lanier-Vos)、安娜·米切尔(Anna Mitschele)、吉娜·内夫(Gina Neff)、拉斯姆斯·尼耳森(Rasmus Nielsen)、皮拉尔·奥帕佐(Pilar Opazo)、马蒂亚斯·蒂曼(Matthias Thiemann)、祖萨娜·瓦尔加(Zsuzsanna Vargha)和巴拉日·韦德尔(Balazs Vedres)。

在修改手稿的过程中,我也受益于下列朋友富有洞察力的意见反馈:帕特里克·阿斯帕斯(Patrick Aspers)、吉尔·埃亚勒(Gil Eyal)、布鲁克·哈林顿(Brooke Harrington)、马丁·哈维特(Martin Harwit)、迈克尔·哈特(Michael Hutter)、史蒂文·兰辛(Steven Lansing)、唐纳德·麦肯齐(Donald MacKenzie)、马里扎·佩拉诺(Mariza Peirano)和迈克尔·皮奥雷(Michael Piore)。在关键时刻,重要的是有人的判断值得我尊重,有人真正理解这个项目,有人大力支持、鼓励我。因此,我特别感谢阿什·阿明(Ash Amin,杜伦大学高级研究所所长)、延斯·贝克特(Jens Beckert,科隆马克斯·普朗克社会研究所联合所长)和伊恩·马尔科姆(Ian Malcolm,普林斯顿大学出版社编辑)。

如果没有得到一些机构的支持,我是不可能完成本书的研究和写作的,而且本书得到的支持尤为丰富,因为本书的研究工作跨越了不同时代和背景。对于无负担奖学金,我要感谢美国学术协会理事会(1984—1985 年)和约翰·西蒙·古根海姆基金会(2004 年春季)。对于有机会在学者群体中工作一段时间,我要感谢巴黎的社会主义政治与道德中心(1986 年秋季)、康奈尔大学人文学会(1989—1990 年)、行为科学高级研究中心(1995—1996 年)、罗素·塞奇基金会(2002—2003 年)、杜伦大学高等研究院(2007 年秋季)以及科隆的马克斯·普朗克社会研究所(2008 年春季)。

从开始到结束,在研究、写作、修改的每个阶段,我都有赖于拉斯洛·布鲁斯特(László Bruszt)、杰夫·福格(Geoff Fougere)、伊斯特万·加博(István Gábor)和杰诺·格拉伯(Gernot Grabher)这四位亲爱朋友的睿智忠告。例如,杰夫每周都会阅读第一章和第五章的书稿,有机会在每个周末和他讨论书稿为我的写作提供了强大动力。这四位朋友都阅读并评论了整部书稿——各种各样的版本,我经常向他们寻求指导。

如果说我在每个阶段都有赖于朋友的建议,那么我的每一步都仰仗莫妮克·吉拉德的建议。我们讨论了所做的所有研究、各个部分的写作、本书的整体框架,还就特定段落和句子结构反复讨论修改了很多次。最重要的是,莫妮克总是有源源不断的新想法。在我认识的人中,没有人比她更善于发现和规划有趣的项目了。想象一下与这样鼓舞人心的知识分子共度愉快的一天……再想象一下共度幸福的一生。

我的其他灵感来源主要是我们的孩子亚历克斯和本。他们的思想、笑声、生活的快乐,所有一切都是如此美妙。最后,他们的作用从鼓舞人心扩大到了给出赞赏而有益的批评。我们在威尼斯度假时,亚历克斯和本问我书的进度。我说了几句,大意是说一切顺利。"不,真的,我们想看看。"他们坚持道。然后我给了他们每人一章。沉默几分钟后,亚历克斯问:"你有笔吗?"同时,本也开始了。他们开始在书上大加批注。我仔细地看了每一页边上的注释:"不清楚"、"这里有太多多余信息"、"不要用比喻开头"、"结尾还需要更有力"——这还只是第一页上的批注。他们每个人,以不同的方式,带着成熟的作者风格,给我的书写了大量批注。因此，当我在一周后拿到他们做了大量批注的副本时，作为父亲我感到非常高兴。如果亚历克斯和本的批注使这些文字有了大幅改进，那么他们的投入也为本书的构思提供了一些想法。例如，在某次深思熟虑的谈话中，本简明扼要地阐述了前言的指导方针，我常常享受和亚历克斯谈论写一本能解决某领域尖锐问题、吸引更多读者的书会面临什么样的挑战的过程。

谨以本书献给我的父母塔里塔（Talitha）和威拉德·斯塔克（Willard Stark）。很遗憾我的父亲没能亲眼看到这本书出版。我想他会喜欢的，我也知道我会享受和他讨论这本书。他是一位优秀的作家，线条感很强。他那美妙的歌声融入了他作家声音的旋律和节奏。我怀疑我与写作有关的一切都是从他那里学来的。我很高兴能和我的母亲一起讨论这本书。她对这世界充满了好奇心并且满怀正义感，这种感觉随着他的年龄而不断增长。1964年我父母加入了戈德华特的共和党，1980年前夕他们去尼加拉瓜的美国大使馆抗议。在纽约市或华盛顿特区与成千上万的人一起高喊"一、二、三、四，我们反对反政府武装/伊拉克/任何战争"，这不是什么难事，但是和仅仅六名示威者一起在俄克拉荷马城的旧联邦大楼前抗议，真的很需要勇气。我们知道自己的孩子在变化、成长、发展，但是我们并不总是能意识到自己的父母也是如此，有时这甚至比我们自己的变化还快。有时我会忘了这一点，当我母亲问我在做什么时，我会支支吾吾，想着她怎么会对社会学感兴趣。但是她一直不停要求我告诉她，每次她提出有趣的问题或者见解深刻的评论，总能给我留下深刻印象。对于这本书也是如此。读完本书后，她评价说这是一本很棒的书。

第三章的初稿收录在：*Environment and Planning A*，November 2002，vol. 34，no. 11，pp. 1927-1949。第四章的初稿收录在：*Industrial and Corporate Change* 2004，vol. 13，no. 2，pp. 369-401。

前　言

回首往事,本书源于一篇未完稿的学位论文。20 世纪 70 年代末,我正在哈佛大学攻读硕士学位,从事比较社会学方面的学术研究,我对产业组织在社会主义和资本主义制度下的区别产生了浓厚兴趣。在探索如何将这一兴趣升级为学位论文主题时,我了解到在社会主义东欧出现了一种"农民工"现象,他们同时从事社会主义工业和私人农业,但两者的组织原则却截然相反,这使我意识到农民工其实是个值得研究的战略社会群体。当然,假如农民工可以每天从社会主义工业切换到资本主义工业工作,我们的自然实验将取得更有价值的实验结果。不过,这话题仍为我提供了大好机会来研究两种社会制度中采取不同模式组织生产会带来什么结果。

当时我的妻子莫妮可·吉拉德正在哈佛大学攻读人类学专业的研究生,她有幸获得了论文旅行奖学金,在 1979—1980 年同我一道远赴南斯拉夫从事相关研究。出发前,我们特地学习了塞尔维亚-克罗地亚语。新婚燕尔,我俩期待共同开展刺激的学位论文实地研究。在我们抵达萨格勒布(克罗地亚首都)一周后,铁托(Tito)便生病住院了,很快就与世长辞,当时仍处于我们的访问期间。因为我们是以交流人员的身份获准来南斯拉夫展开研究的,所以法律手续对我们来说不成问题。但是铁托的意外离世却使得南斯拉夫政局陷入动荡不安之中。所有学者,即使是私底下给过我们建议的人,都无法公开为我们提供任何帮助。此外,我们的手机和公寓都被安上了窃听器,房东还在短短 9 个月内先后遭到三次骚扰,而我们的朋友也不忍透露他们私下遭到了警方的盘问,我们更不能连累参与过实地研究的志愿者。

后来我回到了哈佛大学,重新思考自己的选择。那时名为"团结"的独立工会刚刚得到波兰政府的认可,这改变了我对东欧国家的认识,也使我学习斯拉夫语的目的发生了一些变化,我是为了研究这一社会新变化才去学习斯拉夫语的。因此我报名了波兰语入门课程,任课教师是斯坦尼斯拉夫·巴兰卡萨克(Stanislav Barancsak),他是波兰劳工保护委员会(Committee to Defend the Workers)的创立者之一,和莱赫·瓦文萨(Lech Walesa)私交甚好。某天早上我本该去参加这门课的期末考试,却在一大清早被波兰朋友叫醒。"波兰刚刚宣布实施军事管制了,"她说,"你没法在这里开展论文研究了。"因此我没能参加期末考试。

我的遭遇赢得了委员会的支持和部门的同情,最后我也确实写出了一篇关于资本主义和社会主义制度下的工作组织的学位论文①——但却没能如愿开展民族志研究,去探索竞争与共存的组织原则彼此碰撞后的结果。就在离我离开剑桥还有七个月时,我有幸见到了大名鼎鼎的匈牙利经济学家亚诺什·科尔奈(János Kornai)。我们在人民大街的咖啡馆喝了一杯又一杯咖啡,讨论他写的书,我还和他分享了自己撰写学位论文时的不幸遭遇。我告诉他,即使在南斯拉夫和波兰遭遇了这样的不幸,我仍想继续开展我未完成的实地研究。听到这,他表态道:"你是个锲而不舍的年轻人。来匈牙利吧,我们会竭尽所能帮你去往一些公司开展实地研究。"

于是,一年后,1983 年的夏天,我从巴黎乘坐东方快车前往布达佩斯。我的老朋友,社会学家卡斯巴·毛科(Casba Makó)赶来布达佩斯东站接我。回首往事,记忆犹新。还没走出火车站,乔鲍就开始激动地告知我匈牙利劳工关系取得的最新进展:一年前,也就是 1982 年,匈牙利实施了一项新举措,给予工人组建"企业内合作小组"的权利。在这一合作关系下,工人可以在下班后和周末的非工作时间管理工厂设备,将它们分包给母公司,或者承接外部公司的订单。这和我之前在南斯拉夫想要研究的农民工状况也并非毫不相干,因为工人们是以合作者的身份同时在两种形式的社会组织内工作。但在组织社会学家看来,这种合作

---

① 我的论文以图书馆和档案研究为基础,重点比较了泰勒主义和列宁主义,并不是像列宁那样执着探索将泰勒主义引入国有企业的传统方式,而是把它们作为与不同领域的"科学"知识主张相关的新类项目。公司声称其科学管理是基于"时间和运动研究"得出的"规律",而科学管理经济的尝试则是基于"历史运动规律"的知识。但具有讽刺意味的是,尝试通过中央计划的预算手段对经济进行科学管理,使得我们不可能在公司内部引入科学管理的合理化原则。

形式却像是个出乎意料的社会实验室:工人们在同一工厂中,使用同样的技术,每天都在官僚组织与非官僚组织之间来回切换,因为监督者、工作组织形式和内部支付方式都是由合作小组自主决定的。"上午六点到下午两点,我们是在给资本家打工,但是下午两点到凌晨六点,我们却是在给自己打工。"乔鲍向我转述他从工人那儿听来的话。我感觉自己必须把握这一良机。"我必须研究这一现象。"我在上地铁时跟他这样说道。

乔鲍将我介绍给了他的助手亚诺什·卢卡奇(János Lukács),我们很快就着手开始行动了。那个暑假我们去了不少工厂采访工人和管理人员,去了几十次,询问他们对合作关系"试验"的看法,随时留意有没有一个或多个背景可供我们开展深度研究。最后,我们在米诺托(Minotaur)①——一家轮胎及橡胶制品生产商,匈牙利最大的国企之一——找到了机会。有个合作小组十分欢迎我们对它展开研究。在米诺托,制造工具的工人们组建了一个合作小组,以获得作为熟练工人的价值认同感,这使他们跟米诺托的管理部门发生了冲突,也给他们带来了新挑战,那就是探索建立一个内部支付系统以合理分配他们的"企业收益"。

后面几年我经常去米诺托回访,因为我获得了奖学金,可以请假去外地做研究。1986 年秋天,我频繁在布达佩斯和巴黎两地之间往返。在巴黎,应政治与道德社会学小组(Centre de Sociologie Politique et Morale)的创始人吕克·波尔坦斯基(Luc Boltanski)的邀请,我成了该组织的访问学者。我在巴黎完成了《工作、价值和正义》("*Work*,*Worth and Justice*")的初稿(也就是本书的第二章),与此同时吕克和他的合作者罗朗·戴福诺(Laurent Thévenot)也在着手撰写他们合著的书《论辩护:价值经济学》(*De la Justification*:*Les Économies de la Grandeur*)(第一章对该书有所讨论)。我们就他们的工作展开了谈话,这为我提供了清楚表达自己想法的机会。我读研时所学的语言现在已经成为一种"生产模式",但是后来我明白经济社会学和组织理论都可以受益于一个叫作"价值顺序"的词(从法语"les orders de la grandeur"翻译而来)。现在我在工作场合所感受到的不再是生产模式所带来的巨大历史冲突,而是另一个喧闹的冲突:竞争评估原则所带来的冲突。

---

① 本书所有的公司名和人名都是化名。

但是当时我和法国同事还在知识储备阶段，而我也忙于整理自己的实地调查笔记，因为我一直在补充《论辩护：价值经济学》草稿中不完整的部分。但是波尔坦斯基和戴福诺将价值顺序视为惯例，认为它使可计算行为变成一种可能，而我们在机械工厂所开展的试验却不甚明朗。事实上，在米诺托，行动之所以可能，正是因为我们并不确定究竟是什么价值顺序在发挥作用。而且，有些主体并非通过确定自己在一个秩序中的价值获益，而是通过在共存原则中保持持续的模糊性。这种持续的竞争带来了组织层面的反思性，这种反思因计划经济和封闭政治体系的限制而严重扭曲，尽管如此，它揭示了重组真正的企业活动的可能性。

离开巴黎后，我将《工作、价值和正义》的稿件寄给了皮埃尔·布迪厄，他录用了这篇文章，将它刊登在法国杂志《社会科学研究学报》（*Actes de la Recherche en Sciences Sociales*）上。我禁不住布迪厄和波尔坦斯基的鼓励，决定将自己在米诺托和其他匈牙利工厂的研究成果写成一本书。1989 年秋，我受邀成为康奈尔大学人文协会的访问学者，一个大好机会就这样摆在了我的眼前。1989 年秋天还发生了其他的好事。我在纽约州北部伊萨卡的办公室里，一有时间就聚精会神地研读自己的实地研究笔记，但是不料后来波兰、匈牙利和东德相继发生了政治巨变，这使我不得不放下手头的工作去关注这些巨变。我所记录的世界正在经历一场巨变。

10 月初，我的朋友拉斯洛·布鲁斯特（Laszlo Bruszt）带着关于东欧的新消息来到了伊萨卡。1989 年的整个夏天他都在参加圆桌谈判。通过本次谈判，匈牙利的政府代表和政治反对派代表就向自由选举过渡达成了协议。作为匈牙利独立工会联盟（成立于布达佩斯公寓内）的代表，拉斯洛·布鲁斯特曾被派去和波兰那边的代表协商。早些时候，波兰那儿也举行了类似的圆桌会议。"令人激动"这个词远不足以形容他的这些经历。

拉斯洛提议我去匈牙利采访所有参加过政治谈判的关键人物，趁他们尚未受到选举结果影响、记忆犹新的时候，立刻采访他们。我认真考虑了他的提议。一方面，我还是个尚未获得终身职位的助理教授，还有书要写，有数据要处理；另一方面，我正在放假，时间比较充裕。几天后，人们推倒了柏林墙。我意识到这是一个千载难逢的机会来对这个划时代巨变的主题开展实时研究，而这正是我在过去十年里一直充分准备的。米诺托工人们的神奇故事现在正在一个更大的历史舞台上演，而我可以直接对此开展研究。于是我在 12 月来临前抵达了布达佩斯。

　　我和布鲁斯特一起开展研究，合著了一本与以往内容截然不同的书——《后社会主义道路：中东欧的政治和财产转型》(*Postsocialist Pathways*：*Transforming Politics and Property in East Central Europe*)，它不是关于社会主义时期的职场政治，而是关于应对后社会主义政治的独特挑战：产权的变化和公民权利的扩大可以同时实现吗？[①] 在此期间，我继续开展关于经济社会学的研究，回到了我在 20 世纪 80 年代研究过工作合作小组的公司，通过系统搜集匈牙利最大的 200 家公司的所有制结构的数据，绘制这些公司间的网络关系图，以此对以往的案例研究进行补充。随着公共财产转变为私有财产，这项研究使我对市场过渡的概念产生了疑问。我确实发现了产权转换，但是我也发现它的形式是"重组产权"，其中公私之间的界限和公司间的界限在公司间所有权网络中模糊化了。[②]

　　我总结道，社会世界的变化，即使是根本变化，无论发生在政治还是经济层面，都不能简单理解为从一个顺序过渡到另一个顺序，而应该被视为以顺序相互交织的形式进行重组。也就是说，我没有将制度变革或者组织创新视为一种替代行为，而是将它们视为制度要素的重新配置。简而言之，我认为组织创新是重组，这是贯穿本书的一个主题。

　　从 1996 年到 1997 年，我在帕洛阿尔托的行为科学高级研究中心担任访问学者，在此期间我完成了论文《在东欧资本主义中重组财产》("Recombinant Property in East European Capitalism")和书《后社会主义道路：中东欧的政治和财产转型》(*Postsocialist Pathways*：*Transforming Politics and Property in East Central Europe*)的写作。快结束访问的某个傍晚，我在看女儿练足球，偶然和旁边的人聊起来。他对我在匈牙利公司开展的研究颇为好奇，要我分享一下我在那儿的发现。"嗯，有时候我很难知道一个公司在哪里结束，另一个公司在哪里开始。"我开口说道。他点了点头，鼓励我说下去。我开始提及公司之间界限的模糊，公司有时是如何在项目上展开合作的，却没有在一开始就做好利益分配的方案。他一直在用"是的，以及……"这样的句型鼓励我说下去。就这样四五次之后，他打断了我："你说的不是匈牙利，是硅谷。"

---

① David Stark and László Bruszt, *Postsocialist Pathways*：*Transforming Politics and Property in East Central Europe*, 1998.

② David Stark, "Recombinant Property in East European Capitalism," 1996.

如果将这一故事画成漫画,那现在的画面就是一个大灯泡在我头顶闪闪发光。事实上,我竟然可以站在运动场的一头,突然意识到当我在其他地方研究重大社会变革时,另一场变革就发生在我所生活的社会,我觉得这充满了喜剧色彩。虽然我知道这两个过程不可能是一模一样的,但是我对于理解这种差异颇感好奇。如果说我已经从东欧的研究中收获了什么,那就是如果我想要研究所谓的数字革命,那我就必须让自己置身其中。你是如何研究飓风或龙卷风的? 在它们来临时,飞入其中收集数据。

1997 年秋天,我入职哥伦比亚大学,因为我很看好参与重建某个知名部门,也想把握纽约这一研究地点带给我的机会,它不是硅谷,但那里确实也有类似硅谷的特有模式。在那个叫作硅巷的地方,汇聚了数千家新创业公司,后人将这些公司所从事的行业称为"新媒体"。在一家叫作NetKnowHow 的新媒体创业公司,我和莫妮克·吉拉德一起针对程序员与互动设计师展开了民族志研究。这一民族志研究构成了本书第三章的基础。不同于米诺托的工人,NetKnowHow 的新媒体工作者是打造数字经济工具的工人。而且和米诺托的工人们一样,新媒体的工人们也利用了多种评估原则的模糊性,在未知领域展开探索——在此案例中,互联网领地热潮所处的领域当时叫作新经济。

在研究 NetKnowHow 时,我们也了解到我们在哥伦比亚大学的前辈们已经建立了一个模型研究项目,我们可以在该项目的基础上试着继续搭建。20 世纪中叶,在罗伯特·默顿和保罗·拉扎斯菲尔德的领导下,哥伦比亚大学的组织分析师们启动了两个雄心勃勃的研究项目。一方面,默顿和他的研究生们运用不同的研究方法研究了官僚主义的起源与功能(彼得·布劳负责小组研究,阿尔文·古德纳负责民族志研究,詹姆斯·科尔曼则负责调查研究)。另一方面,默顿和拉扎斯菲尔德成立了无线电研究局来研究大众传播的动态,开创了使用专题小组和新方法来进行受众接收的人口统计。

研究组织形式和交流形式的想法,在重新配置所有组织形式和交流形式的时期,促使我和我的研究生们展开了一系列对话。鉴于哥伦比亚大学的前辈们早已在大众传播时代就搭建好了官僚组织的结构,我们意识到我们所面临的研究挑战将会是在新交互技术的时代描绘协作组织形式。但是以前和现在的哥伦比亚大学项目的区别,已经不仅仅在于前辈研究的是等级制度,而我们研究的是差异化结构,或者前辈研究的是大众生产和大众传播的社会技术，而我们研究的是协作生产和协作传播的社会技术。正如罗伯特·默顿在和我们的谈话中所强调的那样，重要区别在于，两个研究方面（一方面是组织形式，另一方面是传播技术）不能再继续毫不相关。正如我们将在第三章，尤其是第四章中所讲述的那样，在我们这个时代，差异化组织的设计离不开数字界面的设计。

　　新成立的哥伦比亚组织创新中心为这一研究项目提供了制度平台。我们最初的活动之一是开展为期一年的系列演讲和研究生"差异化结构"研讨会。在研讨会上关于"多重评估原则"的讨论中，我们努力探索，通过研究价值上无歧义/分歧的组织来建立基础，是否是富有吸引力的。这种研究可以为我们提供一种标准，以更好地了解差异化组织的工作方式，该组织的价值处于竞争之中。我和研讨会的研究生丹尼尔·比恩扎一起接受了这个项目，并顺利研究了我们眼中的单一价值衡量的一流标准——华尔街某家大型国际投资银行的套利交易室（也就是第四章中的场景）。

　　正如其他任何研究方法一样，在民族志领域的研究中，总能获得意外收获。而最大的意外收获往往与研究设计的初衷背道而驰。但正是因为它是研究——也就是说它不是对已知事物的搜索，你永远难以预料它会是什么样子，因此，你不可能为了潜在的意外收获而对项目做出刻意的设计。你能尽的最大努力就是做好准备，这样你就可以识别大好机会，发现新颖见解。而第四章就记录了这样一个意外收获案例。交易员知道自己在寻找价值、利润，但是这种回馈和收获的具体情况是无法预知的。套利的运作方式是在证券高度抽象的特点和其衍生物之间建立新联系。但是套利中有着多种价值搜索原则，而交易室却是按照认知生态组织起来的，利用这些原则的多样性来识别（实际上，正如我们看到的，其实是重新认知）新的联系。

　　……

　　我引用了但丁的"不要把你的思想锚定在一处"。这显然不是我从一开始就有意识遵循的建议，但它确实解释了这段智力之旅所经历的曲折的过程、错误的开始、把握的机会以及突然的转折。如果有突然的转折，当然可以返回：回匈牙利，但这就又回到了我在南斯拉夫无法研究的问题；从过时衰败的工业环境转向高科技环境，但这就又回到我在匈牙利发现过的企业重组概念的早期变形；回市中心的交易室，但这就又回到了作为识别和重新识别关键的原则多样性概念。所以，是的，有返回，许多令人快乐的返回。因为在这些咏唱中,主题不是简单重复,而是以不同的形式返回——可识别。而且这种差异越是令人不安,这种识别就越是令人愉快。有个听起来奇怪但我希望你会觉得有创意的做法:不要把你的思想锚定在一处。

但是,关键并不是社会学家应该在不同环境中展开研究。我把这三个案例放在一起,对搜索做了一个更广泛的分析。用最简单的话来说,这个想法就是组织可以用社会学的双重视角看得更广阔,搜索得更全面。简明扼要地说:在对竞争性价值顺序的争议中,米诺托工人们识别自己的价值和身份;在对资源定义的争论中,新媒体公司识别机会;在价值原则的多样性中,交易员识别价值。当一个社会真正认识到了价值定义存在多种方式时,它才真正认识到了自己的潜力。当我们对"什么是有价值的"产生公开分歧时,我们的财富——不,准确来说是我们的价值,将会得到增长。

2007 年 12 月
于英格兰达勒姆

目　录

第一章　差异化结构:失衡的组织 ………………………………… 1

　　搜索问题 ……………………………………………………… 1

　　关于价值社会学 ……………………………………………… 6

　　处于行业交叉点的企业家 …………………………………… 13

　　差异化组织 …………………………………………………… 18

　　关于 21 世纪组织的一个隐喻 ……………………………… 26

　　争议情境中的价值 …………………………………………… 30

第二章　社会主义工厂的工作、价值与公平 ………………… 34

　　合作小组即最佳证明 ………………………………………… 35

　　合作小组内部的分配公平 …………………………………… 49

　　跨经济模式的企业运作 ……………………………………… 60

　　结　语 ………………………………………………………… 70

第三章　新媒体创业公司的创意摩擦 ………………………… 75

　　价值生态学 …………………………………………………… 78

　　企业和项目形式 ……………………………………………… 84

　　分布式情报 …………………………………………………… 90

　　组织性失调 …………………………………………………… 94

　　话语实用主义与充分摩擦 …………………………………… 99

　　结　语 ………………………………………………………… 101

第四章　套利交易室的认知生态学 ················· 109

　　研究量化金融 ························· 111

　　寻找优质套利或量化金融 ················· 116

　　交易室是联系空间 ····················· 120

　　交易室是生态系统 ····················· 125

　　交易室是实验室 ······················ 131

　　结　语 ···························· 141

第五章　从实地研究到研究领域 ··············· 151

　　从分类到搜索 ······················· 154

　　从组织多样性到多样性组织 ··············· 163

　　从非反思的理所当然到反思性认知 ··········· 169

　　从通过共识到通过误解来协调 ·············· 175

　　民族志研究场景:从单一到多元 ············· 180

参考文献 ····························· 187

后　记 ····························· 222

第一章
差异化结构：失衡的组织

搜索问题

搜索是信息时代的座右铭。无数新信息技术正在重塑我们的工作方式和日常生活，然而，可能没有任何一种技术的威力可与新搜索技术相媲美。只需在工具栏里输入若干关键词，我们便可以轻松访问庞大的数据库，找到远在千里之外的同事所写的名不见经传的文章，找到关键部件的供应商，了解新药物或医疗手段的优点和副作用，或者在网上了解到事实真相，帮助我们快速消除与他人在诸如戏剧表演、运动员或者共同基金上产生的争议。蒸汽机、电动涡轮机、内燃机和喷气发动机推动了工业经济的发展，而搜索引擎则推动了信息经济的发展。

"搜索"是本书的关键概念之一，因为搜索最能体现当代组织所面临的挑战过程。讽刺的是，虽然搜索技术改变了我们的工作和购物方式，甚至还改变了我们在社交和现实空间中定位自己的方式，但是它却对这些挑战无能为力。当然，在帮助组织管理知识中，新的搜索技术是弥足珍贵的。但是它们所产生的结果却不合组织的心意，因为这些结果不能帮助组织解决当前所面临的一些更为基础的问题。更具挑战性的搜索不会产生我们脑海中确定的实体或类别的坐标，比如搜索某个电子邮件地址，或者某个会议上的一篇论文。搜索无法帮助我们找到具体问题的解决方法。有一种搜索是你在搜索时并没有明确的搜索对象，直到找到的那一刻才恍然大悟，这正是我们在搜索时所面临的基本挑战。

学者们对搜索的过程可以说是驾轻就熟了。事实上，有个现成的术语来形容"把已知事物从搜索结果中分辨出来"：研究。① 在其他领域，这个过程还有个名字：创新。约翰·杜威（John Dewey），美国哲学实用主义学派的创立者之一，使用了另一个术语：探究。②

杜威强调，探究，作为搜索的一种独特形式，应当同解决问题区别开来。他的阐释值得详细引用，因为他的话很好地将我们的注意力从一个定义明确的问题转向了一个更有趣的复杂情境：

> 我们可以人为选择从现成的问题或凭空捏造的问题出发去思考。实际上，这样的"问题"仅仅是某个指定的任务，一开始并不存在这样的情境和问题，更不用说只有问题而没有情境的情况了。在困难重重且深受其扰、烦恼、困惑、棘手的情境中，如果我们准确知道哪里存在什么困难，那么我们思考的过程会更简单些……但事实是当我们找到问题出在哪里时，也能找到解决方法。③

杜威所提到的令人困惑的情况，所有读者听着都感觉似曾相识，我们都面临过这样的挑战：即使不知道自己要搜索的是什么信息，也必须强迫自己去搜索。我们明白分配任务（杜威称之为"简单搜索"）和挑战情境之间的区别。当我们在一系列已知参数中寻找解决方法时，我们能感受到不同场合之间的区别。其他场合（杜威称之为"情境"）充满了不确定性，但也因此而充满了可能性。④ 如果只需在工具栏里点几下鼠标就能找到所搜索问题的答案，生活将会是多么幸福纯粹啊，但这一点都不会让人觉得有趣或满意。

理查德·莱斯特（Richard Lester）和迈克尔·皮尔（Michael Piore）在研究手机、蓝色牛仔裤、医疗设备的新产品开发过程时，简明扼要地指

---

① 如果你正在寻找合适的论文主题，那么想必你对这种搜索方式已经轻车熟路了。如果你已经知道自己所要查找的信息是什么，那么你很有可能已经完成了搜索。创新研究扩大了我们研究的问题领域。我们所面临的挑战就是跳出已知去进行研究，使新问题、概念、方法、见解取得他人的认可。
② 实用主义传统始于查尔斯·桑德斯·皮尔士探究社群的观点，以解释人们与他人合作创造知识的方式。当时杜威正在研究实用主义传统。
③ John Dewey, "Analysis of Reflective Thinking," [1933] 1998, p. 140 (emphasis in the original).
④ Ann Mische and Harrison White, "Between Conversation and Situation: Public Switching Dynamics across Networks," 1998.

出了上述两种搜索的不同之处。① 在分析模式下，优秀经理的任务就是明确问题所在，将其化整为零，再做出一系列决定，找到问题的最佳解决方案。但莱斯特和皮尔总结认为，创新过程中最重要的就是过程不能直接导向定义明确问题的解决方案。第二种模式的显著特点是解释。虽然解决问题涉及信息的准确交换，但是解释模型鼓励的是自由开放的、不可预测的对话。两者都面临着融合不同领域知识的挑战，但在同一问题上，前者追求清晰明确，后者则寻找模糊空间。莱斯特和皮尔表示，他们所列举的重大创新案例全都涉及了不同领域的结合：潮流牛仔裤结合了传统工人服装与源自医院和酒店的洗衣技术，医疗设备结合了日常生活科学和临床实践，移动电话则极具新颖性地结合了收音机与电话技术。莱斯特和皮尔总结道："如果不进行跨领域、跨边界的整合，新产品根本无从诞生。"②

因为该观点认为创新是将不同传统融为一体，所以我们不能期望整个过程是和谐的。事后，我们会轻易发现高端时尚的褪色蓝牛仔裤不过是将工人服装与洗衣技术再次结合。正如莱斯特和皮尔所发现的那样，如果我们说"当然了"，移动电话是收音机与电话技术结合的产物，这不过是因为不同群体是从他们各自的角度出发来思考问题的。回想这一切，我们可以推断人们早就知道自己在搜索时所要寻找的目标信息，但实际上，就像杜威和实用主义学派所说的那样，只有在试图改变世界的冲突过程中，人们才能将具体问题表述清楚。③ 莱斯特和皮尔大致上研究了同样的传统，他们发现：

> 在许多产业中，我们可以这样定义创新：它并没有，至少起初并没有，解决特定问题。或者我们可以说：直到新产品投入使用并出现问题了才有创新。在这些情况下，产品生产商着手生产时常常都不太清楚自己要生产什么。

如果说起"探究"会令人想起类似于探测石油或者搜索某个已知商品的过程，那么本书所讨论的搜索问题与我们日常所说的"探究"并不是同一回事。按照詹姆斯·玛奇的说法，我应该严格地使用"探究"这个词

---

① Richard K. Lester and Michael J. Piore, *Innovation：The Missing Dimension*, 2004.

② Lester and Piore, *Innovation*, pp. 14-15.

③ 关于通过试图改变世界的冲突过程来发现世界的更多类似描述，参见 Tracy Kidder, *The Soul of a New Machine*, 1981。

来指突破熟悉的成功路线、进入未知领域探索的过程。① 也就是说，如果将你的选择比喻成探索新大陆，进行挑战性搜索就是在努力了解未知领域。

创新的过程也是认识未知的过程，这听起来似乎有点自相矛盾，因为它是利用人的认知功能去认识尚未明确分类的事物。去认识已发现的模式是一回事，而去建立新的联系又是另外一回事了。举一些司空见惯但无处不在的例子：19世纪时人们将天然气用于工业照明（把煤变成焦炭时产生的无用副产品变成了一种宝贵资源）②；购物车（轮子上的篮子）③；停车计时器（一个带有计时器主弹簧的系留柱）；汽车音响（其先驱是个家族企业，也就是如今大名鼎鼎的摩托罗拉公司，该公司原本从事四轮马车零件制造，后来却在新汽车零件中开辟了市场）；机场购物广场（将消费与旅行结合起来）；还有更恼人的美国远郊大教堂（结合沃尔玛的建筑、电视福音节目和定位明确的小团体或基层组织，从地下运动的活动中创造出一种新的精神形式，变成大众定制的消费）。所有事物重组或再利用的案例都改变了该事物所属的类别，现在回想起来，这恰恰是因为对使用者来说，每个新产品都带着一点辨识难度。

不论我们将这个过程称为研究还是创新、探索、探究，这种搜索通过解释而非简单管理信息的方式来解决问题，它要求我们反思自身的认知。不论是在科学、政治、民间团体还是商业上，使用搜索的方式来突破未知永远都是杯水车薪；在寻找未知时，你还必须有辨认能力。此外，在展示跨行业创新方案时，你必须使其他科学家、民众、活动家、投资者和使用者也能轻易识别。这是个巨大挑战，因为你的项目越是充满雄心壮志，你就越要刻意地去错误定义自己最初的搜索过程；最终认可的要求越高，创新组织所面临的不安的模糊性也就越大。正如约瑟夫·熊彼特所说，创新是重组。但他本人还说，创新也是对文化固有思维和组织认知常规的深刻颠覆。

现在，我们可以再次理解杜威在"令人烦恼、困惑、棘手的情境"中所说的探究的特点了。处于困惑情境的组织有以下两种选择。对于科学项目、企业项目或者市政项目的领导来说，第一种选择就是采用分析性

---

① James G. March, "Exploration and Exploitation in Organizational Learning," 1991.

② Wolfgang Schivelbusch, *Disenchanted Night: The Industrialization of Light in the Nineteenth Century*, 1995, p. 18.

③ Catherine Grandclément, "Wheeling One's Groceries around the Store," 2008.

搜索的战略来解决定义明确的问题,然后立刻解决充满了解释性搜索的模糊情况。但是这种早期的自上而下控制的管理主义战略可能会错失暗含着创新的大好机会,比如对于移动电话、时尚牛仔裤以及突破性医疗设备的创新。虽然人们最终关注的是问题是否成功解决,但解释是产品开发的主导模式,它使每个案例都获得了创新性成功。①

　　另一种选择,更接近约翰·杜威的探究观念,可作为创新的指南。杜威对于情境的生产可能性的关注使我受益匪浅,在写作本书的过程中我努力将此铭记于心。组织应当勇敢直面而非一味逃避困难。甚至,组织可以更为彻底地采取下一步措施:如果困难带来了创新性探究,那么为什么不成立专门的组织来专门创造类似情况呢?为什么人们只在外部情况发生时才会做出反应,而不直接在组织内部建立一种组织形式来有规律地、循环地制造困惑情况呢?这么做的组织将随时随地准备好迎接挑战性任务,不断进行创新。

　　在最基本阶段,如果人们就"什么是重要的"产生了原则性分歧,那么复杂情境就随之产生了。寻求复杂而又充满机遇的情境的组织可以从这一基本点出发。这些组织并不强迫将单一评价原则当成是唯一的合法理论,它们认为明确地就"什么才是有价值的、重要的"表达其他想法是正当合理的。这些组织对于组织的"商品"有着不同的评价标准。为了表明该组织形式是一种管理模式,且不同于命令的层级制度和认知类别,我将之称为"差异化组织"。正如后面几章中的民族志案例所示,差异化组织有助于促进反思性认知。

　　我们将认识到这些组织并非毫无摩擦。但实际上,摩擦也并非要不惜一切代价避免的坏东西。我们都喜欢平稳驾驶,但作为顾客,我们和轮胎商全都心知肚明,急转弯时我们需要依赖摩擦力来让汽车保持原有的行驶路线。摩擦有时也具有破坏性。但是,美国宪法的起草者深谙摩擦的作用,将分权制衡的摩擦植入了美国政府制度,使它成为保证系统顺利有效运转的重要组成部分,即建立多种评价标准以产生各种形式的失衡。如果你很自信地认为自己准确知道自己的组织在变幻莫测的未来需要什么资源以应对稳定、可预测的市场需求(或者继续拿到资助,实现该组织作为非营利机构或研究机构所承担的一贯使命),那么失衡将会变成可避免的麻烦。但对于许多组织来说,"可预见的未来"并非遥遥

---

① Lester and Piore, *Innovation*.

无期。在组织环境动荡不安时,人们无法确定什么能在多变环境中变成资源,这时竞争价值理论本身就可以成为一种宝贵的组织资源。从这一点上来说,企业家精神就是开发不确定性。这并非个人的品质特性,而是一种组织功能、一种能力,它能使多种评价原则始终发挥作用,并受益于富有成效的摩擦。

关于价值社会学

什么才是重要的?我们每个人每天都会面对这个问题。我们需要在无法比较的框架体系之间做出决定——工作 vs 家庭生活、职业机会 vs 忠于朋友或留在某地工作、休假 vs 为退休而投资等,我们问自己究竟什么才是真正重要的,什么对我们来说才是有价值的,什么才是事物价值的评价标准。我们的生活就是在搜索发现真正有价值的事物,我们尝试、失败,然后吸取教训、再尝试。

作为参与者,我们也在组织中面临类似问题。在组织环境中我们需要筛选海量信息(它似是呈指数式增长)——选择重要的真正有关的信息。更根本的是,组织致力于搜寻有价值的信息。什么新产品能投入市场?什么新技术或生产过程具有追求价值?什么可以证明是有价值的?而什么又是没有前途而且会造成重大损失的?我们应如何衡量小组、团队以及每个员工在团队中的表现?非营利机构可能可以不交税,但是它们无法不面临类似问题。哪些活动和项目是值得追求的?我们的成员、选民、积极分子、目标群体、捐助者能或早或晚地认识到它们的价值吗?

在社会学学科中,经济社会学专门研究价值的社会和组织问题。半个多世纪前,经济社会学作为一门独立学科在哈佛大学创立,那时塔尔科特·帕森斯对该学科的发展有着宏伟的设想。他满怀雄心壮志,计划大刀阔斧地重塑社会科学的大部分领域。但他在学术政治方面的直觉又使他警惕地意识到,如果有人认为他的重塑行动侵犯了经济学的研究领域,那么他的计划就可能会遭到经济学相关势力的阻挠。社会学、心理学和人类学可以直接表示本学科的研究领域遭到了侵犯,但经济学却只能施谋用智,巧妙应对。为了打消人们对于自己意图的怀疑,帕森斯一路从哈佛大学的利陶尔中心走到他经济系同事的办公室,告知他们自己心中关于社会学的宏伟设想,并向他们保证他绝对没有侵犯对方研究领域的心思。① 帕森斯与他们约法三章:你们经济学家,研究价值;我们社会学家,将研究价值观。你们负责研究经济;我们负责研究涉及经济学的社会关系。②

尽管帕森斯契约表明我们必须只能选择其一——价值或者价值观、经济或者社会关系,我还是采取了将两个观念融为一体的分析战略。③融合的关键概念就是对于价值的概念。"价值"这个词的多重意义揭示了人们对基本价值问题的关注,也使人们意识到所有经济中都包含着道德成分。它关注估价的过程——不管是基于竞争绩效指标给公司估价,还是研究日常生活中不可比较的评估,它不是价值和价值观的静态固定因素。"你有什么价值"是一个在特定语境下语义明确的问题(比如向银行申请贷款时)。但是如果在美术馆里问同样的问题——"是的,但是它的价值是什么?"——也表明了价值和价格可能不是同一回事儿。而当朋友问起这个问题时——"亲爱的,你真的认为他是值得的吗",众所周知,这时截然不同的评价标准已经在发挥作用了。

诺曼人的入侵将拉丁语中的价值和价值观这两个词分别引进了英语中,早在那之前,worth(价值)就是一个极好的词并在古老的盎格鲁-撒克逊语中有一个历史悠久的词根(wort)。worth 这个名词具备了经济利益和道德利益双重含义,因此我们很难在其他语言(比如意大利语)中找到与之对应的词。一方面,任何一个候选词都单方面侧重强调价值或价值观,所以它们无法全都像 worth 一样凸显出双重语义。另一方

---

① Charles Camic, "The Making of a Method: A Historical Reinterpretation of the Early Parsons," 1987. 尽管卡米奇对此的描述略有不同,奥拉夫·维尔修斯也认为在 20 世纪 30 年代,帕森斯与经济学家莱昂内尔·罗宾斯就学科分工达成了一致意见。Olav Velthuis, "The ChangingRelationship between Economic Sociology and Institutional Economics: From Talcott Parsons to Mark Granovetter," 1999.

② 因此,帕森斯契约对社会科学实行司法分工,通过限制社会学的范围来对其加以限制。然而,通过划定研究的合法对象——社会,但不是经济——确保了社会学将在战后社会科学的大扩张中蓬勃发展。

③ 新经济社会学家采取了各种策略来打破帕森斯契约。在《网络市场》(Markets from Network)中,哈里森·怀特基本上扭转了契约中的形势。他认为市场并没有嵌入社会关系之中;它们就是社会关系。怀特并没有接受经济学界的市场概念,而是发展了市场的社会学理论。维维亚娜·泽利泽,哈里森·怀特的对手,指出了一种从价值/价值观维度绕过帕森斯契约的方法。在《为无价的儿童定价》(Pricing the Priceless Child)中,泽利泽通过关于童工、收养与保险的丰富的历史学研究,考察了市场或价格与个人或者道德价值的相互关系。泽利泽后来关于货币的社会意义、支付系统、商业循环的研究大胆地侵犯并跨越了经济学与社会学的学科鸿沟。

面,英语中也没有一个动词能表示"值得"这个意思。我们可以"评价某事物价值不菲"或者"评价某个人是有价值的",但是我们不能"值得"某事或者某人。同时,意大利语中有个非常恰当的动词——stimare(意为"估计")。在这种情况下,英语中有两个动词,estimate(意为在价值上"估计")和 to esteem(意为在价值观上"尊重")——这两者的含义在意大利语动词 stimare 中是同等重要的。[①]

在这一话题上,约翰·杜威可能比任何人都明白日常用语是如何限制了我们的思考范围,又是如何展现出我们对于自己所使用概念的洞见。杜威在《评价理论》中研究了日常会话中的双重含义,并以一些单词为例,比如 praise 和 appraise,这两个词词根相同,但却要从两个不同的角度来进行语法分析。在注意到双胞胎单词 estimate 和 esteem 之后,杜威觉得可能"praise、prize 和 price 全都源于同一个拉丁词,以前 appreciate 和 appraise 在使用时是可以互换的,dear 现在用来指价格时,仍等同于 precious 和 costly"[②]。

我和杜威一样,认为我们不能借助日常用语来解决分析型问题,而且我也同意他的另一个观点——当我们发现有的常见词分开,有的常见词合成时,我们应对此加以注意,因为我们经常在这方面发现一些值得研究的问题。特别是,我们经常可以看到自己是如何将常用语中的概念纳入错误的二分法,并以此来分析问题。比如说,我们认为结果是最有价值的,而手段是评估对象。对于杜威而言,重视手段和评估结果是意义非凡的。他的实用理论以探究为行动,打破了这些二分法的限制。

在《评价理论》的结尾部分,杜威对自己这个时代所隐含的危机做出了诊断。他在 1939 年写作该书时指出,情感上的忠诚和依恋与科学辩论无关,而源于科学探究的思想则没有顺利获得情感上的力量。[③] 对于杜威而言,这既是实际问题,也是分析问题。在该书的倒数第二段中,他

---

① 最近我在摩德纳大学做了一个带同声传译的公开演讲,那时我遇到了这个问题,后来我的论文《论价值社会学》经翻译后在一个意大利杂志上刊登。更通俗地说,我们应该给认真写作的作家应有的认可——或者,至少遵循《爱丽丝镜中奇遇记》(Alice in Wonderland)中矮胖子所说的:"当我让一个单词做额外的工作时,我总是确保给到它丰厚的报酬。"

② John Dewey, Theory of Valuation, 1939, pp. 5-6.

③ "我们生活在这样一个时期:知识忠诚度可以约束能在科学探究中获得有效结论的方法,但是我们的情感忠诚和依恋却集中在那些不再具有知识忠诚度的物体上,同时,源于探究原理的思想如今却尚未获得只有热情所能提供的力量。我们必须面对的实际问题就是建立文化条件,支持融合情感和思想、欲望和评价的各种行为。"(Dewey, Theory of Valuation, p. 65.)

又回过头去讨论日常用语（这也是他研究的起点），以彰显该问题的重要性：

> 事实上，最终结果是，之前的讨论没有完全指出理智会取代情感。它唯一、全部的含义就在于指出了我们需要将理智和情感整合到行为中——根据常用语，理智和情感共同作用于行为，更多地运用技术语言，同时对事物有所珍视并给出评价。

更复杂的演算将价值与价值观、智力与情感、评估与可评估的事物融为一体，其内涵也更为丰富，然后我们和杜威一起对价值进行分析，开发工具以理解这一演算。当我们看到评价行为需要得到尊重时，我们明白了支付系统与认知和金钱上的回报有关。当我们将探究视为行动时，我们将搜索视为通过重新认识资源来识别机会的分布性实践，而不是寻找已知有价值事物的过程。当我们认为计算与判断密不可分时，我们知道了在信息处理过程中，真正重要的其实是解释能力。

然后，杜威要求我们对不确定情境展开研究，以加强经济社会学对制度分析的关注。在实现这一转变的过程中，经济社会学可以从科技研究领域（STS）的发展中吸取经验教训。罗伯特·默顿领导了科学社会学的初期发展，通过关注科学制度——包括奖励制度、职业结构、引用模式和科学生活的行为规范——为社会赢得了一席之地。下一代科研人员从这一传统出发，进入实验室，研究工作中的科学家，观察他们证实假设的艰难过程，观察他们重复实验遇到的巨大挑战，观察他们持续不断的科学争论。[①]

正如后默顿时代的科学研究重心从研究科学家所在的科学制度转向研究科学家在实验室的实际操作，经济社会学的研究重心也可以从研究经济活动所处的经济制度转向研究经济行动主体的实际评价和计算行为。

吕克·波尔坦斯基和罗朗·戴福诺合著的《论辩护：价值经济学》一

---

① Bruno Latour and Steve Woolgar, *Laboratory Life：The Social Construction of Scientific Facts*, 1979；Trevor Pinch, *Confronting Nature：The Sociology of Solar－Neutrino Detection*, 1986；Bruno Latour, *Science in Action：How to Follow Scientists and Engineers through Society*, 1987.

书刚刚完成翻译,第一版于 1991 年在法国出版。[1] 此处,我借鉴了两者在该书中的观点。社会学家波尔坦斯基和经济学家戴福诺都是法国经济社会学家组织的成员。[2] 众所周知,该组织成员的工作是研究"习俗经济学"[3]。正如哈里森·怀特发展了关于市场的社会学理论那样,波尔坦斯基和戴福诺发展了关于价值的社会学理论。他们研究的第一步是证明价值的创造方式并不唯一,现代经济学中包含了各种各样的评价原则。现代经济(注意:这个词是"经济"而不是"社会")并不是单一社会秩序,而是包含了多种"价值顺序"。

有人可能会反对说这并没有绕过帕森斯契约。毕竟只要你把价值(value)变成复数,你就会获得价值观(values)。但实际上法国学派的价值顺序和帕森斯价值观的文化体系以及新制度主义者的分类代码是有所区别的。一方面,对我研究美国经济社会学的同事来说,价值观与计算是相互对立的;它处于计算之外,与计算相隔万里。更准确地说,如果文化习俗是价值的内嵌之物,那这些习俗使计算变得可能,而这正是因为它们可以看成是计算的一种反物质。[4] 另一方面,对我身为习俗学家

---

① Luc Boltanski and Laurent Thévenot, *On Justification: The Economies of Worth*, 2006. 获取以文章形式对于主要概念的介绍,参见 Boltanski and Thévenot, "The Sociology of Critical Capacity," 1999。米歇尔·拉蒙和罗朗·戴福诺一起领导了一个令人激动的项目,展开了一系列实证研究,将法国与美国的研究人员一一配对,证明了这些想法的应用是富有成效的。参见他们编辑的作品集:*Rethinking Comparative Cultural Sociology: Repertoires of Evaluation in France and the United States*, 2000。

② 关于最近的英文作品集,参见 *Conventions and Structures in Economic Organization: Markets, Networks and Hierarchies*, edited by Olivier Favereau and Emmanuel Lazega, 2002。关于习俗经济学的介绍,参见:John Wilkinson, "A New Paradigm for Economic Analysis?" 1997; Thierry Levy, "The Theory of Conventions and a New Theory of the Firm," 2001。

③ 法国传统主义学派最初认为在雇佣前劳动力的质量是未知的,但是很快他们就将这个想法拓展到了正遭受着"不完整合同"缺陷的其他商品(现在的二手车市场是一个广为人知的例子,参见 George A. Akerlof, "The Market for 'Lemons': Quality Uncertainty and the Market Mechanism," 1970。航天器的导航系统和其他仪器则是一个不同类型的案例:买方无法预知产品在极端情况下质量如何。更令人感兴趣的案例则是各方开展复杂合作来生产产品,而产品的基本特点无法预知,但这些特点却是合作的主要目标。在这种情况下,关键是协作能力。关于话语质量标准,特别参见 Charles Sabel and Jane Prokop, "Stabilization through Reorganization?" 1996。

④ Paul J. DiMaggio and Walter W. Powell, "Introduction," in *The New Institutionalism in Organizational Analysis*, 1991. 在关于经济社会学的"新制度主义"议程设定声明中,保罗·狄马乔和瓦尔特·W. 鲍威尔对帕森斯进行了尖锐的批评,明确指出虽然旧制度主义是关于"价值观、规范、态度"的,但是新制度主义分析了"分类、惯例、方案、概要"。二人强调了"非反思性活动"的重要性,明确地将这种文化惯例与计算行为进行对比。

的法国同事来说,价值顺序并非与价值对立的价值观,而是价值的组成部分,价值顺序正是计算、理性和价值的结构。

波尔坦斯基和戴福诺在书中表示反对将价值与价值观一分为二;相反,他们将两者统一于价值概念之中。尽管我们习惯认为"道德经济学"与市场经济是对立的——比如说,紧密团结的群体的行为模式体现了前资本主义公平公正的传统①,波尔坦斯基和戴福诺将该社区中所有的经济都视为道德经济。在我们通常称为"经济"的领域中,所有运转中的价值顺序都是一种经济。而且,作为一种经济,每种价值顺序也都是一种道德秩序。

波尔坦斯基和戴福诺提出了六种不同的价值顺序,每一种都源自某位道德哲学家。在他们看来,如果我说我生活在市场经济之中,这一说法是有问题的。事实上,市场是美国经济的组织原则之一。但是,正如他们对于公司的研究所表明的那样,除了市场理性(以亚当·斯密的道德哲学为代表),现代经济也具有工业或者技术理性(克劳德·昂列·圣西门),还有一种价值顺序则围绕着公民逻辑而组织(卢梭),而另外几种价值顺序则分别依据忠诚(雅克-贝尼涅·博须埃)、灵感(希波的奥古斯丁)和名誉/名声(托马斯·霍布斯)的原则组织。

波尔坦斯基和戴福诺强调他们的价值顺序不会映射到不同领域。②例如,灵感不是艺术世界的特殊领域,公民理性也不对应公共领域,市场秩序也可以在学术宗教领域运作。在《论辩护:价值经济学》的第二部分,波尔坦斯基和戴福诺对六本优秀经理的畅销指南的内容进行了分析——每本书都从不同价值顺序的角度来组织内容,解释了每种价值顺

---

① 社会历史学家爱德华·帕尔默·汤普森在他的开创性文章《18 世纪英国民众的道德经济》("The Moral Economy of the English Crowd in the Eighteenth Century")中强调了这种传统的力量。

② 尽管多重理性的概念相似,波尔坦斯基、戴福诺的观点与罗杰·弗里德兰和罗伯特·阿尔福德截然不同,后两者确定了几个制度领域,每个都有其独特的"行动逻辑"("Bringing Society Back In: Symbols, Practices, and Institutional Contradictions," 1991)。罗杰·弗里德兰和罗伯特·阿尔福德将逻辑解析到各个领域(例如家庭中的情感、市场中的认知等),但是波尔坦斯基和戴福诺各自的价值顺序却并未孤立于特定的社会领域。尽管这两者的观点来自相似的直觉,但却也与温迪·纳尔逊·埃斯佩兰和米切尔·L.史蒂文斯的观点不同,后两者认为"因为社会是多个制度的复合体,所以它们的特点是具有多种价值评估模式("Commensuration as a Social Process," 1998, p. 332)。因为波尔坦斯基和戴福诺的价值顺序没有解析到独立的制度,所以这两者提出的所有价值顺序都可以在经济中运作。

序在大公司的单个领域中是如何运作的。

以教师推荐信为例，我们会发现每种价值顺序在学术界都是随处可见的。不用阅读大量推荐信，就能轻易发现写信人在信中多次提到各种评价原则。事实上，一封信中可能同时包含六种价值顺序的所有评价标准。例如，我们读到某位候选人"非常具有创造力"（灵感顺序），她非常"高产"（工业顺序），她是一名"优秀公民"（公民顺序）。这封信还会指出她的作品"经常得到引用"（名声／名誉顺序），她非常"关心她的研究生"（忠诚顺序）。那么写信人在写信时忽略了市场秩序吗？我们不太可能听说某位学者是畅销书作者。再次通读那封推荐信，你可能会发现信中曾提到这位推荐人"多次获得津贴"。

每种价值顺序都有与众不同而又无可比拟的等值原则作为评价原则。每条原则都定义了什么是优秀的、公正的、公平的——但却是根据不同的评价标准。每条原则都运用独立的语法或逻辑来修饰人或物。作为评价原则，价值顺序包括了观念之间的系统联系，但价值顺序中的实体却并不受人和想法的限制。《论辩护：价值经济学》向我们详细展示了每种价值秩序中的评价原则是如何运用不同的度量来测量"仪器"的，也证明了客观世界的历史艺术品和物体的价值是如何具体化的。

在这一观点下，理性计算与道德判断彼此并不冲突；相反，理性在价值顺序的范围内发挥作用。因此，我将波尔坦斯基和戴福诺的作品解释为给"有限理性"这个术语赋予了新的含义。但是我们经常将有限理性理解为对理性的认知限制（比如经济学家奥利弗·威廉姆森对该词的使用），在波尔坦斯基和戴福诺的作品中，只有在特定的价值顺序范围内运用特定的价值顺序的社会技术，才有可能实现理性。对于后一种意义，我们应该称之为——带着一种截然不同的意思——有限理性。

借鉴波尔坦斯基、戴福诺、米歇尔·卡隆及其同行[1]的观点，基于我在本书中所采取的理论，我们习以为常的文化主义者与物质主义者之间的对立也就变得毫无意义了。所有经济客体都是与文化有关的，而一旦脱离了特定的物质实体，任何道德顺序都无法发挥作用。除此之外，理性不是"超出"前意识的东西，计算也不是某种程度上"低于"道德或是负面的计算。我发现，在匈牙利的某个工厂中同时存在多种经济形式（详

---

① 特别参见 Michel Callon and Fabian Muniesa，"Economic Markets as Calculative Collective Devices，" 2005。

见第二章），根据我在那里的实地研究，我更倾向于认为组织是一个供多种评价原则发挥作用的环境。但是，因为我并没有将这些评价原则局限在《论辩护：价值经济学》的六种道德顺序之内，所以我将以不同的方式，恰当地结合多个案例来对这些评价原则进行详细说明。最重要的是，我的实地研究使我得出了与波尔坦斯基和戴福诺截然不同的结论。他们认为价值顺序解决了不确定性问题，使行动成为可能，而正如我将在下一部分中论证并在后面几章中具体解释的那样，我的民族志实例研究使我认识到，评价原则的混合带来了不确定性，从而为行动制造了机会。

处于行业交叉点的企业家

经济社会学，就像许多其他学科一样，充满了二元论。除了价值和价值观的二分法以及长期以来的"结构 vs 行为主体"争议，我们也发现计算与信任、效率性与合法性之间存在着概念上的对立。经济学家法兰克·奈特指出了一个极有创造性的区别——风险与不确定性[1]，它使人们不断产生新的见解。对奈特来说，不确定性和风险都是由未知的未来带来的，但两者又有所区别。在存在风险的情况下，机会出现的概率是可计算的；也就是说，我们可以用一些概率术语来表示可能出现的结果。但是，不确定性却是无法计算的——世事难料。

我必须强调的一点是，并不是不确定性问题的存在，导致了人类作为行为主体在面对它的时候表现出有限的计算能力。相反，是人类计算能力的有限才导致了不确定性问题的产生，而且这种计算能力也是具有不确定性的。约翰·杜威与奈特几乎同时在各自写的研究方向不同的论文中很好地表述了不确定情况的问题：

> 有多个说法用以描述不确定情况：它们令人不安、倍感困惑、模棱两可、充满冲突倾向、模糊不清等等。这正是其本身固有的属性。我们之所以感到困惑，是因为不确定情况本身就都是值得怀疑的。[2]

圣达菲研究所的经济学家戴维·莱恩简明扼要地总结了不确定情

①　Frank H. Knight, Risk, *Uncertainty and Profit*, 1921.
②　John Dewey, "The Pattern of Inquiry," [1938] 1998, p. 171. 原文中有所强调。

况："问题并不在于我们不知道什么，而在于有些事物本身就是不可知的。"①

尽管现在经济学家正再次关注不确定问题②，但经济学中有个典型的观点已经成了新古典理论中的传统，那就是将所有经济行为都视为风险事件。③ 奈特可以预见自己学科的发展方向，而且在他看来，正如某些情况下，我们可以用一些概率术语来表示可能产生的结果，如果经济学家可以预见所有情况的发展趋势，那么他们就会失去掌握问题的能力，而这些问题是经济学的核心。奈特认为，如果一个世界充斥着关于未来的普遍概率知识，那它就是毫无利润空间的，甚至还会导致企业家无处容身。对于奈特而言，我们无法事先计算利润，但这也定义了利润——使它有别于租金，租金是契约化的剩余收益的一部分。准确地说，在奈特的理论下，企业家不会因为勇于冒险而获得利润，相反，使他们获得利润的正是他们利用不确定性的能力。

在波尔坦斯基和戴福诺的理论中，企业的活动空间受限。在他们所属的经济社会学法国学派看来，惯例（在惯例中，价值顺序是一个应当特别详细说明的变量）是解决不确定性问题的方法。它们是将情况转化为可计算问题的引擎。价值顺序可以看成是将不确定性转化为风险的社会技术。④ 这种观点的局限性——也是我与波尔坦斯基和戴福诺观点的不同之处——就是它没有充分考虑到价值顺序不能消除不确定性的问题。特别是，在特定情况下，我们无法确定究竟是哪一价值顺序或惯例在发挥作用，波尔坦斯基和戴福诺无法消除这种不确定性存在的可能。

---

① David Lane，"Models and Aphorisms," 1995.

② Adam Brandenburger，"The Power of Paradox: Some Recent Developments in Interactive Epistemology," 2007; Sheila Dow and John Hillard, eds., *Keynes, Knowledge and Uncertainty*, 1995; Edward Fullbrook, ed., *Intersubjectivity in Economics: Agents and Structures*, 2001。

③ Jens Beckert，"What Is Sociological about Economic Sociology? Uncertainty and the Embeddedness of Economic Action," 1996.

④ 波尔坦斯基和戴福诺的协调问题不同于托马斯·克罗姆比·谢林的案例——在并没有约定好会面地点的情况下，一对夫妻在百货商店走散了。这对夫妻成功会合了，不是因为存在圆形镜面反射，而是因为他们各自都知道对方正试图和自己取得联系（Thomas C. Schelling, *The Strategy of Conflict*, 1960）。谢林的案例更像刘易斯习俗观念中的常识原则（David K. Lewis, *Conventions: A Philosophical Study*, 1969。讨论部分特别参见 Jean-Pierre Dupuy, "Common Knowledge, Common Sense," 1989）。波尔坦斯基和戴福诺的价值顺序与规则的运用无关，因此也不同于来自博弈论或新制度主义的"理论"。

考虑到这一点,现在我们可以重申奈特的见解了,但要用新的术语:企业家利用的正是这种不确定性。企业家精神是一种能够保持多种评价原则发挥作用,并充分利用其相互作用所产生的摩擦的能力。

在利用价值顺序发挥作用的不确定性时,企业家精神包括了资产模糊性。[①] 企业家从模糊性中创造资产:在创造能在多个行业中发挥作用的资产时,企业家创造的是模糊资产。例如,在第二章,我们将看到在匈牙利工作的高级机械师是如何利用工厂中的再分配、市场和互惠的"经济学"模糊性的。他们所采取的策略并非不受限制,而且也不是一帆风顺,但却很好地说明了同时从事多个行业的可能性和难度。在第三章,我们将来到位于纽约曼哈顿的新媒体公司,它试图获益于评价公司产品(多个成熟的电子商务网站)的多条不兼容原则之间的摩擦,以求在瞬息万变的市场中始终保持领先地位。在第四章,我们将看到华尔街的交易室是如何形成认知生态学,彼此冲突的套利原则间是如何摩擦以产生识别机遇的新方法——尽管各个案例所处的环境大不相同,它们都将展示企业中互不相容的绩效原则是如何利用多种方式重新定义、重新整合、重新部署资源以创造模糊性资产的。

企业家并不就一套规则达成共识,而是通过保持开放多元的绩效评价标准来利用不确定情况。因此,我对于企业家的设想与尼尔·弗莱斯坦"制度企业家"的战略行动大相径庭。对尼尔·弗莱斯坦来说,"战略行动是社会行动者去创造和维持社会世界(组织领域)稳定的一种尝试,需要设计不同群体都可遵守的规则"[②]。我的创业理论与设计规则、维持稳定无关,灵感来自哈里森·怀特,对他而言,问题并不在于"社会秩序怎么样",而在于如何在早已井井有条、规则完善的世界中"采取行动"。[③]

---

① 因此,资产模糊性与奥利弗·威廉姆森的资产独特性概念形成了鲜明对比。威廉姆森用资产独特性来表示特定资产的投资在特定交易中的特殊程度。威廉姆森认为,在做决定或决定购买时,资产独特性是举足轻重的(Oliver Williamson, "The Economics of Organization: The Transaction Cost Approach," 1981)。与其相反,查尔斯·萨贝尔和布鲁斯·科古特探讨了资产相互依存的问题,证明了在技术飞速变革的条件下,主体在自己的组织领域内参加关于其他组织(合作伙伴或者竞争者)的对冲策略(Charles F. Sabel, "Moebius-Strip Organizations and Open Labor Markets," 1990; Bruce Kogut, Weijan Shan, and Gordon Walker, "The Make-or-Cooperate Decision in the Context of an Industry Network," 1992)。

② Neil Fligstein, "Social Skill and Institutional Theory," 1997, p. 398.

③ 特别参见 Harrison C. White, *Identity and Control*, 1992。

更一般地说,尽管 20 世纪 80 年代经济社会学的"新制度主义"发展出了分类规则、规范、文化惯例的概念,以解释组织是如何在稳定的制度环境中规范运作的。如今在日新月异的环境中,组织面临着习以为常的规范可能会迅速过时的问题。在此情况下,企业家的任务不是(在成功的基础上)创造稳定,而是破坏稳定,防止企业沉溺于早期成功所带来的路径依赖。[①] 也就是说,在快速发展的领域中,企业所面临的挑战之一就是如何应对成功。正如我在自己的案例研究中所谈论展示的那样,运用多种评价原则的组织会导致生成性摩擦[②],这通常会扰乱商业的既有分类,还可能会不断重组资源。

奈特认为企业家利用了不确定性,约瑟夫·熊彼特则强调企业家具有破坏性和重组性,而我则将这两个观点合二为一。我认为,企业家与经纪人的不同之处就在于,企业家可以使多种评价原则同时发挥作用,并善于利用由此产生的不谐之音(失衡)。

正如罗纳德·斯图尔特·伯特所详细解释的那样,经纪人利用社会领域的"结构漏洞",战略性地找到差距,成为在其他方面尚未建立连接组织的中介,并从中获利。[③] 人们常将经纪人误认为企业家,但这两种角色及其对应的社会作用是截然不同的。经纪人并非任何领域的内部人士,也不固定纳税,企业家却是多个行业的内部人士,并有能力重组资产。

对伯特而言,关键问题是如何获取信息。建立联系使我们有机会获取网络环境中自由传播的新思想——在伯特看来,这是无法通过密切的联系就能获得的思想。然而在我看来,企业环境中并不存在最具创新性的想法。人们必须主动创造,而非被动等待这些想法。[④] 当问题不再是简单获取信息,而是如何产生新知识时,靠经纪人所建立的联系去解决问题就显得杯水车薪了。想要产生熊彼特式重组型的新知识,就需要建立更为密切的联系。

---

① 我会在第五章中进一步阐述这些观点。
② 关于"创造性磨损"的概念,参见:Dorothy Leonard-Barton, *Wellsprings of Knowledge: Building and Sustaining the Sources of Innovation*, 1995;John Seely Brown and Paul Duguid, "Knowledge and Organization: A Social-Practice Perspective," 2001。
③ Ronald Burt, *Structural Holes: The Social Structure of Competition*, 1995.
④ "当阻碍竞争的益处消失时,竞争从市场结构的传统元素转向企业复制和产生新知识的能力。"(Bruce Kogut and Udo Zander, "Knowledge of the Firm, Combinative Capabilities, and the Replication of Technology", 1992.)

　　回想一下本章开头提到的莱斯特和皮尔对移动电话的观察结果,它创新性地重组了无线电和电话技术:"如果没有跨越不同领域之间的边界进行融合,根本不可能产生任何新产品。"[①]对我来说,这段话中有一个生动的词组——跨边界融合。莱斯特和皮尔并未提到跨越边界的"联系",因为对不同的组织来说,仅仅保持联系是远远不够的。重组创新要求它们彼此之间存在相互作用。在网络分析术语中,这表明联系密切的行业的交叉点上存在商机,不同组织(根据它们的紧密联系所定义)在重合点上彼此交叉但同时也保留各自独特的网络身份。[②] 图 1.1 的网络图展示了经纪人和企业家之间的不同之处。

图 1.1　经纪人与企业家

　　重组创新不仅要求我们深入了解资源,还要求我们具有多样性。重合的不仅是紧密结合的网络结构,还有多样化甚至是迥然不同的评价原则。因此,图 1.1 展示了多种不同的制度和网络关系。[③] 在同一领域内,甚至是在同一组织内,多样化的评价标准彼此间也会发生冲突和竞争。因为我们有多种规范来评价表现,人们可以分解并记录编码化的知识。我们可以将竞争原则间的摩擦类比为提高遗传变异率,而不同评价框架之间的失衡则有助于催生新事物。多种原则立场的共存意味着我

① Lester and Piore, *Innovation*, pp. 14-15.
② 迄今为止,网络分析人员通常将凝聚力定义为排他性;也就是说,一个给定节点可以只是一个有凝聚力结构的一名成员。这种观点更多地受到方法论限制而非社会学洞察力的驱动。格奥尔格·齐美尔是 20 世纪早期网络分析的创始人之一,他已经认识到个人可以同时参加不止一个有凝聚力的组织。我和他采取了与这个观点一致的新方法来确定相联系的群体结构中的独特的网络位置,即"中间联系"。通过对 1987 年至 2001 年匈牙利最大的 1800 家企业之间关系的历史网络分析,我们证明了这种重合所创造的商业机会可以大大提高企业的绩效。(Balazs Vedres and David Stark, "Opening Closure: Intercohesion and Entrepreneurial Dynamics in Business Groups," forthcoming.)
③ 因此,我的创新观念与米希、怀特的情境和公众观念类似(Mische and White, "Between Conversation and Situation")。

们不能将所有观点理所当然地视为事物天生的顺序。创新性摩擦带来了组织的反思。

从这一角度看,企业家精神,作为一种能力,是有所作为的,与其说这种能力是通过鼓励信息的自由流动或者固定身份的确认而变得富有成效,还不如说它是通过培养生成性摩擦来打破组织惯例,产生新知识,重新定义、部署和重组资源,以实现生产。简而言之,企业家精神的产生不是通过差距,而是通过评价机制重合处的生成性摩擦。[①]

企业家精神,作为一种促进生成性摩擦的能力,并非个体独有的特点——例如,能够容忍模糊的特点。我认为企业家精神是整个组织的特点,而非某个个体的特点。也就是说,如何在评价标准之间持续而富有成效的竞争中存活下来,并打破习惯性、不加反思的活动的束缚,不同的组织形式可能在这一方面会有所差异。我使用"差异化组织"一词来指代具有反思认知能力的组织形式。

差异化组织

差异化组织[②]指的是信息分布式的组织形式,不同组织根据多种评价原则对其横向负责。这里有两个关键点在发挥作用。与分层制度的纵向权力相反,差异化组织的特点在于具有更多的横向网络结构,这也反映出组织间的复杂协作具有更大的相互依赖性。而且这些结构是网络式的,因为竞争性评价原则是没有等级顺序的。这里我讨论了差异化组织的第一个特点——通过横向责任来协调分布式信息,接下来我要讨

---

① 埃斯佩兰德和史蒂文斯提供了一个相关的观点:"我们怀疑关于无可比性的主张很可能产生于各制度之间的边界处,到底什么是理想的或正常的估值模式是不明确的,并且特定模式的支持者是具有企业家精神的。"(Espeland and Stevens, "Commensuration," p. 332.) 我的观点与这一观点有两点相似之处:第一,强调评价原则的不确定性;第二,这发生在边界处(特别是如果我们将这理解为交叉点而非边界)。但是我的观点和这一观点也有两个非常重要的不同点:第一,因为企业家精神不是在制度之间,而是在评价原则之间,它可以在一个制度内发生。正如我的案例所示,它可以在一个组织内进行。第二,企业家并不支持特定评价模式,而是在利用多种评价模式的不确定性。

② 正如我将在下一部分中更详细地讨论的那样,神经学家沃伦·麦卡洛克于 1945 年首先使用了"差异化组织"这一术语,冈纳·赫德伦则将该术语引入社会科学并应用于跨国公司(Gunnar Hedlund, "The Hypermodern MNC: A Heterarchy," 1986; Gunnar Hedlund and Dag Rolander, "Action in Heterarchies: New Approaches to Managing the MNC," 1990)。

论的是差异化组织的第二个特点——通过不相容的评价原则间的摩擦产生多样性组织。

分布式信息

差异化组织的双重特点反映出公司所处环境日益复杂化的趋势，在这样的环境下，我们很难根据当前趋势来预测未来的世界。圣达菲研究所的分析人员用若干术语来专门指代这些复杂情况。戴维·莱恩和罗伯特·马克斯菲尔德称它们为"有限的先见之明"，在复杂情况下，公司的战略视野是如此难以预料，以至于公司甚至无法确定自己在不久的将来会生产什么产品。[①] 斯图亚特·考夫曼采用了"凹凸不平的适应度视角"这一不常见的短语，并提供了多个最佳解决方案。[②] 一个平稳的适应度视角是高度规则且只有一个定点的，这反映了只存在唯一的最佳解决方案，它比其他任何可能的解决方案都具有更高的适应值。相比之下，一个更复杂或更凹凸不平的适应度视角，则不适合用线性规划模型来分析（例如通过规模经济降低单位成本），因为适应度视角的地势是凹凸不平且不规则的，多个顶点对应了多个最佳解决方案。[③]

原先计算机、通信、软件、媒体或者银行这些行业是相对分散的，但如今有些公司在这些行业开展跨行业经营，那么市场竞争也就随之产生了，我们可以将这作为前面所说复杂情况的一个案例。如果某家销售歌曲和视频的大型计算机电子公司（苹果）或者大软件公司（微软和谷歌）与报纸广播巨头在新闻娱乐的传播上发生冲突，我们知道竞争并不仅仅发生在标准行业分类（standard industrial classification，SIC）范围内。回顾历史，我们可能会说这不过是小菜一碟：上面列出的所有行业都在慢慢靠拢。这种回顾型观点假设有关主体早就预料到了我们现在所看到的情况，这难免显得"事后诸葛亮"。同时这也是错误的：不论发生什么，重新排列绝不是简单汇聚，因为主流的多媒体产品是不断变化着的。更关键的是，我们不能假设自己的回顾性观点（假设它维持不变）能为未

[①] David Lane and Robert Maxfield，"Strategy under Complexity：Fostering Generative Relationships，" 1996.

[②] Stuart Kauffman，"Adaptation on Rugged Fitness Landscapes，" 1989.

[③] 关于基因算法的使用，旨在探索最初没有希望的路径，从而避免"上升至最近的峰值"的危险，那个峰值可能只是受更高峰包围着的山谷的最高点。参见：John Holland，"Complex Adaptive Systems，" 1992；Kauffman，"Adaptation"。

来提供什么指导。它不能。因为就在我们找到上述行业的重合路径时,在遗传学、语言学、生物物理学、绘图甚至社会网络分析等领域就又会产生新进展,使各行业的重组变得更为复杂。

而"传统"制造业的情况也与之类似。以前要给像通用汽车(GM)这样的公司分门别类简直轻而易举。那时它使用的主材料是钢铁、橡胶和塑料,主要成本支出在于设备和劳动力,这些公司负责制造汽车及其他交通工具。现在我们可以将一辆汽车视为旅行娱乐系统[①],不同的计算机组件组合占据了汽车价值的最大比重,融资占据了利润的最大比重,退休员工的退休金和医保则占据了公司支出的最大比重之一。毫无疑问,通用汽车的主要业务是生产汽车,但是我们也可以认为它同时也涉足计算机业、金融业、保险业甚至娱乐业。

因此,面对越来越多的领域,许多公司确实不知道自己在不久的未来该生产什么产品。为了应对这些不确定情况,差异化组织致力于大刀阔斧地去中心化,使几乎所有部门都参与到创新活动中,而不是集聚资源为一小部分高管的战略计划服务,或者下放战略职能给某个专门的部门。也就是说,取代专门的搜索常规(一些部门致力于探索,而其他部门仅负责利用现有知识),探索功能正在整个组织中变得越来越普遍。[②]

这些发展加强了公司各分支、各部门以及内部各工作团队的相互依赖。但由于这些反馈回路更为复杂,我们无法设计、控制或者分级管理好它们彼此之间的协调性。相互依赖的结果就是中央管理下工作单位的自主权大大增强。[③] 但与此同时,更复杂的相互依赖也要求日益独立的单位展开深入协作。

随着生产关系中的活动顺序发生翻天覆地的变化,压力也随之增加。产品周期从几年缩短到几个月,新市场的激烈竞争使人们开始怀疑严格的设计和执行顺序。[④] 先发优势,指的是第一个引进新产品(尤其是那种率先建立了行业新标准的)的市场主体可以通过获得越来越高的

---

① John Urry, "The 'System' of Automobility," 2004.
② 例如,如果负责购买和供应的单位也在寻找用新投入打开新产品线的可能性,那么对于新市场的搜索就不再是营销部门的唯一职责范围。
③ Luc Boltanski and Ève Chiapello, *The New Spirit of Capitalism*, 2005.
④ 关于从大规模的长期生产到灵活专业化的定制生产的转变,同样明确的主张详见 Charles F. Sabel, *The Second Industrial Divide*, 1984。大规模生产使用专业工具制造标准化产品(福特汽车装配线的专用工具每年都会得到更换,形成一条几乎相同的新的汽车生产线),而灵活的专业化使用标准化工具来制造专业产品。

回报来占据无限大的市场份额。因为先发优势的关系，等设计结束后才开始生产的公司的利益往往会在竞争中受损。就像拍摄 B 级片一样，剧本还没写完就开机拍摄了。成功的战略将概念与执行融为一体，生产过程中的重要部分甚至在设计完成前就开始了。

查尔斯·萨贝尔和迈克尔·C.多夫认为，生产关系甚至在同步设计制造的过程中就已经发生了根本性变化。[①] 传统设计是有序可言的，人们假设其子系统居于中心地位，并率先得到细节上的设计，为更低等级组件的设计设定了边界条件。相比之下，在同步工程中，项目团队同时开发所有的子系统。在这种并发设计中，各种项目团队持续关注着彼此的工作进度。随着创新成果快速增加，有时团队会争相提出改进整体设计的建议。

因此，越来越凹凸不平的适应性视角导致了越来越复杂的相互依赖性，从而也带来了越来越复杂的合作挑战。如果搜索不再细分成一个个部门，而是在整个组织中推广和分工；如果设计也不再细分成一个个部门，而是在整个生产过程中共同讨论和分工——那么对具有差异化结构的公司而言，分散权力可以解决非等级分布的信息问题。[②]

在同时设计制造的情况下，项目的各个参数都要经过各单位的审议和修改，权力不再垂直下放，而是横向生成。这些变化的表现之一，就是在早期管理体制中，部门主管经常向研究人员表达他们的困惑："我有件事情不明白，谁是我的老板？"在权力分散的情况下，部门主管可能仍会向上司"报告"，但是渐渐地，他们会对其他工作团队负责。第三章中有一位年轻的创意设计师，他曾简单提及过：当人们问他对谁负责时，他答道，"我向项目经理汇报情况，但是我对所有依赖于我的人负责"。因此，对应于横向重组而非纵向流动的知识与交流模式，差异化结构公司中的权力采取的是横向责任制的形式。

组织失衡

20 世纪中叶，人们对理想中的现代组织存在这样一个普遍的共识：有明确的指挥链，领导层负责做出战略性决定；人们沿着权力等级自上

① Michael C. Dorf and Charles F. Sabel, "A Constitution of Democratic Experimentalism," 1998.

② Walter W. Powell, "Inter-organizational Collaboration in the Biotechnology Industry," 1996.

而下传递指示，收集信息；设计先于执行，而执行则严格按照泰罗主义者的组织机器所设定的时间精度来进行。三十年后，经济学家奥利弗·威廉姆森在《美国社会学杂志》上发表了一篇文章，自信地认为只要运用"市场和等级制度"①这两种协调逻辑，就可以涵盖所有的经济活动。那时这个共识依然深入人心。直到 20 世纪末，关于理想组织模型的主要规范遭受挑战。公司内部等级依赖关系和公司间的市场依赖关系不再占据主导地位，而是让位于公司网络之间以及公司内部各单位之间的相互依赖关系。②

差异化结构组织并不只存在于企业的边界和企业内部单位的边界。正如瓦尔特·W.鲍威尔等人所证明的那样，企业的边界，特别是那些快速发展行业的企业的边界，是由混合所有制的密切关系和战略性联盟的复杂模式相互交叉而成的。③ 在最为变幻莫测的经济环境中，经济行为的真正主体越来越不是单个公司，而是公司间的网络化模式。谈到公司内部的网络联系，彼得·谢里丹·多兹、邓肯·沃茨和查尔斯·萨贝尔表示，在解决分布式问题时，自上而下的组织沟通模式的表现比不上去中心化网络。在模拟网络骚乱（相当于网络攻击或其他严重的网络中断现象）时，这三人进一步证明了"多重规模网络"——团体间有着足够的凝聚力以及随机联系——具有强大的互联互通性以快速恢复网络和有效响应危机。网络消除了公司内外部的边界。④

在这一点上，读者可能想知道为什么我现在用另一个词——差异化结构——来标记新兴组织形式。如果这些形式表现出独特的网络属性，

---

① Oliver E. Williamson, "The Economics of Organization: The Transaction Cost Approach," 1981.

② Bruce Kogut and Udo Zander, "Knowledge of the Firm, Combinative Capabilities, and the Replication of Technology, " 1992; Gernot Grabher and David Stark, "Organizing Diversity: Evolutionary Theory, Network Analysis, and the Postsocialist Transformations," 1997; Paul DiMaggio, ed., The Twenty-First Century Firm: Changing Economic Organization in International Perspective, 2001.

③ Bruce Kogut, Weijan Shan, and Gordon Walter, "The Make-or-Cooperate Decision in the Context of an Industry Network," 1992; Walter W. Powell, Kenneth W. Koput and Laurel Smith-Doerr, "Interorganizational Collaboration and the Locus of Innovation: Networks of Learning in Biotechnology," 1996; Walter W. Powell, Bouglas R. White, Kenneth W. Koupt, and Jason Owen-Smith, "Network Dynamics and Field Evolution: The Growth of Interorganizational Collaboration in the Life Sciences," 2005.

④ Peter Sheridan Dodds, Duncan J. Watts, and Charles F. Sabel, "Information Exchange and the Robustness of Organizational Networks," 2003.

那么为什么不直接将它们标记为"网络组织"呢？同样地，如果新兴组织形式的主要特征是非官僚，那么像"非等级"或"后官僚"之类的词对我们来说将更为信手拈来。

在市场、层级和网络这三者中，"网络"这个词代表了一种选择性的协调机制。[①] 而仅靠网络就足以体现该领域的路径依赖性，它始终用"网络"这个词来表示组织形式的变化。十多年来，专家就是否将这些形式称为"网络"开展了各种研究，尽管研究成果十分丰富，他们还是把组织形式的名称与分析方法混为一谈了。也就是说，正如相关文献所充分证明的那样，新兴网络形式、市场和等级都可以借助网络这一术语来分析。

但是，对于为什么不采用"网络"标签这一问题，其实有个更重要的原因。那就是在经济社会学和组织研究中，社会网络分析通常指的是人与人（或者企业等拟人化实体）之间的联系模式。但是组织内部或者跨组织的主体不仅与他人进行沟通或联系，还负责评估表现，证明自己的行为是合理的，解释事情这样做的原因。[②] 当他们做这些事时，他们明示地或（更经常是）暗示地参考评价原则。组织可以看成是纽带模式，但也可以看成是主体可自证实践行为有合理价值的场所。网络纽带是协调机制，但也总是与评价标准及其基础（评价原则）密不可分。

类似的逻辑可用于解释为什么不将这些新兴组织形式贴上"后官僚"的标签。我们可以将组织视为权力模式，但是所有的权力关系，不论是纵向还是横向，都必须依赖于问责制。权力模式越是横向，问责制的形式也就越多元化。

当权力按横向责任分配时，我们需要研究那些制作和保管账目的人（要强调的一点是，不仅仅是会计）。对评价过程的分析是组织价值问题的核心，因此我们必须首先探讨账目的概念。账目一词在词源上很丰富，同时有记账和叙述的意思。我们需要对这两个维度都进行评价性判断，而且每一个维度都暗含着另一个维度：会计根据既有的模式设计故事情节，一个优秀的叙事者的账目能让我们明白什么是有价值的。

在组织中，就像在日常生活中一样，我们都是会计和叙事者。我们保管和提供账目，而且最重要的是，人们可以要求我们对自己的行为给

---

① Walter W. Powell，"Neither Market Nor Hierarchy：Network Forms of Organization，"1990.

② Charles Tilly，*Why？*，2006.

出合理的解释。我们总是在账目内"审时度势",因为并非每种价值形式都可以得到运用,而且并非每种资产都可以在特定情况下调用。我们使用尺度来衡量某种价值而非其他价值,借此来对情况进行评估,证明一些账目是真实可信的,而另一些则是不可信的。我怎么负责?什么是重要的?谁是重要的?你值得依靠吗?你会允许我赊账吗?怎么记账?

差异化结构使等级制度变得扁平,但它们并不仅仅是非等级的。新的组织形式是差异化的,不仅仅是因为它们具有扁平化结构,还因为它们是各种系统的价值所在。坚固的横向协作能使等级趋于扁平,提升评价原则的多样性。差异化结构是复杂的适应性系统,因为它们彼此交织成多种多样的评价原则。它们是有价值的差异化结构。

分散权力不仅意味着各单位对彼此负责,也意味着每个单位的账目都会包含在多个账簿中。日益自主的工作团队越来越彼此依赖,这偶尔会导致竞争性评价标准快速增加。差异化结构组织具有多样世界观和多种信仰,其产品、办事流程和特性带着多个"标签"或者理由。[1] 因为资源并非固定在一个解释系统中,而是同时存在于几个解释系统中,所以差异化结构可以创造出模糊性资产。

长期以来,组织生态学家一直认为,群体内的组织越多样,组织就越有适应性。[2] 我拓展并修改了这一概念,我认为我们还应考虑到组织内适应性的多样性问题。[3] 在从社会层面向组织层面转变的过程中,我们的分析角度从生态学家的组织多样性转向了具有多样性的差异化组织。当多元评价标准在企业内部的积极竞争中同时存在时,组织多样性的适应潜力可能会得到最充分的发挥。我说的竞争不是阵营和派系之间的竞争,而是共存的逻辑和行动框架之间的竞争。多元化组织意味着积极而又持续地参与其中,我们在参与时有不止一种方式去组织、标记、解释和评估相同或相似的活动。多元化组织通过更完善的搜索而使长期适应更有可能成为现实,因为它既提升了复杂性,也包容了匮乏的简单一致性,两者共同增加了选择的多样性。

---

① Andy Clark, "Leadership and Influence: The Manager as Coach, Nanny, and Artificial DNA," 1999; John H. Clippinger, "Tags: The Power of Labels in Shaping Markets and Organizations," 1999.

② "系统越具有组织多样性,就越有可能在变化的环境条件下得到一些令人满意的解决方案。"(Michael T. Hannan, "Uncertainty, Diversity, and Organizational Change," 1986, p. 85.)

③ 我在第五章的"从组织多样性到多样性组织"部分中对这些问题做了详细的理论讨论。

差异化公司从特定搜索转向广泛搜索,这意味着它正在重新划分内部边界,重新组合资产,并不断重塑自我。面对技术的快速变化、产品和市场的不断变动,似乎并不存在最佳解决方案,如果我们理性地选择了某个解决方案,将全部资源投入其中,那么这个解决方案带来的短暂利益将无法抵消我们错过机遇而蒙受的损失。由于管理者规避了不确定性,所以最后得到的结果也是好坏参半的。[①] 优秀的经理人并不仅仅考虑最优选项,他们还会创建开放的组织空间,不断地重新定义新的选择,因为新的定义可能会带来新的选择机会。我们发现实际行动会给我们带来新的选择,而不是让我们在一系列已知的选择中选一个最理性的。管理是一种促进组织重组自身的艺术。

现代企业所面临的挑战是如何建立能够产生新知识的组织。灵活性要求我们具备重新定义和组织资产的能力,简而言之,我们必须具备务实的反思能力。为此,差异化组织保持并支持评价原则间的积极竞争。竞争指的并不是基于相同评价原则的各部门之间的竞赛。它也不是将不同的价值原则映射到不同的部门或单位,以使它们界限分明。这不是一种重复性冗余或懈怠(两者在更大程度上是相同的),而是一种生成性差异过剩。

我提到了组织失衡,因为某些形式的摩擦可能是破坏性的。当差异变得个性化时,它可能是繁杂琐碎而非富有成效的。竞争必须是有原则的,竞争框架的支持者还应给出合乎逻辑的理由,这样的竞争才是有建设性的。而且,当多种评价原则以差异化形式相互冲突时,危险也会随之而来,争吵不休,行动停滞,最后一事无成。所以如果要取得成功,就要密切关注时间进度。这里我指的是要有一种共同的节奏感和对时间的良好把控——什么时候停止争论以完成工作,并且知道这——作为一种话语实用主义——并非一劳永逸解决分歧的办法。差异化结构既不是单纯的和谐,也不是常态的失衡,而是一种有序的失衡。

当多元甚至是对立的评价原则重合时,失衡就产生了。这种竞争明显的或最可能的后果就是嘈杂的争论,持不同价值观的人彼此争吵不休。这种失衡的潜在结果,就是价值框架的多样性导致公司进行资源重

[①] Charles Sabel, "Moebius-Strip Organizations and Open Labor Markets: Some Consequences of the Reintegration of Conception and Execution ina Volatie Economy," 1991; Charles F. Sabel and Jonathan Zeitlin, "Stories, Strategies, Structures: Rethinking Historical Alternatives to Mass Production," 1997.

组。因为并不存在一种最佳方式或单一指标，而是存在几条各自前进但尚未重合的道路，组织在系统上无法将其惯例或者知识视为理所应当。正是多个绩效指标彼此重合带来的冲突，通过保持组织进行务实性反思，从而产生了富有成效的重组。差异化结构通过引进多种价值评价方式来实现财富创造。

关于 21 世纪组织的一个隐喻

我们是从何处找到了组织的隐喻？亚当·斯密用制针业来隐喻分工。时钟一直广受欢迎，例如，赫伯特·西蒙讲述了一个钟表匠工作遭到打断的寓言，指出了等级制度具有"几乎可分解"的特点。[①] 当人们将组织（不管是国家经济体还是企业）看成是规划系统时，线性规划就在充当方法和隐喻的角色了。近来，组织生态学将生物系统作为进化、选择、人口、出生和死亡的隐喻。

但是长期以来，关于组织的隐喻主要来自宗教，这在过去 15 个世纪里一直都是惊人的一致。"等级制度"（hierarchy）一词最初由 5 世纪的中世纪神学家亚略巴古的丢尼修创造，出现在他写的关于天体和教会等级的两篇论文中。[②] 在《天阶序论》中，他充分阐述了隐喻的所有元素：将九个不同等级分为三层，分别对应高级主管、中级管理人和低级别职员，天使（最接近人类）处于最底层，炽天使（最接近上帝）处于顶层。每个等级都监督着自己的下一级，并向上级负责；众生可以通过晋升来提高自己的等级；信息无法跨级传递；该结构建立在严格的知识等级之上，全知的上帝则居于顶端。

"差异化结构"（heterarchy）一词并非凭空而来。在计算机时代初期，1945 年，神经学家沃伦·麦卡洛克在（巧妙结合的）《数学生物学通报》（*Bulletin of Mathematical Biology*）上发表了一篇文章，创造出了"差异化结构"这个词。麦卡洛克给他那简洁的五页论文起名为"由神经网络拓扑学决定的价值差异化结构"（"A Heterarchy of Values

---

① Herbert Simon, *The Sciences of the Artificial*, 1969.
② 特别参见 Gunnar Hedlund, "Assumptions of Hierarchy and Heterarchy, with Applications to the Management of the Multinational Corporation," 1993.

Determined by Topology of Nervous Nets")。① 文中,麦卡洛克模拟了一个具有六个神经元的网络,取代了亚略巴古的丢尼修的九个等级。后来,麦卡洛克和沃尔特·皮茨合作,展示了如何将大脑形式化为一个可视为逻辑处理元件的神经元网络。② 在论文中,麦卡洛克模拟了选择的各种可能性。

在模拟中,麦卡洛克首先将神经元回路映射到无双列混合或者"交叉"的平面上。他指出所得到的结构是差异化结构:"在一种结构中,部分神经元末梢比所有其他神经元末梢都要高级,在另一种结构中,所有其他神经元末梢都比某个神经元末梢要高级,在任何三个神经元末梢之中,如果第一个比第二个高级,第二个比第三个高级,那么第一个就比第三个高级。"

麦卡洛克明确地指出了这种等级结构系统类似于"教堂的祭司结构",并将价值传递的概念与"宗教或神圣的概念"联系起来。他指出:"如果认为价值观有等级制度,就是认为不同价值观的重要性不同。总而言之,如果价值观在分层结构重要性上有所差异,那么不可简化的神经网络将被绘制(无双列)在一个平面上。"

麦卡洛克发现在现有价值理论中,人们可以将价值观分为不同等级,对此他予以反驳,明确表示"价值观没有共同的等级可言"。接着他提出了肯尼斯·阿罗关于偏好排序的非可迁性的阿罗不可能定理(impossibility theorem)的雏形:

> 考虑一下如果同时面临这三种选择——A 或者 B,B 或者 C,A 或者 C,其中 A 优于 B,B 优于 C,C 优于 A。

---

① Warren S. McCulloch, "A Heterarchy of Values Determined by the Topology of Nervous Nets," [1945] 1965.

② Warren S. McCulloch and Walter H. Pitts, "A Logical Calculus of the Ideas Immanent in Nervous Activity," 1943. 该著作对于约翰·冯·诺伊曼定义的基于存储程序的经典计算机结构影响深远,同时也为"自动机理论"的新领域奠定了基础。另一项合作研究(Pitts and McCulloch, "How We Know Universals: The Perception of Auditory and Visual Forms," 1947)是关于模式识别的神经网络的开创性论文,向我们展示了视觉输入如何通过神经网络的分布式活动来控制动作输出,而规避了执行控制的干扰。后来,沃伦·麦卡洛克、沃尔特·皮茨同杰姆·莱特文、温贝托·马图拉纳一起合作完成了关于单细胞神经生理学的经典论文("What the Frog's Eye Tells the Frog's Brain," 1959)。相关概述请参阅 Michael A. Arbib, "Warren McCulloch's Search for the Logic of the Nervous System," 2000。

在建立选择模型时，模拟非可迁性是一个更为现实的问题，对此麦卡洛克提出了两种解决方案：将双列或"交叉"引入网络中（如果将其表示在平面上）或者转向更为复杂的拓扑结构或环面。这两种解决方案都是非等级的：

> 在任何基于价值观等级制度的理论中，拥有这种神经系统——六个神经元——的有机体，都是十分不可预测的。它具有价值观的差异化结构，同时因为彼此的关系太过复杂以至于无法臻于完美。

麦卡洛克所做的高度原创工作使人工网络发展成为新的计算机技术，而这种技术又反过来促进了计算机人脑建模。[①] 关于从不可靠部分构建可靠组织的设想，麦卡洛克对于复杂网络连接的看法是极具参考价值的，这为开拓"自动机理论"（automata theory）的新领域奠定了基础，并丰富了"自我组织"的内涵。[②] 人们认为"价值的差异化结构"为非图灵或非欧几里得计算提供了灵感，最近人们则将其用于开发基于生物学的计算。

麦卡洛克的开创性论文是最早开始研究网络分析的，其发展又与神经学、计算机科学、数学、生物物理学和语言学相结合[③]，这正是 21 世纪组织新隐喻的合适来源。隐喻至关重要。如果我们采用某个可用于"组织"等相关问题的概念，或者更普遍地，将其运用于对人类行为正式集合体的研究，那么组织研究所涵盖的领域将更加丰富。

---

① 麦卡洛克在发表《由神经网络拓扑学决定的价值差异化结构》（"A Heterarchy of Values Determined by the Topology of Nervous Nets"）后，主持了梅西基金会设立的十次系列会议，探讨在信号处理、计算和通信方面，生物学家可以向计算机科学家传授什么知识。该小组涵盖了不少生物学家、技术专家和社会科学家，其中约翰·冯·诺伊曼、诺伯特·维纳、格雷戈里·贝特森、保罗·F.拉扎斯菲尔德也在此列。该小组于 1946 年 3 月在纽约举行了首次会议，主题为"生物和社会系统中的反馈机制和循环因果系统"。关于会议摘要和与会者名单，请参见 www.asccybernetics.org/foundations/history/MacySummary.htm。关于梅西会议的热烈讨论，请参见 Jean-Pierre Dupuy, *The Mechanization of the Mind On the Origins of Cognitive Science*, 2000。

② John von Neumann, "Probabilistic Logics and the Synthesis of Reliable Organizations from Unreliable Components," 1956; Warren S. McCulloch, "The Reliability of Biological Systems," 1960.

③ 沃伦·麦卡洛克参与了三元逻辑的设计，他对查尔斯·桑德斯·皮尔士的三元逻辑实验非常感兴趣（参见 Michael A. Arbib, "Warren McCulloch's Search for the Logic of the Nervous System," 2000）。人们通常认为皮尔士是哲学实用主义的创始人，此人认为所有的认知都是不可简化的三元论。他对现代语言学的重大贡献是由"类象符号"（icon）、"指示符号"（index）和"抽象符号"（symbol）所组成的符号学三分法。

例如，生物学家最近重新发现了组织问题（其中"有机体"是最显而易见的例子）：组织水平向下延伸到细胞甚至分子，水平延伸，并向外延伸到物种形成和共同进化的过程。① 生活就是组织。相似地，谈论信息和知识就是在谈论组织。研究信息科学的同事所取得的研究成果，以及认知和学习方面②所取得的研究成果向我们表明，等级制度并非是组织在这些领域的唯一形式。

更具揭示性的是我们关于代码的概念转变。之前这个词是与编码过程联系在一起的，编码将彼此包含、相互排斥的元素组成一个系统。代码使语言成为一个非等级结构的范例，如今"编码"已成为一个被普遍接受的网络术语。例如，研究基因序列的研究人员认为，基因的两个结构特点在进化能力的演进中发挥了重要作用。第一个特点是模块化，当元素在更高级别的组织中与其他模块重新组合时，元素借助模块化来保持其原有结构不变。第二个特点是多效性，其重要性与模块化不相上下，使得一系列遗传编码在多个子系统中得以体现。③ 用网络术语来说，遗传编码就是纠缠代码。这一术语源于计算机科学，指的是程序员处理软件交叉问题的苦恼之源。尽管软件工程极力避免纠缠代码，它的一线工作——例如，实现从面向对象编程到面向切面编程的质的转变——仍然是开发差异化结构的软件代码，而这个领域曾经是典型的等级化结构。

作为一个更普遍的过程，差异化结构指的是组织结构，在该结构中，单一特定元素——声明、交易、身份、组织构成要素、基因代码序列、计算机代码、合法代码——可以同时采取多个横向网络的形式表达。"如果某个程序中存在不含有单个'最高级别'或'监控器'的结构，那么我们就称之为差异化结构。"④

因此，作为 21 世纪组织的一个隐喻，差异化结构产生于具有巨大发

---

① 特别参见：Walter Fontana and Leo Buss, "'The Arrival of the Fittest': Toward a Theory of Biological Organization," 1994; Walter Fontana and Leo Buss, "The Barrier of Objects: From Dynamical Systems to Bounded Organizations," 1996。

② Geoffrey Bowker and Susan Leigh Star, "Knowledge and Infrastructure in International Information Management: Problems of Classification and Coding," 1994; Luis M. Rocha, "Adaptive Webs for Heterarchies with Diverse Communities of Users," 2001.

③ Gunter P. Wagner and Lee Altenberg, "Complex Adaptations and the Evolution of Evolvability," 1996; Thomas F. Hansen, "Is Modularity Necessary for Evolvability? Remarks on the Relationship between Pleiotropy and Evolvability," 2003.

④ Douglas R. Hofstadter, *Gödel, Escher, Bach*, 1979.

展潜能的各个学科重合处。它还有可能应用于广泛领域，包括计算机科学、生物学、信息学以及社会科学中的组织分析。但它有一个缺陷：人们第一次提到它时不能马上说出这个词。但是"官僚"和"官僚主义"这两个词——作为"机构"和"贵族"或"贵族统治"的合成词，在人们用它们来解释新角色和新现象时，好像也显得十分怪异。除了这个缺点外，差异化结构也有个显而易见的优点，那就是作为同源词（比如说君主政治、无政府状态、多元统治和等级制度）的一员，这个词直接指向一种统治形式。实际上，差异化社会组织的第一个典范可能是美国宪法，政府三大分支中的每一个都是基于一条与众不同的合法原则，没有任何一个分支是凌驾于另外两个之上的。[①] 差异化结构，作为一种治理形式，将失衡的事物组织了起来。但这不是万灵丹。正如差异化结构的隐喻并非凭空而来一样，在差异化结构的实践过程中，也出现了人性的弱点所引起的诸多问题。

争议情境中的价值

我赞同约翰·杜威关于探究、价值和不确定性问题的见解，同时我也向他讨教方法论的问题。在《评价理论》一书中，杜威一再坚持研究"实际评价"过程的必要性。他 1939 年的话放在今日仍切中要害：

> 有观点认为把个人从他们生活、活动和存在的文化环境中分离出来考虑，就形成了关于人类行为——特别是人类欲望和目的的现象——的完整理论，这一理论可以称得上是形而上学的个人主义。该观点结合了形而上学的精神信仰，运用未经审查的传统、惯例和制度化习俗来评价现象。[②]

此处介绍的案例研究采取了杜威的两个观点作为指引。首先，我听从了杜威关于研究"文化背景"的实际评价的劝告，进一步明确了环境的概念，并使用民族志的方法来研究三个截然不同的工作场所。我实地研究了情境认知。在每个案例中，民族志的场地都是一个单独空间——一

---

① László Bruszt, "Market Making as State Making: Constitutions and Economic Development in Postcommunist Eastern Europe," 2002; Martin Landau, "Redundancy, Rationality, and the Problem of Duplication and Overlap," 1969.

② Dewey, *Theory of Valuation*, p. 64.

个工厂车间，里面约有 100 名体力劳动者；位于曼哈顿由印刷阁楼改造而成的开放式住房，里面约有 80 名新媒体从业者；位于华尔街的一间大型国际投资银行的交易室，具有类似的开放型布局，里面约有 160 名交易员。

其次，我遵循杜威的建议，即不将评估行为看成是"未经核实的传统、惯例和制度化习俗"。从方法论的角度讲，此举不是在特定环境中运用民族志理论，而是从制度分析出发转而研究不确定情境。[①] 正如我们将在下文中讲述的那样，研究人员一旦发现处在急关头，就会变得焦躁不安，于是那些令人不安的情况就具有了特殊意义，因为只有在这样的情况下，行为主体才会意识到，先前想当然的想法并不是顺理成章的。通过研究评价原则差异化竞争的案例，我们发现传统、惯例和制度化习俗并非未经调查。实际上，它们随时欢迎行动者对它们产生反思性认知。

因为我在三个截然不同的环境中调查情境，研究价值的分析镜头——评价行为——的焦点也随着我们从一个案例转向另一个案例。相应地，不确定情境的形式和多样化的独特挑战在分析上适用于所有的案例。

在匈牙利工厂这一案例中，我们认识了 18 名技术精湛的工人，他们通过操作、制造机床，意识到有个机会能使自身价值得到认可。其背景是 20 世纪 80 年代的中期到后期的那段激动人心的时期，当时 1991 年苏联尚未解体，波兰的团结工会崛起并引发巨变，随后又遭到镇压。更为具体地说，故事的背景是匈牙利最大的国企之一米诺托，有着超过11000 名员工，旗下有一间包括大约 100 名工人的机械加工车间。一旦米诺托认识到其员工拥有合法权利实行"合作制"，在"非工作时间"使用工厂设备，按照自己的想法自由组织工作，最初提到的情况就发生了。如果工人的日常生产一直是理所当然的，工人当然不会安于现状。母公司米诺托利用合作形式来赚取稳定收入；与此同时，合作小组的成员也将这一新形式作为展示自我价值的机会。但他们的成功也导致了新情况的发生，那就是不管工人们在签订协议时多么一致地认为技术是衡量自身价值的最终原则，他们后面都会面临一系列令人困惑的挑战，即不

---

① 关于对于方法论集体主义和支持"方法论情境主义"的个人主义的反驳，参见 Karin Knorr-Cetina, "Introduction：The Micro-sociological Challenge of Macro-sociology," 1981.

知该如何评估每个人的工作表现。在此过程中,他们开始发现新价值标准以及与之密切相关的新身份。后来,1991 年后,米诺托私有化,工人们的自身价值遭到了挑战,这使得他们再次寻找方式表达自己的正义感。

在第二个民族志案例研究中,新媒体员工本质上也是工人,他们以自己的方式去制造产品——他们不是使用钻头切割车床或对昂贵金属进行钻孔的操作员,而是使用新媒体工具建立复杂的在线零售网站的软件程序员和创意设计师。他们所处的文化背景在曼哈顿,当时是 1993 年,美国经济有所衰退,房租走低,程序员、艺术家、撰稿人都面临着就业困境。更具体地说,20 世纪 90 年代末,网景通信公司(Netscape)和 the Globe.com(一家现已倒闭的社交网络服务商)刚刚结束了首次公开募股,而互联网泡沫尚未破灭。再更具体地说,那时初创公司 NetKnowHow 在我们对它展开研究的短短几年时间里,员工数量从 15 名逐渐增长到了 150 名。与此相关的情况是,商业战略家、创意设计师、程序员、信息架构师和销售专员带着自己独特的学科身份一起进入了项目。项目成了争论发生的场所,但人们主要争论的并不是各个专家的价值,而是评估他们网站价值的最佳标准是什么。正是这种评价原则的争论,使得公司不再将其拥有的知识视为理所当然。评价标准的冲突导致了分布式认知的产生,也给我们带来了这样一种搜索:搜索时你并不知道自己的目标是什么,但是当你找到时你却能成功辨认。

第三个民族志研究案例中的套利交易者似乎根本不像工人。但是,正如我们将要看到的,所有交易者都巧妙地定制了自己的交易工具。其背景是华尔街投资银行业务。当时正处于 20 世纪、21 世纪之交,量化金融已然问世,安然丑闻尚未发生。更具体地说,这是一家叫作“国际证券”的大型国际投资银行的对冲基金,其交易员从事复杂的套利交易业务。就像匈牙利工人(全是技术精湛的工人)和新媒体从业者(几乎都是年轻且在文化上追求时尚的人),交易员有着一样的工作文化。关于如何衡量一个交易员的价值,交易员有着共同的定义,这甚至比匈牙利工人的共同定义的内容还要丰富,那就是通过“他的账面价值”(赢利能力——“交易员每年、每月、每日、每小时甚至每分钟”所能达成的交易量)。但是这种显著的同质性也掩盖了生产的多样性,尽管交易员有统一的评价指标,但是他们在工作的最突出方面依旧存在差异:如何在套利竞争中衡量价值。关于这些情况,乍一看,交易室似乎是一个响应“外部"市场的场所。但这其实是对于市场情况的夜间播报,危机四伏,暗潮涌动,摇摆不定。这些套利交易者面临的实际问题不是如何应对"外部"情况,而是如何主动识别出竞争对手尚未意识到的情况。正如我们将要看到的那样,交易室是按照认知生态学来组织的,既遵循特有的套利原则,也不乏原则之间的相互作用,以产生情境认知,不仅能识别已知机会,还能从情境中再次识别机会。"9·11"事件使世界贸易中心遭受袭击,交易员的交易室也惨遭破坏,在该章结语中,我调查了交易员如何应对这种可能给他们带来身份危机的危险处境。

第二章

社会主义工厂的工作、价值与公平

与亚诺什·卢卡奇合写

　　我桌上有个锡罐,是 1989 年底在布达佩斯买的,比标准的金枪鱼罐头要小得多,还很轻。用指甲轻拍,还能留下圆形的指甲印。

　　这个锡罐并非诞生于小企业家的车库车间,而是由某家国有企业的工作团队在工厂的王牌部门生产的。按照法律规定,当地企业的员工有权组建"企业内部合作关系",该工作团队自 1982 年起就开始利用并实施法律的这一规定了。这个来自大工厂的 30 名工人组成的团队,和成千上万个同类合作关系一样,利用平时下班后和周末的时间操作工厂设备,把工作分包给母公司并承接其他公司的订单。这批限量版的锡罐是个有趣的实验,但它所冒的风险却很大。

　　20 世纪 80 年代出现的内部分包合作关系,奇妙地将公共财产和私人财产相互混合。它们模糊了组织的边界,所以这种合作关系表现为一种模棱两可的组织形式:管理者在国家财产的条款内具有一定的灵活性,工人则可以在不失去社会主义工作福利的前提下获得更高的收入。在分包单位内,合作伙伴通过基于市场、再分配和互利互惠[①]的评价原

---

① 组织模棱两可的类似做法,导致了公共和私人间界限模糊,同时存在多条辩护原则,重组过程变得错乱不堪。因此,我桌上未开封的锡罐表明了"市场转型"的切换开关理论是空洞的,该理论假设公共所有权和国家补贴是切换的起点,私有财产和市场是切换的终点。它标志着企业参与者组织创新的一系列重组实践活动是具有连续性的。参见 David Stark,"Recombinant Property in East European Capitalism," 1996。

则分配收益,协调生产过程。一群工人在相同的工作环境中使用相同的技术,却是在两个不同形式的组织内从事生产活动,工作合作小组的安排使我们能够对此开展评价体系检验。工作合作小组为我们提供了一个不错的实验室来探索所有经济体的最基本要素——在事先没有基础用于比较特定个人时,我们应如何衡量每个人迥然不同的活动所体现的价值和贡献。

在 1984 年夏季、1985 年冬春季节和 1986 年初秋,我同亚诺什·卢卡奇一起开展了民族志研究。本章正是基于这些研究写成的,主要关于某个此类合作小组。有一点显而易见,但即便如此我还是要强调一下,那就是不管是我们这些研究者,还是我们所研究的工人,都无法预见后来 1989 年所发生的事情。如果我们因为后续情况的变化而对本章内容进行修改,那么本章中的叙述将失去其完整性。因此最后的定稿只是对初稿做了略微改动。本书于 1986 年末起草于巴黎,于 1987 年修订。①此处我含蓄提醒一下,行为主体和研究者在实践时都是未曾预料到未来的,我遵循的是民族志当前的惯例。

合作小组即最佳证明

“请进来吧。”伊斯特凡·福尔考什(István Farkas)一边说着,一边指向他的办公室。他坐在柜子旁的小桌子旁,旁边放着他平时操作的复杂卧式镗床。他的办公室布置得井井有条,但是地上的木质硬地板比工厂地板的混凝土地面要高一级,布满了陈年油污油渍。福尔考什说起自己的“办公室”时可真是幽默又严肃,这和其他车间工人称他“Ur 教授”(教授先生)或者“福尔考什教授”时的语气可真是如出一辙。

福尔考什是位技艺精湛的机械师。退休五年后,也就是自 20 世纪 40 年代起,他就一直在这个工厂工作。他还是“企业工作合作小组”的工人成员们选举出来的代表,该组织名叫 *vállalati gazdasági munkaközösség*(简称 VGM),采取了半自主分包单位的组织形式,工人在下班后使用工厂设备建造机床。他一边向我们介绍这种合作小组,一

---

① 该研究于 1990 年在皮埃尔·布尔迪厄的学术刊物《社会科学的研究行动》(*Actes de la Recherche en Sciences Sociales*)上以法语发表,题为“La valeur du travail et sa rétribution en Hongrie”(匈牙利的劳动价值与报酬)。在本书中,我增加了结语,简要说明了这一合作小组 1989 年后的命运。

边欢迎我们进入他的办公室。①

福尔考什的团队在某个叫作米诺托(Minotaur)的公司里工作,该公司是匈牙利十大企业之一,超过 1.1 万名员工在其旗下的八家工厂工作,其中有六家工厂在布达佩斯相依而建,另外两家则分别位于两个省会城市。米诺托主要面向匈牙利国内市场生产销售橡胶制品,比如说款式多样的轮胎和橡胶配件,实际上,它可以说是垄断了匈牙利国内的橡胶市场。该公司也向经济互助委员会市场的其他社会主义国家出口相当数量的产品(包括轮胎以及海上钻井管道和机床在内的其他产品)。自 1979 年以来,该公司在增加自己在资本主义市场的硬通货方面一直面临着巨大的压力。

合作小组的成员们在米诺托的某个部门工作,生产用于制造橡胶产品的设备,主要面向国内市场销售,偶尔也对外出口。该部门大约有120 名工人和 15 名工程师。VGM 合作小组由 18 名技术娴熟的工人组成——包括操作大型复杂设备(刨床、铣床、车床和水平钻机)的机械师,以及负责制造和校准机械师加工的成品机床的机械制造师。有 15 名VGM 成员的技能等级为 61 级,这是体力劳动者的最高等级。其余 3 人的技能等级为 51 级,这是第二高的等级。多数成员的年龄在 35 岁和45 岁之间,还有两名成员年龄在 55 岁左右,此外另有几名成员 30 岁刚出头。1984 年 1 月该团队成立之初,没有任何管理人员和工程师,只有一名成员是党员。

在上班时间,技术工人的工资是按时间支付的——也就是说,他们拿的不是计件工资。除了每天常规工作 8 小时外,这些工人每月还会投入相当多的时间用于强制性和自愿加班(有时一个月的加班时间甚至长达 60 小时)。有时他们的加班报酬是各种形式的"流动工资"(mozgóbér)和目标保险金,例如,工人完成了一项特殊任务后,可以拿到一笔固定金额的奖金作为报酬。社会主义企业车间关系的显著特征是私下的

① 卢卡奇和我早在 1983 年夏天就开始研究这种合作小组的形式,实际上,我们也已经和米诺托其他工厂的合作小组成员见过面了。在几年的时间里,我研究了 8 家公司的 18 个合作小组,涉及的行业包括制造业(电子、钢铁、塑料、橡胶和纸张)和服务业(工程、建筑设计和建造)。我的部分实地研究是和拉斯洛·布鲁斯特·拉斯洛·诺依曼一起合作完成的,但我和卢卡奇对米诺托工人们所开展的研究是最为广泛深入的。

"选择性谈判",而争取加班费和特殊奖金就是谈判的内容之一。①

在与母公司的分包合同中,米诺托的工具制造小组 VGM 负责签订合同,派一名选举而来的代表去和对方谈判,生产整台机器,销售报酬是给整个团队一笔"企业费"。也就是说,VGM 成员在 VGM 工作时从事的并不是车间管理层分配给他们个人的任务。因为他们已经签订了合同来一起合作生产机器,所以他们可以自主决定工作的具体组织方式和集体收入的分配方式。1984 年,除了基本工资、加班工资、流动工资之外,VGM 平均每个成员从 VGM 获得了 49250 福林的净个人收入。1985 年,这一数字降至 35850 福林。从基准比较来看,1984 年匈牙利体力劳动者的平均年收入约为 60000 福林。换句话说,除了主业收入,VGM 成员额外增加的收入等于一个普通工人年收入的三分之二左右。

福尔考什带领我们走进了他的"办公室",他一直在上班时间研究项目的技术图纸。他解释道,如果没有这些图纸,机械师们就没法按照技术部门送来的图纸上标注的规格来切割原材料,制造特定零件。这需要借助一只小计算器来计算某些函数。("我必须自己去买一只小计算器,"福尔考什说,"他们承诺过要给我报销,但是他们从未兑现过。所以这其实是我个人出资购买的。")新图纸绘制完成后,机械师可以据此在工具上定位切割的长度和深度。如果在开始时没有正确设置好工具,那么即使是最资深的机械师也有可能在后面遇到麻烦。对大多数操作而言,光有图纸就足够了。但是对于特别复杂的操作而言,标准图纸还应附有额外计算,并由技术部门的工程师提前准备好。福尔考什再次向我们强调了标注图纸是工程师的职责。他评论道:

> 就像这回一样,我一次又一次地热心帮助别人做这种技术工作,如果换个心态,我就会说:"我为什么一定要那样做?又没有人非要我这么做。"但我的心态可不是这样的。我也可以对管理人员说:"让拿了这份钱的人去做这件事好了。"但这不是真正的我。

福尔考什在这里以及其他类似谈话中都有发出抱怨,不是因为这是他该做的工作——因为明显他很享受解决这些问题的过程,而是因为在

---

① 社会主义车间的私下谈判是"选择性的",一是因为有些问题不在谈判范围内,二是因为并非所有工人都能享受到谈判福利。虽然市场经济的集体谈判在分类逻辑下进行,但是社会主义经济的选择性谈判是具有情感联盟的。参见 David Stark, "Rethinking Internal Labor Markets: New Insights from a Comparative Perspective," 1986。

上班时间内，他所做的工作本该是拿这份报酬的人来做的，而且还需要运用到专业知识，他所运用的这些专业知识本该是技术部门的工程师掌握的。福尔考什对那些工程师颇有微词：

> 之前派两个工程师去德国购买新机器。他们在那儿待了几个星期，德国人向他们详细展示了如何操作这台机器。他们把机器带回来之后，其中有个工程师本应向工人们展示如何操作这台机器，但是他一连试了三天都没能成功，他根本不知道怎么让这台机器运转起来。最后，他大声喊叫说他已经受够了，工人就只能自己研究怎么操作了。

不论这故事是真是假，我们都可以肯定福尔考什已经将这个故事告诉了车间里不少年轻工人。

对福尔考什和VGM其他成员而言，车间内一个主要的不公平之处在于熟练的体力劳动者没有得到应有的认可，他们是车间真正的支柱，但是他们的工资却没有随着自己熟练程度的提升而得到应有的增长。如果给福尔考什重组车间的机会，他表示会解决这个问题：

> 有人曾问我是否会渴望我们的车间能一直以VGM的形式运转。是，当然了。我会把工人数量裁减至原来的30%，在大街上打出广告，寻找经验丰富的操作行家，让他们在车间的占比达到目前工作人员的70%。这样一来，这个车间就会变成一棵摇钱树，拥有更多专业知识的人也将获得更多的认可。
>
> 3名在这里工作过的年轻车床操作员，辞职去火车站从事卸载煤炭货车的工作了。因为他们在那里可以赚到更多的钱。这表明了现在我们的技能值多少钱，你看见了吗？没有认可就没有工资。选择优秀的人在门口站岗，意味着我要对他们许下承诺——以90福林作为基本工资，而不是像现在这样作为最高工资。有了那90福林，我就可以说："我们希望你能做这个、这个，还有这个。"就像亨利·福特说的，一个人必须为他人向自己提供的劳务而付费，但却一分钱也不能多给。这是一个很好的座右铭。

重新设计车间并给予工人们的专业知识更高的声望是重要的，原因有两点。第一，对于工人来说，更高收益的正当性并不是源自资历和证书上的话语，而是牢固地建立在效率和生产的逻辑之上的。奖金应分配给生产最多产品、最高质量产品的工人。因此，通过重组车间来充分激发工人潜力,成功解决了如何提高工人知识声望的问题。在工人看来,如果车间能以这样的方式重组,它就会变成一棵摇钱树,这在每个企业决策者看来也是如此。在这种情况下,在福尔考什的逻辑中,工人专业知识的真正价值是不可否认的。产品产量上的增长才是真正能提升工人知识声望的东西。

第二,在工人看来,不提高产量就能获得更高收益是不公平的。同样地,如果产量提高,收益却没有得到相应提高,也是不公平的。因此,福尔考什提议的重组方案也需要政府取消现行的企业工资制度。目前的最高工资将成为新的基本工资——因为只有在这种情况下,管理人员才有理由告诉工人他期望他做"这个、这个以及这个"。提高收入是改进组织的前提条件,而改进组织又会为提高收入奠定物质基础。从这个角度看,我们必须反复品读福尔考什的座右铭。支付超出劳动价值的工资是不公平的,但支付低于劳动价值的工资同样也是不公平的。"一个人必须为他人向自己提供的劳务而付费,但却一分钱也不能多给。这是一个很好的座右铭。"

"高薪只源于故障问题"

为避免任何误解,我需要指出一点,米诺托的工人们不仅技术高超,而且(参照匈牙利体力劳动者的标准)收入可观。但是这些工人收入高并非因为他们技术熟练,而是因为他们处于机器车间的特定生产过程的关键地位。因为作为VGM的成员,机械师和机器制造者需要具备一定的技术与能力来操作一系列机器,这些机器对于生产有价值的产品来说至关重要,所以车间要求他们加班,以加班费或者"流动工资"的形式来支付他们工资。此外,由于他们所做的操作通常是复杂且非常规的,因此管理层无法准确估计任务完成时间。结果就是,最苛刻最紧迫的任务通常都在基本工资外计费。所有这些因素加起来,工人们认为重要操作的真正价值(对于车间和车间管理层而言)无法简单用工人实际花费的劳动时间来衡量。机械师们给我们讲了许多事例,都是关于管理层如何在周末临时派遣紧急任务给他们,并愿意为此向他们支付整整一个周末的加班工资,等于普通工人一个月的平均工资,而在机械师的熟练操作之下,这些任务仅需几个小时便能完成。

福尔考什认为,这些案例"表明完成任务所需的时间是无法估计的。他们可以说完成某项任务'要花'这么久。但是确切来说,我们无法确定某个步骤或操作到底要花多久。它可能要花三天,又或者半天。具体时间取决于工人的能力、意愿和创造力"。

但是工人们面临的问题其实在于"高薪只源于故障问题"。他们的技能总是在为时已晚的时候才得以施展,只有在情况最糟糕的时候他们的收入才是最可观的。在他们看来,合作小组建立前,车间邀请 VGM 成员们来补救已经存在缺陷的项目,在此情况下,他们才最有可能得到自己预期的工资。这种情况——工作任务的随意协调、不合格的材料、最终产品的低劣质量——是对工匠精神的一种冒犯。而且事实是当他们获得高薪时,这种情况对他们的身份、尊严和荣誉来说是一种挑战。正如某位负责机器制造最终环节的机械师所解释的那样:

> 这里,你看,高薪只源于故障问题。我必须得解释一下。作为一名优秀的技术工人,如果最后一刻出现了什么紧急任务,我就会得到额外工资。如果我发现某个地方出错了——由于糟糕的组织、某些错误的决定或者其他什么原因,那么事情不可避免就会出现问题。在那种情况下,我有两个选择。第一,如果我看见了不说,那么我可以肯定一周之后他们就会派我去纠正这个错误。在这种情况下,管理层必须为其糟糕的组织买单。第二个选择就是我可以直接指出问题所在,做个诚实的人,直接说:"先生,这里有些不对劲。"在这种情况下,错误将立刻得到纠正,但我不会因此而得到任何报酬。只有不诚实才能得到报酬。这真让人羞耻,但这也是事实。
>
> 如果我能许什么愿的话,那我的愿望就是我不想要更多现代化的机器、更多的钱或是更好的条件,我想要真正诚实的管理状态。因为如果这能实现的话,其他所有东西都会随之而来。

"我们就像灭火队一样宽宏大量"

两年前还没有 VGM 时,车间的产品质量极差,也不能保证工期。我们常常这样乞求:"不要给我们工具,它们已经坏到不得不修了。"而即使是处于第 20 级的最普通的工人,也会为管理层交付的工具上写有自己工厂的名称而倍感羞愧。

我长话短说。他们都拿到订单了还能拖上两个月。他们根据匈牙利的国家规范来绘制图纸。我不知道他们对这个文件做了什么——可能它太复杂了。然后他们试图尽可能快地获取材料,因为规定时间已经过去了一半，截止日期日益临近。我们手头的材料在不断增加，但这是他们能找到的，却未必是我们所需要的。举个例子，我们会因为材料体积过大而将它劈成两半。然后才开始工作所需的实际步骤。自订单生效之日算起，现在实际工作只剩下20%的时间了。重点在于赶上截止日期，而不在于保证质量——因为截止日期快要到了。我们可以说出不少关于赶截止日期的事例，你会觉得这全是编出来的，纯属玩笑。但不幸的是，它们就是真的。但是这18位成员确信他们能及时高效地解决这样的难题。

所以，我们宽宏大量，只是因为我们是救火队。我们总是在最后一刻施以援手，但是在这样的情况下，我们也无法生产出高质量的产品，毕竟为时已晚。然而我们可以制造出差强人意的产品交差。在补完所有漏洞后，其他人都可以继续做原来的工作，一切都可以顺利进行而不做出任何改变。如果有人不认真工作，不论他是经理还是工人，别人都没法将他踢出局。

……

这些任务至关重要。如果有人建议这应由3到4个人共同完成——才能把工作做好，他们可不会让它顺利实现。最后，任务落到我们头上，我们告诉老板："先生，到现在为止，还没有什么大的进展。我们没法在这样的基础上平地起高楼。我们该怎么办呢？就这样交付吗？或者不交付？"然后他们说："请做些什么吧。"

关于谁在某一点或某个时候本应该做这项或那项工作，无人追究，然后他们会惊讶于为什么这个零件无法在某个时间点得到应有的校正。工作组织有误，技术看起来并不像是真正的工作技术该有的样子。那时，你甚至想把所有的钱都投入其中，力挽狂澜，但是大势已去，失败已成定局。我们真的已经尽力了。

"他们投了不少钱进去"

问："投了不少钱进去"是什么意思？

答：那会儿我赚了3万福林。部门领导来找我说："这里有个机器模型，你可以用它做些什么吗？"那时我刚度假回来。之前我已经发现了一些问题，但我选择去度假了，因为我不想接手这项棘手的任务。但等我回来后却看见整件事情还扔在那里，等着我去完成。"拜托，你必须去做，"我对自己说，"在这一点上，我做不到高尚。我必须让自己熟悉这个烫手山芋，除此之外别无选择。"我还说："这里、这里，还有这里，都和图纸有出入。"如果工具需要焊接，那它就不是好工具，因为这些都是贵重材料，如果他们将这些材料焊接了，那么工具就无法正确磨铣了——只能降低产品的质量和售价。

乍一看，它似乎相当不错，但是厚度还不够，因为准备工作做得不充分。工具的生产过程开始了，但某一刻它落到了一个外行的工头手里。然后所有人都离开车间去度假了。我估计错了，所以我必须回来，做我该做的工作。

问：他们给你加班费还是特殊津贴？

答：各种形式都有。他们愿意付出一切来保证任务的顺利完成。最好的办法本应该是重新开始，但是这样就赶不上截止日期了。最后我们勉强赶上了截止日期。德国人接受了我们的成品，没有砍价。但是我再也不会重蹈覆辙了。我从这里赚了很多钱。我不想抱怨，但是如果许多人的工作必须叠加在一起，而且如果一开始就没有做好精确的计划，那么结果永远都不会令人满意。

对米诺托的工人来说，通常情况下，机械车间内最严重的不公平就在于他们会被迫陷入道德的两难境地，走向其中任何一个方向都会侵蚀他们内心的公平准则。如果工人眼睁睁看着工作出错而不加以提醒，那就是未能利用好自己的专业知识，并企图谋求奖励。但不分情况地运用自身知识，甚至在"本职工作范围之外"也用，就等于失去了获得足量奖励的机会——因为只有在情况变糟时，工人才能得到高额报酬。

蓄意破坏的行为并不是这种困境的一部分，而是一种直接完全违反工匠精神的行为。如果工艺中呈现出故意破坏或明显错误的痕迹，会使工人的行为变得不光彩。在任何情况下，一旦其他熟练工人在后续生产中注意到这种瑕疵工艺，可能会视之为"草率工作"，同时该工人的技能等级可能会有所降低。问题在于如何在管理层设定条件下做出个人能力范围内的最佳工艺。在这种情况下，发现瑕疵的工人不会和对应的同事沟通协调，因为能从中得到奖励的不是他本人，而是管理或专业人员。具体来说，瑕疵工艺包括：工人接受任务并尽其所能地执行任务，即使知道遵循预定顺序操作将在未来工作中产生本可避免的复杂因素；即使知道如果进行微调并协调图纸与其他零件之间的偏差，零件将变得更匹配，工人也只会将零件精确切割到符合规定的容差；工人未能注意到图纸中的错误或其他人为错误；等等。

　　工人"不诚实而得到奖励"可以简明扼要概括成工人的道德双重束缚。工人们试图通过建立合作小组来避开这种双重束缚。他们可以在VGM中诚实地工作，正大光明地获得报酬。为了得到理想的报酬，为了正当理由，工人们将在此基础上建立稳定的道德秩序，为稳定收益奠定基础。但如果VGM要重新建立道德秩序，那就不能通过削弱工人的内疚感来实现。相反，如果工人们想要一种可以使他们诚实工作的组织形式，他们也会努力寻找一种方法来对抗他们眼中否认工人知识和技能的真正价值的不诚实的管理层。（"想要一个真正诚实的管理状态"的语境并非关于腐败的讨论，而是关于所认识到的工人报酬结构不合理性的讨论）在此逻辑下，为了从道德双重束缚中解脱出来，使管理行为变得诚实，工人们需要一种方式来展现自身价值，从而证明重新设计企业管理工人报酬的协议条款是完全合理的。

将第二经济引入企业

　　为了理解福尔考什和他的工人同事如何有机会建立一个能证明自身价值的企业，我们必须暂时将目光转移到米诺托之外来考查匈牙利混合经济的发展动态性。长期以来，匈牙利一直是社会主义国家中的领导者，积极辩论探索社会主义企业是否能将计划与市场手段的有限应用相结合。此外，在国家所有权直接控制之外允许"第二经济"①的最大化发展方面，匈牙利也是无可争议的领导者。早在20世纪50年代后期，国有农村中就已经诞生了这种影子私营产业了，允许农民们在所谓的家庭用地上饲养动物、种植蔬菜水果。70年代，第二经济得到了迅猛发展，不仅是农业，而且城市里的私人商店、餐馆、汽车家电维修、住房建设、公寓翻新等一片欣欣向荣。这些活动大多数都是偷偷完成的，因为家庭成员偷偷在第二经济"兼职"的同时，也需要一份稳定的工作以维持不高但稳定的收入、健康保险和其他福利。

　　因此，到了20世纪80年代初，几百万匈牙利人的日常生活就是同时在多种经济形式下工作：工程师白天在社会主义公司工作，晚上开私人出租车；工人在工作日装配摩托车，在周末偷偷兼职涂墙；集体农庄的

---

① István Gábor 的文章"The Second (Secondary) Economy"对于社会主义经济产生第二经济的倾向性特征给出了权威性陈述。

农民在自家土地上塑料薄膜覆盖下的温室中大规模种植草莓，以供应给西欧市场——以上种种都是第二经济的表现。据官方估计，第二经济占据了匈牙利国民高达三分之二的劳动时间，每四户家庭中就有三户从中获得了额外收入。

1980年下半年和1981年年初，匈牙利社会主义工人党（执政党）中央政治局举行了一系列特别会议，与研究第二经济的主要学术专家进行了特别商讨。波兰政府对团结工会这一独立工会的认可引发了这一系列会议的举行。

"巧妇难为无米之炊"

VGM的形式是补充技术工人收入的具体机制，他们中有许多人无法在第二经济中利用技能换取收入。尽管非正规产业在20世纪70年代已经得到了迅速发展，但它并没有增加所有工人的收入。如果国企的洗衣机修理工可以从日常工作中得到客户和零件用于开展下班后的"个人兼职"，如果农民可以集中耕种自己的那一公顷土地，那么炼钢厂里的炉工又会怎样呢？在第二经济中运用自身的特殊技能制造精密机器的机械师又会怎样呢？VGM恰恰提供给了工人这样一个下班后赚取外快的大好机会。正如一名年轻的机械设计师向我解释的那样："VGM是一种比第二经济更为开明的形式。我可以根据自己的技能获得额外收入，而不是始终停留在一个较低的薪资水平。如果你做的工作与你自身的水平相当，你就会觉得这笔额外收入并没有那么不光彩。这样说吧，如果我需要钱，我不需要给玛丽小姨妈清洗窗户或者给火车卸货，而是可以做自己喜欢且熟悉的工作来换取收入。人们不太可能在暗地里为企业做设计工作。在施瓦茨我是没法设计和制作工具的。但是在VGM，我可以继续从事自己的本职工作，然后它也能给我带来一些职业上的发展机会。"

同样地，一位年长些的机械师也说："巧妇难为无米之炊。住在农村里的人有承包地，可以靠土地赚点钱，但我们住在城市里的人就不行了。但是，在VGM，我可以一直待在同一个工作地点，运用同样的技能，和同样的伙伴一起工作。"或者，正如某位中央委员在采访中向我解释的那样："VGM是工业的承包地。"

在执政党领导人看来，制造业的熟练工人是独立工人运动的重要基础。在工人实际工资停滞不前的时期,领导层下定决心要坚决避免匈牙利发生任何类似工人运动,为此他们努力寻找方法增加工人阶级中熟练工人的收入。当然,部分工人可以在数小时后"退出"地下兼职工作。VGM 的合作小组形式是由此产生的一种组织创新。因为工人不需脱离所在企业就能获得额外收入,国企可以保留自己的核心工人,在选择性谈判中具备了一项附加技能,即在不增加工资的情况下[1]增加工人的收入,从工作日的延长中获取利润,并通过分包形式来获得合作小组提高工作效率后带来部分好处。[2] 到 1986 年为止,匈牙利工业中有十分之一的蓝领工人加入了这种混合组织形式——成为社会主义企业中的雇佣劳动者和自治合作小组的参与者。

价值证明

米诺托的某个工人分析了 VGM 与第二经济的关系[3],指出组织创新可能是一个短暂的实验,并强调他认为这是一个"在上班时间赢得更多认可"的大好机会:

> 我不可能参与第二经济,因为我必须一直运用我的这项技能,而且只有在大企业才能得到运用。除此之外没有其他可能。我们的工艺不像绘画、地板制造以及其他服务性质的工作那样,不能通过不同方式销售。我的工作对象是机器,我需要机器和大量的材料。因此对我们来说,知道 VGM 是 tiszavirág életū(一年中只有一天出现,交配,随后又消失的昆虫)是很重要的,知道这一点后,我们可以努力在上班时间内使自己的工作赢得更多的认可。

---

① 国企的预算包括三种:固定资本、工资和成本。这几种资金并不是可代替的。实际上,经理们将这三种类型的钱分别称为"投资福林"、"工资福林"和"成本福林"。因为这些钱是按分包工作的量来计算的,因此支付给 VGM 的款项是来自成本的,而不是来自某个经理的工资。

② 工作时间延长,同时强度也加大,这体现了一些矛盾。通过分散和重组生产活动来提高生产率其实是事与愿违。对于工人来说,矛盾十分尖锐:想要提高生产率,明明可以选择在上班时间优化工作的组织方式,为什么非要选择延长工作时间呢?

③ 在我们 1983—1986 年所做的采访和非正式谈话中,卢卡奇和我特别注意要问每个人这样一个问题:"VGM 是第二经济的一部分吗?"让我们感兴趣的并不是"是"或者"不是"的回答,而是他们给出的原因。几乎每个人的回答都是不一样的。最有意思的可能是在我们询问的几十个工人中,只有一个人(一位十几岁的年轻女性)对"第二经济"这个词感到困惑。也就是说,在加博尔 1979 年写的论文发表后的短短几年时间内,这个词已经成为流行词,在代表匈牙利社会/社会结构的心理地图上占据了一席之地。

工人们排除了第二经济改善他们状况的可能性后，看到了眼前有个稍纵即逝的机会：他们可以建立一个 VGM 来为自己的工作赢得更多的"荣誉和赞赏"。福尔考什描述了米诺托的工人是如何在 1983 年年底结成了一个工作合作小组，并指出建立该团队是由其成员而非管理层发起的：

> 我是发起者，每个人都想赚钱。我们不想眼睁睁看着机会溜走，我们想要抓住它。作为普通工人中的精英，我们没有理由错过这么好的机会。所以，我和制造机器所需的各种工人接洽。谁是不可或缺的？我问了三四个人这个问题，建议他们可以问一下其他人会推荐谁，反过来，他们自己又会推荐谁。

> 18 位成员中的每一位都是熟练的工人。我们的目标是让我们的团队具备各种技能。至少每个人都得拥有一项技能。成员们自己不需要身怀多项技能。但是他们对于自己所拥有的那项技能必须做到非常熟练、非常专业。

在合作小组获得公司正式认可之前，团队成员们彼此都已认可了这种形式的合作关系。在与车间管理的交际中，他们以非正式关系的形式共同行动。他们将自己定义为一个明确的团队，这不仅是出于友谊和联系，也是因为该团队的构成也反映了一个战略方向：在最初的 13 个创始成员中（后来增至 18 个），车间中每台最复杂的机器都至少有 1 个团队成员在负责操作。这样，整个团队就能做到自给自足，能为工厂承接的高标准项目设计分包合同。而且，该团队中既没有管理人员也没有工程师。这样一来，VGM 就可以向大家证明，一个仅由工人组成的团队可以比工程师和管理人员指导下的团队制造出质量更高的机器：

> 通过这些方式，我们对所谓的声望提出了质疑。我们找出了负责每项任务的最佳人选。这家公司并不是很成功。我们的上一项任务并没有得到它的任何帮助，但是我们也不想接受它的任何帮助，因为我们所使用的方法和它截然不同。我们证明了即使没有技术部门的帮助，我们也可以独立完成一项复杂艰巨的任务。

VGM 的另一名成员则用略有差别的术语表达了对于该战略相同的看法。以下交流的主题是 VGM 是一项"实验"——这一主题在公开讨论合作小组时显得尤为突出。例如，卡达尔·亚诺什曾将 VGM 称为一项有用的"社会实验"。工作伙伴们意识到他们自己是实验对象，他们频繁说诸如"VGM？这是一个关于未开发领域的实验。他们想看看可能会发生什么"或者"VGM 是一个肩负着侦察任务的卫星"之类的话。有一次在这样的对话中,有工人认为 VGM 是用来测试某种可能性的。

　　问:您是否有方法测试它们？在什么情况下您将 VGM 当成一个测试？

　　答:重点不在于测试我们能做什么。我们之前就明白这一点。重点在于我们要向管理层表明,我们可以不靠他们的帮助独自完成任务。我们可以。所以我们确实证明了所有附加的组织都是毫无必要的。

　　对工人们来说,人们可以将 VGM 当成一个测试,来证明他们自己已经认识到的但尚未得到他人认可的能力。在周末和平时下班后的时间,车间就属于他们了,他们可以从中牟利。合作小组将证明他们的主张是公平的。因此,它将证明上班时间的不公平之处——证明车间的糟糕表现并非工人的过错,证明人们不认可工人的能力是不合情理的,证明笨拙的官僚机构是不必要的,证明工作效率低下和组织不良(导致工人产出低于最优和收入较低)对整个国民经济来说是不公平的。

　　VGM 将工人们的收入提高到了高于车间管理人员和工程师收入的水平,从而给了工人心理感觉更公平的薪资,因为现在工人们开始认为工人社会地位的衡量标准和车间的收入等级是存在一定关系的。

　　但我必须强调的是,工人们并没有将较高收入视为一种"纠正不公平"的方式,因为较高收入也可作为对损害的补偿——好像每次工人们因人们缺乏对其技能的认可而遭到侮辱都能得到一笔补偿。但在小组成员看来,抽象的认可或荣誉都无法替代更高的收入——就好像存在一种算法,给予尊敬一个给定的单位,作为一种"内在奖励"来替代某些单位的货币奖励。在 VGM 成员看来,"获得收入"和"获得荣誉"的目标并不是两个不相关的问题。对这些机械师来说,如果来自管理层的荣誉和欣赏没有以更高收入的货币形式表达出来,那么它就是空洞而虚伪的。有两位 VGM 成员荣获了工厂的"优秀员工"称号,但他们却没有在下班后的颁奖典礼上露面,这显然表明他们更愿意把时间花在为 VGM 工作赚钱上。正是在 VGM 中,工人有机会获得更高收入,同时这也证明了他们在上班时间也显然能合情合理地获得更高收入。这既不是法律论据,也不是纯粹抽象的原则证明,也不是"理性选择"的证明,而是某句匈牙利习语,这对他们来说才是最有意义的证明:"我们建造的这台精美绝伦的机器证明了我们自身的价值。"

工人们采取的第一步是用VGM来"证明"他们能做什么,这显然是成功的。在他们为米诺托完成几个常规项目之后(在此期间他们发明了一些新的生产方法),他们投标了一个分包项目,建造一台复杂机器出口给西德客户。考虑到之前车间有个出口订单没能赶上合同截止日期,最终产品也只是勉强满足客户要求,现在有了这个新机会,工人们就全身心投入工作之中,提前完成了该项目,并船运了一个样品工具给客户,该工具已通过最严格的性能测试,无须任何修改调整就可以立即投入使用。就这样,工人们在与管理层的冲突中取得了重大胜利。

"多劳多得"

成功出口机床后,VGM在匈牙利国内市场承接了几个其他的项目,并趁机公开展示自己的优秀成果。后来,对VGM产品颇为满意的公司派代理商到米诺托咨询订单事宜,但这却给车间和工厂管理层带来了不少尴尬。代理商到达工厂时,VGM的代表福尔考什向他们明确表示完成分包合同的是VGM(而不是一般的车间)。很快,福尔考什的话就传遍了整个工厂,客户表示希望他们的所有订单都能有如此高的质量。

但是随着收入的不断增加,VGM在各方面遭到的怨恨也与日俱增。该部门的管理人员和工程师感觉自己接连遭到了冒犯——第一,VGM工人的收入比他们要高得多;第二,VGM成员声称他们可以在没有专业或管理投入的情况下生产出更好的产品。除了这些怨恨之外,VGM成员和非成员,即为机械师提供辅助服务(设备运输、热处理、刀具磨削等服务)的工人之间的关系也开始变得紧张起来。在VGM和公司的合同中,VGM的这些服务是收费的(从"企业费"中减去大约10%)。但是,正如成员们所说的那样,为了"避免事故",VGM必须额外将5%~10%的收益作为非法报酬直接支付给辅助工人。但是这些"钱包到钱包"的报酬只是暂时平息了他们对于VGM令人眼红的高收入的抱怨。

因此,恰好在VGM成员因为证明了自己的主张是公平的而最满怀信心时,他们却听到了越来越多对于他们高收入的批评,说那是"不合理的收入"。在社会的各个层面——从下面的车间到上面的中央委员会,人们可以听到工人、工会领导、管理人员和政治家们怀疑 VGM 成员的收入"违背了社会主义多劳多得的原则"——"两个工人同时做着同样的工作，一个在第二轮班，一个在 VGM，但是在 VGM 的那个人的工资却是另一个人的三倍。这显然违背了社会主义多劳多得的原则。"但是 VGM 成员却不断用同样的口号回应："正常上班时，我和在 VGM 工作一样刻苦，但赚的钱却只有在 VGM 的一半。在上班时间我卖的是自己的时间；在 VGM 我卖的是自己的技能。你说哪里是多劳多得？"①

　　VGM 成员们可以提出类似的口号，比如"多劳多得"，但是，就像有些人会争论的那样，这无法证明工人是认真对待合法的意识形态的，因此必须对 VGM 加以限制，以迫使他们达到所谓的理想状态。这种说法误以为话语的含义是由官方包装的意识形态所规定的，而这恰恰体现了政党在措辞时无法自圆其说。不同社会群体常常将"私有财产"或者"多劳多得"之类说法用于不同的语境，赋予其不同的含义。与其给当局提出的口号赋予合法性，工人们宁愿从官方话语中选用词语，因为这可以变成一种修辞手法供人民使用。米诺托的工人们建立下班后的合作小组，并不是为了表明他们更有能力实现理想，而是为了以自己的方式来展现、证明自己的价值。

合作小组内部的分配公平

从非正式团队到合同签约伙伴

　　当有人问起"你们合作小组的内部收益分配方法的基础是什么"时，许多 VGM 成员会回答说："我们努力做到公平。"这个简单的回答指出了 VGM 内部生活的一个重要方面，因为公平对于团队凝聚力来说至关重要。没法"做到公平"可能导致矛盾产生，威胁团队稳定。因此，从任何一个人的角度来看，不公平分配都会减少在 VGM 赚取额外收入的可

---

① 　工人们引用官方演讲的部分内容（例如"多劳多得"）时，从他们的语调可以推断出他们在"引用"其他人的话，说的是讽刺的反话。

能性,因为团队的存在是其首要前提。[1]

对 VGM 来说,交换集体劳动的过程与内部判断其成员活动价值的过程紧密相关。在 VGM 成员达成协议的过程中,有各种各样的概念供他们挑选。其中,最显眼且现成的概念是非正式的互惠准则,它协调了车间内工人之间(以及工人与管理人员之间)的关系。

在车间内每个高级机械师都是独立工人,每个人都独立操作着自己的机器。但是不管操作得多么熟练,没有工人可以在不和他人合作的情况下完成自己的任务。每个熟练工,特别是如果他比较年长,在车间里有着多年的工作经历,他将拥有自己所操作机器的专用工具和配件库。但即使是最有经验的工人有时也需要一些新的特殊配件,相比之下,熟练工就可以在更短时间内完成特定操作。想要日积月累地获得这些工具,就需要与其他机械师进行各种非正式交流。一些工人,正如我们第一次见到伊斯特凡·福尔考什时所看见的那样,保存了满满几抽屉的非常规任务图纸(通过必要的图纸、图形和计算,将设计转化为实际的切割深度、零件在机器上的定位和按照效率最大化排好序的操作步骤)。如果碰上罕见任务,工人可能会请教同事是否遇到过类似问题,寻求解决方案的有用提示。这些以及许多其他的非正式交流(为第二经济生产者提供兼职制造工具的机会等)将工人一起捆绑在一个密集的互惠网络中。因为各种二元"账户"从未完全收支相抵过,所以礼尚往来的互惠行为仍在不断发生着。

VGM 的 18 名工人对米诺托车间的非正式行为准则了如指掌。该准则详细规定了零件、工具和信息的非正式交换规则;规定了熟练工人和新手工人、有才华工人和欠缺才华工人、喜欢恶作剧的工人和独来独往工人的行为;规定了哪些人群应受到特殊尊敬,因为这群人积累了大量知识——他可能是个工人,别人可以依靠他的技术技能获得建议,或者草拟出用于解决困难生产问题的实际方案,或者依靠他的社交技能和经验来裁定分歧,或者与违规的主管打交道。车间准则也可以用于指导

---

[1] 回想一下,加入 VGM 是自愿的。"额外"收入本身并不取决于团队是否存在,因为个人成员可能会退出团队,在公司外的第二经济中从事额外工作,或者在车间里进行常规加班(退出转而加入另一个 VGM 不是一个明智之选)。任何奉行以上两种个人主义战略之一的人都必须考虑每种情况下的不确定性。从这个角度看,值得注意的是,成功的 VGM 可以提高车间"流动工资"的水平,从而减少成员的退出给 VGM 造成的收入损失。也就是说,一个成功的集体战略也可以产生促进(或者至少减少阻止)个人退出团队的条件。

处于合作小组中的工人。这些非正式行为准则构成了组建团队的基础，因为他们心里对彼此地位的判断（"普通工人中的精英"、"最有才华的人"等）将他们与其他工人区别开来。同样的准则也有助于他们选举代表，为他们工作任务的共同自我组织提供初始资源（"他们只用了一种方式；我们用的是各种方式"）。

但是，当非正式准则在合作小组内部面临新的更正式情况时，新的问题就出现了：VGM 是个独特的、受到官方认可的团队，具有相对明确的界限、明确的合同义务以及组织任务，比如分配货币奖励。正如我们看到的那样，VGM 的案例体现了非正式准则的限制。在没有正式组织的地方，非正式准则就能有所应用；其灵活性可以克服形式上的僵化；它可以为强者提供无形的途径，并为下属提供一定程度的保护。非正式性可与正式性共存，但是它不能直接转化为正式形式或者毫无阻碍地成为正式组织的完全替代物。

将非正式准则作为管理准则：大西洋海盗

历史学家马库斯·雷德克（Marcus Rediker）向我们讲了一个有趣的故事，当皇家海军或商船船员在 18 世纪中叶接管帆船成为海盗时，非正式准则是如何成为管理准则的。虽然上述情况与 VGM 成员的情况存在较大差异，但两者在很多维度上都体现出了相似性。雷德克写道[①]：

"认为海盗之间'不存在常规指挥'的现代人误以为这个不同的社会秩序——不同于商船、海军船和私掠船的秩序——是混乱的。正如海盗船组织所说的那样，这一新的社会秩序是由海盗自主构思并特意建立的。它的特点是粗鲁、随性但又有效的平等主义，将权力赋予全体船员，也就是说，海盗船将普通水手文化的核心价值观制度化了。这是一个秩序颠倒的世界……体现在海盗们是如何做出决定，如何培养和挑选领导者，如何分配掠夺财物、食物和纪律训导——简而言之就是如何创造并延续了海盗文化"。

"船员们在选举领导时的要求是性格勇敢、擅长导航。他们想要接

---

① 以下段落均出自 Marcus Rediker，*Villains of All Nations：Atlantic Pirates in the Golden Age*，Boston：Beacon Press，2004.

受榜样人物的领导，而不是地位等级最高之人的领导。"

"为了防止权力滥用，海盗们选举了一个军需官，他与船长构成了平衡制约关系……他们认为军需官不是一个负责商业服务的领导，而只是一个'机智的'（知识渊博、经验丰富的）海员，他从众多海盗中脱颖而出，上升到一个至高的信任、权威、权力之位上……作为船上最值得信任的人，军需官负责管理所有战利品，从最初的战利品到海盗船上的物资运输储存，再到船员工资的支付，都由他一人全权负责。"

"船只条款明确规定了战利品的分配问题，即根据船员的技能和职责来分配。船长和军需官得到 1.50～2.00 股；枪手、水手长、大副、木匠和医生得到 1.25～1.50 股；其余每人各得 1.00 股。这一分配系统……平衡了复杂的薪资等级制度，并明显缩小了顶层船员与底层船员之间的收入差距……如果'所有海员的选择都是成为海盗'，那么战利品的平等分配和合作小组的建立，可以看成是对同事技能的重视和尊敬……海盗们并不是运用商人资本家的工具和机器（船只），为了获得工资而工作，而是将船只作为他们共有的财产，共担集体风险。"

关于内部支付系统[①]的决定却给工人的非正式准则带来了特殊问题。在车间的上班时间，无论非正式准则可以在多大程度上规定工资公平的标准，提供非正式谈判的资源，尝试将实际工资与这些标准相匹配，但实际上最终决定如何支付工资给工人的还是老板，而不是工人自己。如果车间文化确定的理想工资与公司实际支付的工资之间存在差距——例如，如果管理人员与工程师（在车间文化的社会地位中处于较低等级）的工资比大多数熟练工人（处于车间文化等级的顶端）要高，或者如果一些工人的工资比非正式准则所规定的要高或低——这种不公平（源于车间文化的标准）并不是在质疑准则本身。不公平中的差异是可以解释的，因为谈判的合伙人（管理层）没有或不能非要按照工人的规则来支付工资。

[①] 关于将支付系统视为社会学分析对象的理论反思，参见 Viviana Zelizer, "Payments and Social Ties," 1996。在后续著作中，泽利泽将支付系统概念化——就像米诺托工人们的支付系统那样——作为被她比喻为"商业电路"的更为广阔社会进程的一部分。特别参见 Zelizer, "Circuits of Commerce," 2004。

但是在 VGM 内部,原则和工资之间的关系显得更为直接,因为任何外部势力都不可能对其进行干涉。某份分包合同订单的协商价格可能低于工人原先的期望,但是该费用在工人之间的分配依据是一份独立于管理层任何行动的协议。因此,VGM 内部关于工资的争议鲜明地体现了工人车间文化的不成文规定。

此外,工人间关于工资的争议更有可能发生在他们下班后工作的 VGM 内部,而不是在上班时间内。当然,在上班时间,工人是单独拿到工资的。如果某个工人拿到的工资比同事高,他自己通常发现不了。事实上,成功的个人谈判可以变成其他人的后发优势,只要它可以成为后面谈判的先例。在 VGM,分配给成员的分包合同费是一个有限总和,这使得特定分包合同中个人收益的比例更像是一个零和游戏,这更有可能会产生争议。VGM 有可能会重复签订分包合同,这当然削弱了游戏的零和性质(跨时合作是进行零和游戏的先决条件)。但是,我们需要先将团队团结起来以确定未来的分包合同,而这也意味着我们不能轻易忽视 VGM 内部的工资争议。

我的工作价值是什么?

想让内部支付系统变得公平——当然,依据的并不是一些外在又随意的标准,而是 VGM 成员自己的逻辑——就必须纠正上班时间操作系统给人感觉上的不公平。仔细回想一下,道德双重束缚的问题在于,工人认为即使诚实而认真地运用自己的全套技能、知识和能力,也得不到官方的奖励。VGM 系统则奖励了团队的共同努力,以期改善这一困境:团队将因其共同努力而获得报酬,因此会有一个共同激励用于奖励团队所有成员运用自己的知识(包括协调工作)的付出,而在团队看来,在上班时间运用知识是一种惩罚。福尔考什将这些想法与内部支付系统彼此联系起来:

> 什么是整个经济的公平?什么叫作工作场所只花费生产所必需的成本——而不是所有额外的非生产必需和无产出性的资金?有时除了社会必要工作,还有额外任务需要完成。在这种情况下,那些真正不可或缺的人却无法获得充足的报酬。
>
> 问:那 VGM 呢?
>
> 答:在这团队中,有最好的技术人员,他们并不是无足轻重的,而是举足轻重的。你必须明白,很多人在上班时间并没有做好自己

的本职工作。即便如此，他们还是拿到了工资。还有人甚至都没出勤就拿到了工资。只有举足轻重的人才有资格加入 VGM。他们有能力做好自己的本职工作。在公平方面，最好的办法就是让每个人都竭尽所能地工作，并按工作时长获得工资。

在完全由熟练工人组成的团队中，如果"每个人都竭尽所能地工作"且不消极怠工，"按工时"支付工资系统和"按技能"支付工资系统之间的差异就完全是可调和的。但是，正如我们将要看到的那样，这一限制条款却是易说难做。所有团队激励和个人激励相结合的工资支付系统都存在固有问题，这导致了团队内部矛盾的产生。VGM 与公司之间关系的问题则放大了另外一些矛盾。

一开始，VGM 所采取的支付系统是基于每个工人所上报的完成某项目任务的实际工作时长，并且对所有工人都采取相同的工资标准。一开始的时候一切都很顺利——可能是因为每个成员最初都致力于让团队运转起来，也可能是因为最初的薪资几乎超出了每个人的心理预期。在第一个时期，由于工人们的比较参照物是自己原先的上班工资，所以突然之间好像他们每个人的生活水平都可能提高了。随着最初的热情开始逐渐消退，一些工人开始抱怨其他成员没有尽其所能地工作。随后，该团队在车间内进行了许多非正式谈话，解决了大家普遍不满的虚报工作时长的问题。

修改后的工资支付系统的依据是集体项目开始前每项任务的估计完成时间。因此，需要先对图纸进行初步审查，看看它是否值得 VGM 对分包合同报价，然后内部"谈判"才真正开始。每个成员都会事先估计好自己完成工作所需的时长。这不是整个团队在某次会议中的正式招标，而是以非正式的形式进行的，在上班时间内的常规情况下，团队成员们（以个人的形式并让福尔考什充当中间人，或者以小组的形式）聚在一起讨论分包合同。通过反复修改预计工作时长，成员们在项目分配"时长"的相对比例上顺利达成了协议。

同时，VGM 也派了代表去和管理层谈判机床的分包合同价格。等确定了最终的"企业费"并计算好预期收益之后，团队会事先拿出 20％的钱作为"储备基金"（用于支付一些费用和工人工资），并为团队代表额外留出一部分钱（最初将其比例设定为 10％，随后减少到 5％），每个成员都将提前知道自己完成项目任务后将获得多少报酬，不论工作得快还是慢。

"增强个人的安全感只能以牺牲他人的安全感为前提"

问：你们是如何预估出自己的工作时长的？

答：我们坐下来讨论达成协议（不是"谈判"）。"这时间对你来说太长了。""在这里加点儿时间。""我会在那里减少点时间。"等等。

问：感觉怎么样？

答：相当困难。（他向我们展示了一张纸，上面一栏里大约有 6 个名字从上到下依次排列，另一栏里则是与之相对应的数字。最小的数字没变过，但比它大的数字都已经修改过不止一次了。）每个人都算了自己的预计时间。有人可能至少夸大了 1000 小时。然后我们开始讨论。例如，我说："我把我的时间减少 150 小时。"然后其他人也这样说。有一次，我估计我的任务要花上 900 小时，而在讨论时我将它减少到了 750 小时，但是最后这份工作却花了我 950 小时。因此我不得不自己默默承担预计错误带来的巨额损失。

……

假设现在有个需花费 1000 小时的项目。每个人都说自己的任务预计要花多少时间完成。如果我知道我们的任务，比如这项任务（在工作台上）需要花费 8 小时，那我会回答 12 小时，因为我知道这样可以保证我有充裕的时间。万一时间太过紧张，我可能会遇到麻烦。有时工人在预估工作时间时是轻率的。因此，增强个人的安全感只能以牺牲他人的安全感为前提。

虚报工作时长带来的抱怨和紧张关系彻底消除后，新系统恢复了成员间的相互信任并激发了团队内部的生产热情。但随着时间的推移，它也带来了新的紧张关系。在项目要求采取更多常规操作的情况下，事先估计好工作时长的系统运转得特别顺利，成员们可以精确地估计工作所需时长和相对权重。但事实证明，精确估计更复杂的项目的工作时长的难度却要大得多——该团队正是将自己的"声望"押注在这一项目类型上，特别是复杂的出口订单，预估工作时长的容错空间要小得多。

"即使是经验丰富的工人也可能无法预估自己的工作时长"

问：怎样才是公平？

答：不同人看法各异。我个人认为能力是很重要的。我们应该根据技能水平高低而非工作时间长短来确定薪资高低。一旦拉斯洛·伯尔基说他完成一项任务要花 140 小时——我知道他仅需 4 天便能完成。但它真的值得花 140 小时。

……

在 VGM，工资应该平均分配，但是工作不该平均分配。如果两个人具有相同的技能，但其中一个人的工作速度比另一个人要快——那么他们的工资应该是同样多的，但是其中一个人却能用更短的时间赚到同样多的钱。在 VGM，并没有像"我是一个比你更优秀的车床操作员，因此我应该赚得比你多"这样的规定，但却存在一个"我能以更少的工作时间赚到同样多的钱"（的规定）。

……

问：工人是否在工作方式上发生过冲突？

答：这很复杂——因为整个团队是由身怀不同技能的工人组成的，而且人们习惯于低估他人的工作，认为自己做的工作更有用。那是件困难的事情……在最后的报价中，代表跟每位工人一一讨论他们需要多少工资才愿意去完成这项任务以及需要花费多少时间。

我也坐下来参与了这一讨论，根据我十年来的工作经验，我可以确定出我所需的工作时长，尽管带点儿风险。但这对于整个团队来说也是有风险的。因为如果有人低估了他所需的工作时长，可能会导致其他所有人都不得不放下自己手头的任务来支援他。这就是团队合作，没有人可以诅咒别人，因为我们有共同利益。一旦有同事低估了自己所需的工作时长，那就成了他个人的错误和不幸，但在年终的时候他能从共同利润中获得一些补偿。

……

在车间里工作的人都具有非常专业的技能。磨工可以在所有车床上工作，钻工可以在所有钻孔机上工作，等等。但是磨工不能操作钻孔机，钻工不能操作车床，以此类推。一个人可能要在另一种机器上花上大约半年的时间练习，才能学到十分专业的程度。但这并非问题的关键所在。

问题在于每项任务、每个新订单都是独一无二、无先例可循的。即使有人掌握了所有技能，学会了操作所有机器，他也没法准确说出完成某项工作需耗费的时间和精力。对于自己熟悉的机器，即使是最有经验的工人也可能没法预先确定所需的工作完成时间。

　　出口项目的容错空间较小,部分原因在于其更为复杂,也因为(在车间订单的定价系统内)事实上出口订单的工作标准比国内订单要高。米诺托的企业管理者(及其工厂主管和部门管理人员)反过来面临着销售产品给西方公司以产生硬通货收入的压力。这些销售必须带来利润。也就是说,当经济部门对公司进行审计时,出口项目的时间、工资、成本等记录必须体现出赢利的表现。但事实上,许多出口项目如果在上班时间内进行操作,是无法赢利的;也就是说,成本大于营收。管理层会采取这样一种方法向工厂和车间隐瞒无利可图的事实:将上班时间的出口项目的每小时工资记录转移到米诺托国内客户的订单记录中。[①] 随着时间推移,这一记录就会人为显示出出口订单工时低,国内项目工时高的现象。这会造成国内订单的规范十分宽松,而出口订单的规范十分严格的后果。这些规范构成了 VGM 和米诺托的分包合同价格的基础。

　　VGM 在成立的第一年能够利用国内订单与出口订单之间的这种差异。当它为企业的其他部门或者国内市场谈判机床合同时,VGM 能够给出低于普通车间 30% 的报价,并且仍能保证获得足够多的利润,让成员们每小时多赚 200 福林(约为他们平时时薪的四倍)。自从 VGM 取得了第一个重大成就——完成了一个西德出口订单——后,问题就开始显现了。一旦工厂和企业管理层发现 VGM 能够完成出口订单,给它们带来真实而非简单虚构的利润,它们就会安排 VGM 始终从事最复杂的出口项目。

　　这一情况逼迫 VGM 在 1985 年与工厂管理层有了第一次重大较量。米诺托与 VGM 成员们就另一西德客户的四个昂贵机床的分包合同产生了争议,这使得两者的谈判破裂了近四个月。最终,VGM 成员们赢得了分包合同,实现了自己的绝大部分主张。但是这场胜利的代价也是昂贵的。长达四个月之久的争议助长了 VGM 成员们的气焰,而且他们还赢得了四个出口订单中的三个,这使得车间管理层和非 VGM 成员们对他们敌意大增。此外,由于预估复杂操作的工作时长特别困难,一些因低估项目时间而"生气"的成员试图通过高估后续项目工作时间

---

① 正如某位经理所说:"我们让匈牙利的公司付出了惨重代价。我们可以愚弄它们。"这种受软预算限制的经济疲软中的做法与美国的国防工业类似。最近,有人曝光美国通用动力公司在向美国国防部收取工资,这实际上是应支付给私营部门订单的工资,因此该公司的董事们受到了轻微处罚。

的方式来维护自身利益。只要每个人都同样高估自己所需的工作时长，系统就能保持稳定。但是 VGM 并没有什么办法可以完全确定是否有人高估或低估了自己的工作时间。每位成员都是熟练工人，但是他们大多数人都操作着不同类型的机器。每个人都认为自己的技能比别人高超一些，并认为自己可以再次料准别人已经估计好的工作时间。但是对于一些十分复杂的任务，即使是最有经验的工人也无法准确预估自己的工作时长。随着时间的推移，"计算时长"与实际时长之间的差距就这样越来越大。

大多数成员认为，如果团队可以竞标不那么复杂的任务（也就是说，如果它可以像车间那样同时承接出口和国内订单，也许"来得容易的钱"就可以给出更大的内部操作空间），那么这种紧张关系就能得到缓和。但是企业管理层很乐意将出口订单分派给 VGM，另外，车间管理层（出于自身利益的考虑，很希望看到企业内部冲突得到持续）反对将不那么复杂的国内市场订单分配给 VGM。此外，VGM 致力于在确保难度、质量和技能的基础上保证更高的收益。如果价格合适，其成员该用什么正当理由拒绝承接复杂任务呢？如果更简单的项目可以由不太熟练的非 VGM 成员们在上班时间内完成，那么 VGM 成员们又能用什么正当理由证明他们承接更简单的项目是合情合理的呢？

与此同时，另一个 VGM 也在车间内诞生了，在工人们看来，这些工人"不那么有才华"。但是如果没有承接复杂订单，第二个 VGM 比第一个更赚钱："另一个 VGM 的工人们远没有我们那么有才华，却还要嘲笑我们。我们从事的是错综复杂且风险极大的项目。他们做的却是轻而易举且利润高昂的项目。"而且，VGM 的存在有助于提高部分成员关于上班时间的谈判能力。由于他们在 VGM 中收入较高，他们可以拒绝额外的加班，并拒绝企业提供给他们的特殊津贴和其他"流动工资"形式的补贴。结果就是车间管理层被迫提高工人的特殊津贴和"流动工资"。与此同时，在 1985 年以及 1986 年，车间开始对 VGM 征收新的税收以及其他费用，这减少了 VGM 的实际收益。这些措施结合起来，使得工人在 VGM 中获得的收益率与偶尔通过流动工资获得的收益率之间的差距缩小了。

工人们在自由组织工作时表现得更高效，基于此，他们成立了自己的团队，以表明他们对更高收入的要求是合情合理的。证据就是 VGM 完成复杂任务时的出色工作表现。建立团队给他们带来了一系列风险——由于长时间加班导致个人健康状况不佳的风险,以及婚姻和家庭的风险,原因在于长时间的加班(我在此处并未提及,但这在他们的谈话中是有明显体现的)和他们可能失败的共同风险。但令他们始料未及的是,他们最后竟会取得如此大的成功,以至于现在人们要求他们在各种情况下"证明自己"——在这种情况下,他们冒着错误估算未来收入和沦为甘于平庸同事笑柄的双重风险。在消除了人们对其能力的所有怀疑之后,现在工人们发现管理层正在将车间的不确定性逐渐转移给VGM。这种负担使团队内部出现了问题,并使他们开始怀疑团队未来战略的基础到底是什么:

> 我们发现,即使没有技术部门的帮助,我们也可以完成非常复杂的任务。现在公司希望我们只承接复杂任务,这些任务全部来自西德客户,由于现在整个西德发生了经济困难,所以客户在谈判时表现得十分强硬。

> 在上班时间,如果你低估了工作所需的时长,它可以由另一项工作的时长弥补,另外,由于有特殊津贴,所以即使你低估了工作时长,问题也得到顺利解决。但是在VGM的工作中就没有那么大的容错空间了,如果在VGM也有像上面那样的补救机会,或者如果我们可以承接一些没那么复杂的订单,那么就有可能消除这些紧张关系。

> 在VGM成立之初,我们干劲十足,自豪地展示给别人看我们作为一个团队可以取得什么成就。现在,我们早已证明了这一点,所以是否一直这么做也已经显得无关紧要,也不值得了。如果声望问题已经无关痛痒,那就不值得我们再花力气去证明了。

正如我们所看到的,VGM并未确定评估价值的协议条款。事实上,需要比较的要素也在随着团队成立基础的变化而变化。例如,有时候像"技能"这样基本的东西,在支付系统中的意义和地位会有所变化。在早期阶段,VGM成员们面临着组建团队的任务,所以工资支付系统强调技能是团队的共同特征。"技能"是集体差异的一个特征,将成员(按他们的条件)与工程师和其他工人区别开来;衡量工人技能水平高低的唯一标准就是是否属于VGM成员,而且,如果团队成员们都能证明自己有这样的技能,技能就成了团队的共同资产。工人们根据每个成员所报告的工时,支付给他们同样高的收益率,借此来强调这种共性。在后期,"技能"成为团队内部差异的标志,人们谴责早期的工资支付系统违反了一条重要的原则,那就是应当对成员技能进行奖励。

团队内部的普遍共识是,问题的根源在于个人推卸责任,将按工时支付的工资系统视为罪魁祸首,并对此进行修正,开始按任务量来支付工资。然而,问题的根源其实在于合作小组的形式改变了工人的工作方式和价值体验方式。

第一,整个团队作为得到认可的团队,工人们越是参与集体分包合同中关于企业费,即削减、组装、校准整套工具的费用的谈判,就会越多地考虑产品的市场价值所体现出来的劳动价值。正如他们所说,在谈判中,工人们"首次"做了一些研究来估计出口装备的市场价格和公司将因此获得的收益。在 VGM 成立之前,工人们试图在上班时间的选择性谈判中为他们的工时争取最高的时薪;在建立合作小组时,他们为自己的技能争取最高的时薪;在为分包合同费用谈判时,他们为自己的劳动产品争取最高的价格。在个体成员的层面上,这会进一步削弱时间支出与个人贡献价值之间的关系。

第二,成员们越是参与关于奖励的集体决策,就越能体会到劳动投入的单一性。每个人越是试图在同步相互检查下评估他人的相对贡献,就越能体会到难以准确估计自己在机器上完成复杂任务所需的时间,就越能感受到自己贡献的独特性。这不仅会带来低估某项操作所需时间的风险,而且因为一个人的贡献是单一独特的,并且对贡献进行相互比较也是有难度的,所以这也增强了一个人可能低估自己价值的危险感。如果你是唯一能够判断自己价值的人,那么你就会遭到自己的误判。因此,使 VGM 的估价发生周期性通货膨胀的原因,并不在于其成员贪得无厌或投机取巧利用他人,而在于他们害怕被自己利用。

跨经济模式的企业运作

VGM 所承接的一直都是最复杂的订单,这不仅加剧了 VGM 成员之间的矛盾,也破坏了团队成员与其代表福尔考什之间的关系。福尔考什的行为没有解决反而恶化了这些问题,最终团队成员们要求他辞去代表一职。

替换代表祸起于工资支付系统的修改——这要求成员提前预估自己的任务工作时长,但这可能会带来一些风险,即完成操作的实际时间可能超出预估时间。正是在这种情况下，福尔考什没有咨询成员的意见，自行采取行动，擅自纠正了其他成员所做的但是他认为不公平的决定：

> 当我弄伤自己的手时，危机开始了。平时负责操作另一台机器的同事必须帮助我完成我的工作任务。如果是我来做的话，那将花费我大约 150 小时，但是他却花费了整整 400 小时。其他成员说既然已经预计好要花 150 小时来完成，那么他们不想把所有"额外"时间的工钱足量支付给那个人。他们不想要牺牲自己的个人收入用来支付工资给那个人。所以，我从共同基金中拿钱付给了那个人。

但是事情并没有就此结束，用共同基金中的钱支付并不是一起孤立事件。为了缓解工资支付系统造成的团队矛盾，增强团队凝聚力，福尔考什单方面对工人所低估的任务完成时间做了一些调整。这笔款项来自 VGM 的储备基金或者共同基金，它本应用于向辅助工人支付"钱包到钱包"的工资以及向米诺托支付各种中间费。

身为代表，福尔考什通常每月会从米诺托那儿收到一份声明或者一张账单，上面写有 VGM 必须向米诺托支付的费用。福尔考什说，VGM 与米诺托打了场持久战，最终赢得了三个西德的出口订单，但在那之后米诺托就再也没有把这些订单的账单给他。1985 年夏秋恰恰是该团队内部矛盾达到顶峰的时期。在这一关键时期，米诺托却突然通知福尔考什 VGM 欠了米诺托 8 万多福林。福尔考什并没有支付这笔钱，而是继续使用共同基金里的钱来支付工资给小组成员。对于自己的这些行为，他的解释是米诺托故意在账单上误导他。等价交换，以牙还牙——在规范熟练工人和管理者关系的车间行为准则范围内，福尔考什开始了他以牙还牙的回报：

> 管理层欺骗了我，没有告诉我费用的事。我想：他们骗了我，那我也要骗他们。我们将继续从共同基金中拿钱支付工人工资，如果管理层坚持要我们付这些钱，我们绝不会言听计从。他们必须先迈出最艰难的第一步。

在车间的行为准则中，福尔考什的行为遵循了某种逻辑。但在新情况下，他的行为却违反了 VGM 和米诺托之间的关系。同样地，福尔考什未同合作小组商量就单方面采取行动，如果他认为自己是车间文化中的一位"大人物"，那么他的行为是合乎情理的。但是，在 VGM 成员看来,这些行为不符合他作为代表的角色设定,他应该在 VGM 达成一致共识的框架内行动。一方面,管理层坚持要求 VGM 履行合同义务,支付费用;另一方面,(支持福尔考什离开 VGM 的)成员们私下对福尔考什辜负他们信任的所作所为感到愤愤不平。

几个月后,VGM 第一次未能在合同规定的截止日期前完成订单时,危机就出现了。心怀怨恨的辅助工人拒绝合作,甚至直接破坏活动,车间管理层对他们的工作故意加以阻碍,团队内部也出现了分歧,这些因素都导致了此次失败。在 VGM 明显要赶不上截止日期时,福尔考什去见了工厂主管。他试图凭借过去 VGM 所取得的良好信誉与主管"达成协议"。主管威胁说要解散 VGM,指着"成立合约",上面规定所有订单都必须赶在截止日前完成,福尔考什认为 VGM 的"良好信誉应该是有点儿价值的"。但是他对于互惠原则的呼吁在主管那儿并没有什么作用,主管援引了对成立合约最狭隘的解释,与他争辩。

VGM 成员们得知情况后,要求工厂主管召集全体小组成员开会。会上,小组成员要求 VGM 获准直接与其他匈牙利公司签订合同。如果他们能够摆脱从属的转包地位,跳过米诺托这个中间商,"走上公开市场"(至少对于某些订单而言),他们希望能够直接拿到不太困难但盈利更多的项目。工厂主管甚至拒不讨论此事。

本次会议并未涉及福尔考什身为团队代表一事。但在几周之内,该团队就派一位新代表来取代他。问题不在于福尔考什"混淆"了合同中的互惠条款,而是在多种评估框架竞争情况下,他充分利用了其中的模糊性。他在车间非正式准则和管理层准则之间的左右逢源以失败告终。

在车间文化中,无可争议地,福尔考什是公认的"大人物"。车间的互惠网络机制是这样运作的:有些人通过多年工作渐渐积累起了自己的"信用"库,即使团队有所回报,其他成员们也依旧对他们"感激不尽"。这些工人是"大人物",但不同于美拉尼西亚人社区中主导互惠交换制度的"大人物"。事实上,匈牙利车间的话语与美拉尼西亚人的话语没有明显区别:工人使用"重量"语言来指代那些地位"无足轻重"或者"举足轻重"的人,以此作为一种在非正式等级中表明地位的方式。在车间文化中,福尔考什的地位取决于他的技术知识、经验、讨价还价技能以及他多年来施加给年轻工人的恩惠。随着 VGM 的成立,福尔考什希望自己的其他能力也能得到认可:领导能力和管理团队的能力。

对福尔考什来说,VGM 不仅证明了这个团队的赢利能力,也证明了他自己的管理才能,福尔考什高度重视这些管理技能,并认为是因为他展现了这些能力,才在车间招致了宿敌的不满,最终惨遭撤职:

> 作为代表,我充当了 VGM 与管理层冲突的替罪羊。管理层与团队中的某些人合作,把我逼到无法自辩的境地。问题出在罗卡(部门管理人员)身上。他和我学历一样,也是技术人员(福尔考什和现在的部门管理人员罗卡都是从二战结束后的同一年开始在米诺托工作,后来罗卡晋升为部门管理人员,福尔考什则一直是个机械师)。
>
> 前任车间主管总是告诉我,如果要找个人来担任团队领导人,那么那个人只能是我。但罗卡从不这么认为。我不是说我想成为领导,我永远都不会这样想。但是从部门管理人员的角度来看,他总是担心我会以某种方式与他竞争。
>
> VGM 的成功证明了我很有管理能力,这加深了罗卡对我的恨意。有一回我们采用与上班时不同的方法,为另一个部门做了个项目。以前,上班时制造的机器在运转时总是会出现各种各样的问题。但是我们的机器没有问题,运转得很顺利。当工厂主管(机器已为他备好)来拿工具时,车间管理人员说:"看看我们为你制造的这个工具。你觉得它怎么样?"另一个人知道这是 VGM 做的,说道:"如果它每次都这样高质量就好了。那才是我们想要的。"你看,事实证明,我们,特别是我,有能力在下班后取得比上班时更优秀的成果。

无论部门管理人员是否"担心"福尔考什"与他竞争",VGM 成员们开始觉得福尔考什应该以其他方式来解决他长期以来的个人恩怨,他们开始公开表达对福尔考什的怀疑,埋怨他将部分集体成就归功于他个人:

> 福尔考什是个自以为是、自命不凡的天才,他真的以为自己无所不知,他为他人取得的成就而感到沾沾自喜。承担领导、协调工作的应该是机器制造工人,但他却觉得是他自己。他确实是做了一些管理工作,但这并不是由他独自完成的。他负责的是签订合同,但在许多情况下,他在谈判时并没有竭尽所能、全力以赴。有时他甚至都没有花太多力气去谈判就迅速接受了对方的报价。

成员们也开始怀疑福尔考什的目标——从车间的"大人物"上

升到工厂的"大人物"——是否符合 VGM 的最佳利益。他们对很多情况表示了担心：福尔考什不够灵活变通，他太过自满了，对于团队所做的工作表达得过于详尽，他过于强调我们的工作成果。他在谈判时高质、短时……太过强硬。他认为自己是和管理人员平起平坐的。但是每当有工人这样做的时候，管理人员真的对此恨之入骨。

最重要的是，他们确信福尔考什错误估计了情况：

> 有一次，福尔考什告诉某个部门负责人，他必须以独立企业管理人员而不是下属的身份来和他谈谈。那家伙听了之后大发雷霆。福尔考什本应意识到我们还没有走上公开市场。我们能不能得到工作，完全取决于他们的签字。所以即使你知道自己的真实地位，你也必须时刻牢记自己的处境。

评估情况

工人们建立合作小组以持续增加收入并证明其合理性，他们每个人在某种程度上将自己的身份与团队的身份联系起来。但在福尔考什的事例中，这种联系是特殊的，因为合作小组作为团队的身份和他本人是相联系的。作为代表，福尔考什在他人面前代表的是整个团队；但实际上，许多外人将 VGM 称为"福尔考什的团队"。这一称呼是有争议的，因为福尔考什试图对自己的身份做一个双重提升，这比 VGM 对于成员技能的共同证明更为大胆：首先，他要从"大人物"的地位、车间非正式文化中的"重量级人物"地位上升到 VGM 的重要地位，然后是二次提升，再从 VGM 的代表地位上升到"管理层"的重要地位。①

这些举动并非毫无道理。福尔考什的处境一度很好，这也有利于他在一个体系和另一个体系之间来回切换。福尔考什将个人利益与团队

---

① 值得注意的是，这种转换并不是简单地增加福尔考什资本的总"量"，而是将其从一种形式或者从一种框架转换成另一种。在车间的话语体系中，福尔考什拥有大量资本。如果他没有成为"经理"，那特定资本就不会增加；实际上，这种认可可能会和他的"大人物"角色起冲突。福尔考什的案例具有重要意义，因为它表明我们不应该简单地从字面上来理解这里所表达的资本概念。正如案例所示的那样，没有一种通用标准可以表达各种形式的资本——及其对应的社会地位框架。对于社会中多种多样的隶属和评价体系来说，不同形式的资本是特定的，不像货币那样可以通过简单公式进行转换。它们的转换并不需要多么精确的公式化对等，而是需要一种无意识的技能以探索现行框架的模糊之处。

利益相结合,这使他具备了尝试转换身份的必要资源。在团队成立的第一年,成员们专注于个人的卓越表现,福尔考什则倾向于将 VGM 的成就广而告之,他没有立刻违背成员们的目标。而且他坚持认为他们不应将他当作下属来对待,这与团队对效率和业绩的诉求是一致的。

福尔考什在大人物、代表和管理人员的社会地位上来回变换,但他却没能摆脱来自团队的阻力。正如我们所看到的那样,VGM 成员们轻视管理能力。技能、天赋和能力——在他们自己术语中的定义是工人——是在社会地位等级中给各人安排等级的标准。即使在这里也是一样,福尔考什也并非完全没有资源。他可以诚恳地说他"从未想过也永远都不会想成为管理人员",并且非常合理地指明他没有管理职称这一事实,毕竟他和其他人一样只是个工人而已。与此同时,他也可以利用自己的代表职位(对于他的工人同事来说,这是一个"非管理"职位)来支持自己的对外主张,即他应受到和独立企业主管一样的对待。VGM作为半自治分包单位的模糊法律地位为这两种主张都提供了支持。但如果福尔考什想要人们视他为某种类型的等级与部门领导相当的"管理人员",那他就必须让自己的表现和言谈像个管理人员,至少在某些时候应该是这样。他越是这样做(他越强调"我能把事情组织得更好"),他就越容易和 VGM 成员们发生冲突。

乍一看,有人可能会认为,福尔考什项目失败的原因是显而易见的:他认为自己与部门领导或工厂管理人员平起平坐,这触碰到了最敏感的神经——他对抗"权力",挑战官僚主义。在这种观点看来,福尔考什的尝试从一开始就是徒劳无功的,没有成功的希望。他早该知道,他永远都不可能侥幸完成此等壮举。但这观点是错误的,因为它要求我们未经检验就假设福尔考什的计划是毫无意义的,要求我们视他为堂吉诃德,一个不合时宜、没有理解自己所生活的社会有着怎样运行原则的人。

相反,福尔考什在做事时并不是一个浪漫主义或悲观主义的人,遇到不确定情况时,他和我们大多数人一样脚踏实地、理性行事,在模棱两可的情况下,没有人能根据完美的信息计算出成功的概率——因为模棱两可与信息完不完美毫不相关。实际上,福尔考什处在不明朗的境地之中,他有一些技能,但却没有无限的资源来利用这种模糊性。如果他的努力最终宣告失败,这并非因为他一味蛮干。鉴于此,一个理智的人会认为值得放手一搏,运用自己的聪明才智,赌一赌最后的输赢。这取决于你如何评估情况。评估情况不仅需要提前"调整情况"(当确定某种情况能够产生价值时，因为不是每种形式的价值都能得到应用，不是所有资本或资产在特定情况下都可以灵活转移），还需要积极地塑造评价过程（当运用尺度来衡量特定类型的价值，或者将某种特定解释视为标准时）。评估情况，意味着要评估是哪些能决定价值的评价框架在真正或潜在地发挥作用，又是哪些框架能在实践中验证或否决某些模式。

在判断福尔考什运用的是哪些制度框架时，我们借鉴了卡尔·波兰尼(Karl Polanyi)提出的三种"经济协调模式"的概念：互惠、市场和再分配。波兰尼列举了一些运用经济协调的再分配模式的经济体，比如在中美洲的早期帝国，资源由中央政府占用并重新分配给社会。这概念近来已有了详细解释以描述现代经济的特征——通过中央预算机制来分配资源。在分析现代国家社会主义经济时，这一概念显得特别实用，因为它允许我们详细具体地描述（比此处的简短总结更严谨）[1]那些在"官僚主义"大标签下尚未完全捕捉到的基本过程。

根据福尔考什的问题和前途，管理人员的社会地位将在再分配模式中按其预算大小来衡量。除了这一衡量标准外，还有一些其他因素（例如其所处的行业、企业、部门、工厂或车间的劳动力规模，其所在单位活动对经济的感知和政治构建的战略重要性，其个人的关系、人脉和对秘密信息的获取，等等），其也可能与管理人员的社会地位有密切联系。但基本上，某个管理人员的预算越多，就可以拥有比其他管理人员更大的社交圈子（并且更受他们的重视）。再分配逻辑按照输入而非输出函数来衡量管理人员的地位。管理人员相对"分量"的决定因素并不是更大的生产数量，也不是更高的生产效率，而是负责重新分配比其他管理人员更大份额的经济资源。赢利能力（市场术语）等标准处于再分配逻辑之外，与之并不存在什么紧密联系。

如果20世纪80年代中期的匈牙利经济彻彻底底或毫无争议地由再分配逻辑来调节，那么人们可以合情合理地认为福尔考什的努力几乎没有任何成功的机会。但事实上，波兰尼的三种经济协调模式全都在匈牙利运作着：再分配（在社会主义领域占主导地位）、市场（在第二经济中占主导地位）和互惠（正如我们所见，在车间工人和房产建筑等活动中运作）。此外，自1968年以来，特别是在80年代，市场话语逐渐出现在社

① 参见：János Kornai, *Economics of Shortage*, 1980；George Konrad and Ivan Szelenyi, *The Intellectuals on the Road to Class Power*, 1979。

会主义领域内。再分配并没有在社会主义领域中失去主导地位,但是行为主体开始基于市场原则而提出一些主张,认为其活动理应受到高度重视。例如,在我开展本研究时,出现了一个关于新"小企业"——VGM就是这样一种形式——的有趣辩论(人们几乎每天都可以在报纸和在电视上看到)。① 在这场辩论中,"小企业"的支持者不断扭转企业规模与决策者社会地位的传统关系。这些管理人员这样做时,其实是在使用一种不同的标准来衡量价值——既不是预算规模,也不是生产总量,而是将利润率作为评估管理人员绩效的标准。如果按照这一标准衡量,许多小企业的"企业管理人员"会比最大最强企业的"再分配管理人员"的利润率"更大"(前者认为自己更有价值)。

鉴于经济理性的各种竞争性主张,福尔考什的计划似乎没有那么不合理。就像福尔考什在文章里读到的小企业董事一样,他认为这是个可以进行检验的合适时机。但是福尔考什却在这次检验中失败收场,因为他对情况的评估与 VGM 的其他工人相去甚远。一方面,在工人们看来,福尔考什误解了实际情况,将他在市场框架中的"真实地位"与企业内部的实际情况混为一谈。工人们评估后认为,再分配管理人员的地位不能直接受到赢利能力的动摇。

另一方面,也是最重要的一点,尽管福尔考什将 VGM 视为其个人技能的一种证明,但是其他工人们却将这一合作小组视为可以利用的企业部门。伙伴们不愿挑战企业管理人员,实际上,他们对这样的挑战毫无兴趣。他们并不甘心在高级经理/中级经理/主管/工人等级中排在从属地位。他们可以容忍这一点,因为实际上在他们心中,他们有着不同的社会地位等级。

正如我们将在下一部分中看到的那样,米诺托工人们正在重新评估情况。尽管他们已经建立了合作小组来证明自己是"工人阶级的精英",但是 VGM 的活动却给他们带来了新身份,不是管理身份,而是另一经济体中的新阶级成员身份。奖章属于社会主义劳动者中的英雄,增加预算属于官员,利润属于私人生产者。如果车间公告栏上贴有工会的公

---

① 米诺托的工人们订阅了两本支持这些想法的商业期刊:*Vállalat és Vállakozás*(《企业与企业精神》)和 *Heti Világ Gazdaság*(*HVG*,《世界经济周刊》)。后者明显模仿了《经济学人》(*Economist*)的风格,工人们尤为喜爱。与法国大革命时期的期刊相似,20 世纪 80 年代匈牙利的一些期刊对俱乐部有所赞助,或者由读者在其附近组建了俱乐部,在省会城市尤其如此。在 *HVG* 俱乐部,人们可以见到该杂志的记者、编辑以及其他志同道合的人士。

告，他们"办公桌"上的报纸就是"小企业家"的期刊。他们审时度势，意识到自己可以留在社会主义工厂，同时退出第二经济。

退　出

工人们与福尔考什的关系面临危机，也得知管理层因他们未赶上最后期限而对他们施加惩罚，不再允许他们单独与外部签订合同，因此工人们决定从团队外选出一位新代表。他们要找的是"把事业看得足够重要、能与高级管理层保持良好关系"的人。最终他们找到了这个人，他叫萨博，是工厂里的一名年轻工程师。（"我想起了自己的职业生涯。我必须考虑到我在日常工作中的长期利益。"）高级管理层因福尔考什遭撤职而得到了些许抚慰，并愿意支持这位年轻工程师担任他（认为的）新领导角色，因而同意该团队获得国内订单的分包合同，以此作为奖励。

与成立之初相比，VGM 已经取得了极大进步，那时工人们将管理人员和工程师排除在外，以体现他们的"团队精神"。但是他们并没有因此而失去集体认同感。事实上，他们故意选了一位团队外部的工程师来当代表，是为了使工人们团结一致，高效合作。他们的计划是拒绝支付决算后的各种费用，只承接最赚钱的项目。如果这样强势的姿态会招致报复的话，那报复就会指向整个团队。

问：你们为什么不直接从团队成员中选举新代表呢？为什么你（机械制造工之一）没能成为新代表呢？

答：以前就有人问过我们这样的问题，因为那样做既会给我们个人也会给整个团队带来困难。因为对于管理层来说，他们和我是雇主与下属员工的关系。如果我没有按他们的意愿行事，他们就会反过来针对我。他们会不择手段。

但是如果让一个团队外的工程师为代表的话，如果他说我们团队不想做这个、那个，那他也不会受到什么惩罚——因为他是个局外人。如果他们迫使他接受一项任务的话，我们每个成员都不会接受的，这就是真相，每个人都必须接受一个局外人来成为代表，以此换取拒绝任务的话语权。但如果我是代表的话，那么我就更难坦白承认我没法说服自己的成员了。他们（管理层）是不会相信的。而且如果我说我不愿意，那我自己就要有麻烦了。现在有了这个局外人，我们可以就事论事确定政策。而对此负责的是整个团队，而非个人。

抵抗压力,接受不那么令人满意的工作条件,这种能力并不仅仅依赖于(看似矛盾的)事实,即靠一名外部代表来增强团队凝聚力。它还基于工人活动的根本转变:尽管 VGM 继续通过米诺托来承接分包合同,但大多数情况下它已成为 szisztematikus fusizás(系统运行)的外壳——在下班后有组织地工作赚钱,直接为第二经济的私人生产者制造机器。与出口到西欧国家的机器相比,这些机器的技术要求要低得多,但利润却要高得多。如果米诺托不允许 VGM 与匈牙利其他国有企业直接签订合同,那么 VGM 就会以进入公开市场的方式来避开与米诺托的分包关系。团队成员们仍在国有工厂中工作,但同时他们也正在陆续退出国有社会主义经济。

在这一新情况下,这位年轻工程师赢得了"代表"的头衔,但却没有什么实权:4 名机器制造者对技术协调进行监督,团队"重心"转移到了 3 名成员身上,他们每天从附近农村来布达佩斯上班,毕竟是他们给团队带来了这么多私人客户。以前福尔考什在该团队的身份是代表,现在这名年轻工程师在该团队的身份是雇员。

这种区别很好地说明了米诺托工人们态度(观点)的变化。只要他们将 VGM 视为一种证明,那么他们就需要一个具有象征性的代表来代表整个团队的态度。福尔考什作为工人,代表了刻意排除监督人员的团队,可以代表整体来履行这一标志性职能。但随着时间的推移,这一象征不再只是个单纯传达团队态度的人物,而是(正如象征性代表经常可以)开始解释该团队的意义。问题并不仅仅在于福尔考什本该证明团队的意义和价值,却转而变成了证明自身价值(因为他在此仅是个象征性代表),而且在于他宣称能证明自己(在管理层中)的价值,但成员们却不以为然。

只要米诺托工人们还在国有企业的政治领域内运作,他们就仍需要一个代表,一个在政治意义上是官方授权的代表。福尔考什曾经填补了这一功能的空白。但是,就他而言,象征意义和代表身份两方面产生了矛盾。然而,在他遭替换的情况下,这两方面是不能混淆的,因为没有人会把在事业上野心勃勃的工程师当成机械师团队的象征。但是我们不应基于这一点而错误地总结认为,该组织拒绝野心勃勃的工程师作为代表,是为了更充分地实现象征性。正如象征是用来解释事物背后含义的,代表是用来解释利益的。工人们当然不想承认工厂的制度可以合法代表他们,而是想利用它进行谈判,使 VGM 至少能得到最低限度的认可,从而在史册上占据一席之地。工人们凭借着自己在代表管理体制方面数十年的经验推断认为:如果代表是必不可少的,如果这职位必须得有人来担任,那就让这个年轻工程师来吧,这样就不会产生什么争议了。我们授权他以我们的名义发言,但是我们不会授权他来解释我们的利益。

最重要的是,如果现在他们将大部分精力投入到国有企业之外,进入第二经济,那么合作伙伴们就不再需要象征性或代表性的代表了。当他们最终确定出售自己为私人生产者所制造的机器时,这交易就与代表无关,而是关于利润了,与证明他们技能无关,而是关于他们的独立自主。在进入第二经济时,米诺托工人与匈牙利社会的大部分人一样,不相信解释和代表。正如波兰团结工会和匈牙利第二经济之间的差异一样,比起政治,工人们更指望第二经济。而它将来是否会变成一个没有公民意识的社会(建立在血缘关系和经济关系之上)或者某种新的生产者联盟(其中合作小组等小型合作社与新的关系网络相联系,既不是市场也不是再分配),这将由匈牙利混合经济内外关于价值的不断竞争所决定。

结　语

1993 年,在我买了本章开头的锡罐几年后,某位在布达佩斯的朋友告诉了我一个他孩提时期即玩过的棋盘游戏。二战前,匈牙利流行玩《大富翁》(这游戏在匈牙利称为 *Kapitaly*),但是政府禁止了这种资本主义的竞争性游戏,用另一种棋盘游戏 *Gazdálkodj okosan!*(《明智地管理!》)来取代它。在这个游戏中,游戏目标是找到一份工作,开立一个储蓄账户,购买并装修一套公寓。我的朋友因为年纪太小,还不知道怎么玩 *Kapitaly*,但是他有个来自匈牙利其他地方的表兄是知道这个游戏的,并教会了他游戏的基本规则。他无须变成一个持不同政见的 9 岁孩童,也能体会到《大富翁》是个更能带给人兴奋的游戏。因此他们反转了《明智地管理!》的棋盘,在反面画上了起点和通道,开始玩大富翁——借用《明智地管理!》的卡片和道具。但由于表兄的记忆已有些模糊了,两个小孩都不太清楚游戏的规则细节,因此这种用手头现有材料创造的游戏就开始借用"另一面"的卡片和道具,走上了自由发展之路。例如,为什么在你有能力配置家具时却要满足于简陋的房子和旅馆呢?在什么样的情况下,社会主义劳动奖会成为玩家进监狱或出监狱的理由呢?①

　　1989 年东欧和 1991 年苏联的政治动荡使整个世界陷入一片混乱之中。国际货币基金组织和西方顾问显然遭到了误导,他们发布了新的"游戏规则"指示,并和过去的制度残余同时发挥作用,通过限制一些举措,促进其他战略的实施,产生了多种解释制度。米诺托的工人车间也不例外。

　　工人们的合作小组于 1988 年 1 月宣告结束,当时米诺托总经理颁布了一项命令,解散了公司内所有的 VGM。我和卢卡奇在 1990 年、1992 年和 1993 年都有回到过米诺托,去了解那儿的最新进展。我们问的第一个问题关于 VGM 的消亡。得到的回答如下:

> VGM 解散时的那一瞬间,我们所有的压力和紧张都烟消云散了,我们大大松了一口气,又深呼吸了一下。如果当时我们再继续下去,我们可是会没命的。这是个关于诚信的问题。如果我们同意做某件事情,我们就会将它做好。因此,在保证产品质量和赶上最后期限上,我们面临着很大的压力。压力太大了——需要我们投入很多的精力和时间。但现在这些压力全部消失了。

　　但如果工人们没有了压力,米诺托管理人员的压力就会变大。继1990 年春天自由选举新政府和 1991 年苏联解体之后,米诺托进入了政治和经济双重动荡的新时期。在失去国内市场中对轮胎和其他橡胶产品的垄断地位后,它很快就面临来自国外进口产品的竞争。苏联解体后,《经济互助委员会贸易协定》也随之作废,米诺托也失去了曾一度可靠的东方市场(以及许多供应商)。因为该机器车间和德国客户之间的联系非常紧密,所以它成了米诺托仅有的几个赢利的部门之一。

　　1990 年后,政府开始取缔国家所有权,在匈牙利建立市场经济,其工作任务包括颁布关于会计、银行、贸易、劳动法和企业治理的新法律。但这些事情的艰巨程度全都不如解决私有化问题。匈牙利经济中 90%以上的生产性资产归大型国企所有。要建立起市场经济,就要将它们私

---

① 当我围观我的孩子们玩自己的混合版游戏时,跟上述这个故事是如出一辙的:他们将《大富翁》游戏中的房屋和旅馆道具忘在朋友家,在此之前他们已经开始玩乐高积木了(甚至在拿回了《大富翁》道具之后更喜欢玩《大富翁》了),在游戏中搭建更为精巧复杂的结构,游戏规则包括防止对手破产,将顾客吸引到《大富翁》平原上的塑料摩天大楼中。

有化。①

谁会是新的所有人?具体人选该如何确定?这一切都充满了挑战,因为所有国有企业的账面价值都大大超过了匈牙利全体人口的储蓄总和。而奇怪的是,资产所有人竟然供不应求。而且,因为这些资产不是简单赠送,我们要如何确定待售资产所谓的"公平价格"的价值呢?此时,过去的计算原则显然难以解决这一问题了,但是新的西方标准却又尚未建立。对此,主流经济学家的常见回答是"公司价值取决于买家意愿"或者"随行就市"。这个回答是有问题的,因为匈牙利的市场还尚未形成——而且,从实际上来说,销售的动机明显就是为了形成市场。最终,新政府成立了国家财产局来监督私有化进程;集中行政控制在开始时犯了一些错误,随后则踏上了一条更为分散的管理之路。②

但是,许多企业管理人员并没有耐心等待一切尘埃落定。相反,他们开始着手转变公司性质,将公司财产从国有资产转变为其他形式,这些形式虽然是合法的,但却是模糊的,既非国有也非私有。这就是米诺托的状况。

米诺托的高级管理层将该公司拆分成几十家有限责任公司,匈牙利语为 korlátolt felelōsségū társaság(KFT)。KFT 的法律基础是 1848 年制定的有限责任法规。米诺托旗下众多的 KFT 加入了一个复杂的控股网络,母公司通常对这些单位拥有控制权,而单位之间也通过交叉所有权有着复杂的关系。工人们所处的工厂车间也是一个这样的 KFT。每个 KFT 都处于一个企业委员的管理之下,其中员工掌握着 50% 的选票。但由于"员工"同时包括了中层和下层管理人员,所以高级管理层要获得多数票并非难事。

尽管存在这些可能性,工人们仍利用一切机会在企业委员会中发声。"这是个新形式。为什么不尝试一下呢?"他们这样对我们说。例如,他们勇敢批评管理层没有妥善利用世界银行拨下来的贷款,将其用于资助新计算机数控(CNC)机械的技术升级。在工人们看来,工厂管理层未能订购必要的辅助设备。投资方向有误,那么瓶颈就依然存在,管理层继续以加班和特殊津贴的形式"砸钱"来解决问题。某个工人嘲笑

---

① David Stark, "Privatization in Hungary: From Plan to Market or from Plan to Clan?" 1990.

② David Stark, "Path Dependence and Privatization Strategies in East Central Europe," 1992.

工厂管理层说:"他们打开新装置,给彼此颁奖,互相称赞'我们已经达到世界标准了'。但现在已经过去一年半了,他们却一事无成。"事实上,这笔贷款是如此管理不当,以至于车间的账簿上满是破记录的亏损,租赁的机器也被退回了米诺托。工人们说:"在美国,如果公司破产了,经理会从十八楼上跳下来以身殉职。但在匈牙利,他们已经投入了数百万美元用于培训管理人员。"从建筑的高度到对公司做法的理解,工人们对美国的看法都是错误的,但他们对于管理人员的嘲讽却已经显露无遗了。

工人们还借助企业委员会提出建议,称他们选举出来的 VGM 代表,"年轻工程师"萨博应该担任新的工厂经理。后来建议落空了,他们认为应该把车间卖给外国人:

> 如果有外国资本家带着钱进来,环顾四周后看到问题所在,然后他就会知道自己需要的是哪种类型的经理。现在,实际上,"友好关系"使事物始终维持现状。外国老板会改变一切……但是现行的管理风格和管理层都不具有真正的吸引力。但是后者相对来说好点,因为追求利润的管理者应该能够发现生产过程中发生了什么,并做出相应改进。如果仅仅将改变所有权作为解决方案,是无法令我们满意的——但是我们会将它当作唯一的改变方法而加以接受(在工作组织中)。

最后,或许最有趣的是,工人们强烈要求在私有化中,他们作为工人应当分得私有企业的部分股份。工人们不太可能读过亚诺什·卢卡奇的书,但是他们的财产理论却简洁明了地表达了卢卡奇的观点:

> 三十年来,我们投入了无数技能和努力来建设匈牙利经济和米诺托。我们应该因此而分得一些股票或股份作为回报,难道不是吗?当然了。

但是他们的提议却惨遭驳回:

> 在企业委员会上,我们提出了员工应该分得一些股票。但是这想法很快就遭到了会长的否决,他说没有合法的方式可以做到这一点。在勤勤恳恳工作三十年之后,员工们却无法分得公司的任何财产。这就像从农民手中夺走土地一样残忍。直到现在,还有人告诉我们,我们是公司的所有人。它曾经是我们的,但是这一切很快就变了。一夜之间,我们失去了产权。事实上,从来就没有什么真正

的产权,但我们曾经觉得我们有资格拥有产权。但现在,即使是这种错觉也已经消失了。

工人们向公司要求股份的政治背景:1990 年,新执政联盟的政党之一独立小农党参加竞选,承诺将 20 世纪 40 年代末和 50 年代初集体化所占用的土地归还给农民。通过 90 年代初的立法,那些可以证明其农业财产遭到侵占的家庭获得了票券,可用于投资一系列指定的私有公司,这些公司的股份可在新成立的布达佩斯证券交易所内进行交易。在调查政治环境时,工人们发现没有任何政党支持他们的利益诉求:

> 我最了解 SzDSz(社会自由民主党,自由民主党人)的观点。在公投期间,我在地铁站都能听见他们的声音。我也在摊位旁和他们交谈过。我跟别人说,包括 SzDSz 在内的所有政党都不会关心工人阶级的问题。那个人告诉我:"工人阶级是个假象。"我不能接受这个观点,因为有很大一部分人只依赖于自己生产的产品。如果有人制造出了价值 10 万马克的工具,那他本人作为工人阶级就不是假象。

最后,机器工厂实现了私有化。属于新的所有者是罗卡,他既是工厂经理,也是福尔考什的克星,这两个人都是战后进入米诺托工作的那批人。罗卡通过某个沉默寡言朋友的介绍,加入了新的所有制企业,他以前担任过政府官员,现在却安全加入了新资本主义经济,因此工人称他为"伞兵"。至于实现公司私有化的条件,工人告诉我们:"根据新情况,公司的形式正在变化,但实质内容仍保持不变。"

萨博,那位年轻工程师,离开了米诺托去领导一家新的创业企业,下面有 6 名技术熟练的员工,他负责操作切割工具,生产机器零件。他在某个小型制造商那儿租了个车间,正在稳步建立自己的客源。"我不会排除我们未来发展成大企业的可能性,但这会是个循序渐进的过程。即便我现在中了彩票,我仍会选择去慢慢接受这个现实。"萨博没有像罗卡那样租辆奔驰,而是开着一辆毫不起眼的车。

福尔考什在米诺托工作了四十多年,卸任 VGM 代表后很快就退休了。他怀着沮丧的心情,不到一年就因心脏病发作而撒手人寰了。

第三章
新媒体创业公司的创意摩擦

与莫妮克·吉拉德合写

　　整个 20 世纪 90 年代,曼哈顿的建筑工地都在不断增加;其增速在 2000 年春季不断加快,直至巅峰。这些新建筑工地有分包商,但却没有水泥;有建筑师,但却没有钢铁;有工程师和设计师负责建设零售公司、金融服务机构、博物馆、政府和文化机构,但他们却从未走进过自己的建筑作品之中。这些建筑师是信息建筑师,工程师是软件和系统工程师,设计师是交互设计师,而建筑工人则是网站建设者——他们全都在互联网咨询公司工作。正值 20 世纪、21 世纪之交,这些公司是繁荣发展的数字化房地产业的重要建设力量。匈牙利工人使用合金钢来制造工具,而曼哈顿"硅巷"创业公司的工人则负责打造新经济的数字工具。

　　从 1999 年春季到 2000 年春季,以及在 2001 年中期的后续访问中,我和莫妮克·吉拉德有幸对其中一家创业公司展开了调研,参观其网站建设,不是通过窥视孔,而是正大光明地以民族志研究人员的身份对其进行详细研究。我们发现,该公司几乎所有角落都有无穷无尽的"在建"项目。软件工程师和交互设计师在建设网站的同时也在建设公司本身和项目形式。对组织持续的重新设计是与行业本身的建设、出现、整合、消失和重新整合同时进行的。

　　"什么是新媒体?"我们常常看见许多交互公司在头脑风暴会议中或开会前把这一问题潦草地写到白板上。或者,正如我们的某个受访人说的那样:"人们总是试图找个比喻来形容网站。它是杂志、报纸、电视广告还是社区?或者是商店?你知道,上面这些说法全都不对⋯⋯但在各种变化和组合之下,网站也确实是上述这些东西的结合体,但又远不只是这些东西。所以总是有无穷无尽的争论。"你能肯定的就只有一点:如果你确定自己知道答案,那么打造新商业模式的组织创新,提供新功能的技术创新,创造新概念的类型创新,这三者的结合很有可能会使你的答案变得过时。

什么是新媒体公司?在建立新媒体公司时,创业公司并不是白手起家。它们的公司形式和项目借鉴了既有模型。许多创业公司是以咨询公司为模型的,其他公司则借鉴了建筑公司、广告公司、电影或电视工作室、软件工程或系统集成公司、设计工作室、风险投资公司或者杂志编辑模式①的模型。形成基本模型后,再稍加改动以实现新功能,重新组合以实现新目的(例如:咨询模型+系统集成体,媒体制作工作室+风险投资模型等)。

但无论选择何种模型(注意,除了少数例外,大多数公司都会刻意回避"建筑公司"的名号),所有从事网站建设的新媒体公司都必须面临两个问题:第一,该领域本身在不断变化;第二,无论是探索商机、制造新产品、界定新商业模式,或是引进新技术,每个成功的创新行为都可能会遭到竞争对手的抄袭。新媒体公司不像其他高科技公司,比如生物技术公司,可以通过申请专利的方式保护其知识产权,在新媒体领域,创新很难给公司带来源源不断的知识产权收益。在准入门槛低的情况下(因为创新——在种类、技术和组织方面——很容易遭到同化),公司不得不持续创新。

因此,公司如果仅仅从自己的建设项目中学习,就无法实现繁荣发展。掌握项目形式,进行编写,设计例行程序,甚至改进手头工作都是远远不够的。如果你局限于已完成的工作,那么无论你在现行标准的基础上提升了多少,也都会跟不上瞬息万变的市场节奏。与此同时,如果你将所有的组织资源都用于搜索新产品和新过程,如果你无论何时何地都在探索寻找新机会,那么你将永远无法利用现有的知识。对新媒体公司

---

① 这些模型经常在公司名称中有着明确表达,例如,Plumb Design(建筑设计)、Agency. com(广告代理商)、RG/A Studios(设计工作室)、Concrete Media(杂志+建筑公司)等。位于纽约的 Pseudo 办公室以及位于纽约和旧金山的 Razorfish 办公室,它们的名称似乎打破了现有的所有模式,除了其品牌战略的一部分是模仿潮流夜总会,这种设计在令企业客户震惊之余,也可以使他们放心,因为这仿佛在告诉客户他们公司的产品绝对是时尚的。

而言,詹姆斯·G.马奇提出的"探索 vs 开发"问题[1]可以重新表述为如何在不落后于最后期限的情况下保持领先地位的问题。

在应对复杂的前瞻视野时[2],一般来说混乱是可预料的,但在特定情况下这又是无法预测的,因此公司必须时刻准备追求创新。为此,公司成立了组织,组织不仅有助于学习,还能通过否定已有知识和已建立的程序来重塑认知分类与重组相关边界——无论是在公司生产的产品和服务层面上,还是在公司内部的工作实践和生产流程中。这些组织的创新方式有助于识别、重新定义、重新组合和重新部署资源以进行进一步创新。也就是说,除了技术创新,他们还参与组织创新,通过创造组织形式,允许简单的重新配置,从而最大限度降低重组成本。这种组织创新能力远不只是寻找新手段,以更有效、更高效地履行现有功能。在极端不确定的情况下,如果组织仅仅是增强其适应当前环境的能力,那就是在冒险放弃自己对于后续复杂情况的适应性。

我们通过研究硅巷新媒体公司的多部门项目团队间的合作互动,对上述问题进行了探究。首先,我们模拟了新媒体公司运作的高度不确定的环境,其中最重要的不确定性在于新媒体行业本身的内容、参数和价值的变化。什么是新媒体的意义?什么是新媒体的价值?

然后,我们探讨了新媒体创业公司是如何采取差异化组织形式来重新评估变化的形式并灵活调整其定位和策略的。

在描述了项目形式和构成项目的社会关系网络之后,我们讲述了合作工程的流程,其中情报的分布形式是横向责任制。对于那些必须在网站建设中相互合作的多个部门而言,它们的特定竞争评估和绩效标准的重要性,是与管理层级的缩减相匹配的。多个部门用话语语用学取代指令,其中做好工作所需的专业判断与完成工作所需的妥协之间是平衡的。员工分担工作责任,努力增加本领域的价值,而与此同时他们对项目和公司产生了忠诚感。通过分配权力,公司控制了不同部门间的争议,同时也在不确定的形势下发掘多样性选择,从而赢得了竞争优势。

---

[1]　James G. March,"Exploration and Exploitation in Organizational Learning," 1991.

[2]　David Lane and Robert Maxfield,"Strategy under Complexity," 1996.

价值生态学

硅巷：不确定环境中的新企业

在为期两年紧张的民族志研究中，我们观察了 NetKnowHow 的组织特点及其正在使用的评估框架，NetKnowHow 是硅巷一家新媒体创业公司的化名，从事新兴互联网行业。在进一步介绍该公司之前，我要先介绍一下硅巷——新媒体行业中心的繁荣社会经济地带。

硅巷是个（后）工业区，你们可以先把它看成一个地方，沿着百老汇的四十一街往南，穿过熨斗区和苏豪区，到达切尔西，然后一直到华尔街，全是它的地盘。但同样重要的是，它也是一个社交空间，将华尔街的金融区和曼哈顿中城的大型传统广告公司、广播出版业的大型传统媒体公司彼此联系起来。① 1999 年前，新媒体是纽约增长最快的行业之一，仅在曼哈顿就有近 10 万名全职员工（多余纽约传统出版和广告行业的雇员总和），在大纽约区还有约 8500 家新媒体公司。② 同年，纽约新媒体行业的营收达到了 168 亿美元，产生了 15 亿美元的风投资金和 35 亿美元的 IPO（首次公开募股）资金。

在行业协会的大力支持、政府官员的积极推动和商业出版物的热烈支持下，这些新媒体公司公然显露出了傲慢的自信。但它们也敏锐地意识到自己所处的环境是高度不确定的。申请首次公开募股时，它们在提交给证券交易委员会（SEC）的陈述书中长篇大论地讲述了这种不确定性。（以下引用的陈述均出自硅巷新媒体公司在证券交易委员会的存档文件。）

新媒体公司报告的风险因素几乎包括了所有美国证券交易委员会存档文件中提及的常见因素。更有意思的是，这些因素对处于成立初期的公司来说是司空见惯的，而它们从成立到上市的时间又很短，正如其提交给证券交易委员会的陈述书中所描述的那样：

---

① Gina Neff, "Organizing Uncertainty: Individual, Organizational and Institutional Risk in New York's Internet Industry, 1995—2003," 2004.

② 本段中的所有数据均来自 2000 年的《第三次纽约新媒体行业调查》，该调查由纽约新媒体协会主办，由普华永道开展。列出的工作数量是全职工作数量加上相当于全职的兼职工作者和自由职业者数量的总和。

我们的成立时间非常短暂，可能会在快速发展的新市场中遇到公司在成立初期普遍都会遇到的问题。

我们的新发展使我们的管理和运营资源变得紧张。最近的收购活动给我们带来了金融和其他方面的挑战，如果不及时处理或解决，可能会给我们的业务带来负面影响。1998 年，我们收购了 5 家公司，并于 1999 年 1 月完成了［与另一家新媒体公司的］合并。我们在整合收购公司方面遇到了一些财务、运营和管理方面的问题。这一整合过程……需要管理层投入精力和其他资源，可能会分散管理层对其他业务的注意。

对一些新媒体公司来说，新手肩负重任，因为在这种情况下，几乎所有高管都是公司的新人。

几位高管新加入公司。我们的几位高管分别于 1998 年和 1999 年加入［此信息源于 1999 年 3 月的存档文件］，包括我们的首席财务官、首席运营官、赞助高级副总裁、总法律顾问、财务副总裁、财务总监和首席会计官、人力资源高级副总裁和首席技术官。这些人以前没有一起合作过，而现在正在融合成一个管理团队。

在紧张的劳动力市场中，失去"老手"是真正的威胁，在知识型产业中还会损失公司的主要资产，特别是在通过员工对接客户的模式中：

专业人员的流失会使我们难以完成现有项目和竞标新项目，这可能会对我们的业务和经营业绩产生不良影响。

而且，资产不是包含在公司的范围内，而是分布在相互依赖的公司网络中。在选择合作伙伴、联盟和技术时，我们无法预知谁将是最后的胜利者。

如果第三方未向我们提供可靠的软件、系统和相关服务，我们可能无法提供多种服务。我们依赖于各个第三方为我们提供软件、系统和相关服务。例如，我们依靠［另一家互联网公司的］软件来投放广告与提供个人主页和电子邮件服务。某些为我们提供软件和服务的第三方运营经验有限，技术相对不成熟，而且这些第三方公司本身也有赖于他人提供可靠的服务。

我们的市场特征是快速发展的技术、频繁更新的产品和服务、不断发展的行业标准以及不断变化的客户需求。最近互联网的发展和我们行业内部的激烈竞争使这些特征变得更为明显了。

在新兴领域,由于行业标准的缺乏和政府法规的不稳定性,衡量资产是个复杂的过程。

互联网广告市场具有不确定性。目前互联网广告效果还没有固定的衡量标准,所以业界可能需要确定一个衡量标准,以支持和促进互联网广告成为重要的广告媒介。

政府法规和法律的不稳定性可能会给我们在互联网上开展业务带来额外成本。

成为新兴领域的先驱只是暂时优势,因为新兴领域的进入壁垒少,没有专利方面的收益,而且更大更成熟的公司已经准备好开展已经先驱创业公司反复试验证明的可赢利活动。

我们在竞争激烈且准入门槛低的新市场中竞争。

我们并没有任何专利技术可以排除或阻止竞争对手进入信息技术服务市场。

随着市场的发展,我们预计竞争会加剧。我们的竞争对手有:互联网服务公司,技术咨询公司,技术集成商,战略咨询公司,我们潜在客户内部的信息技术、营销和设计部门。

许多竞争对手比我们拥有更久的运营历史、更庞大的客户群、更长久的客户关系、更大的品牌或知名度以及比我们多得多的财务、技术、营销和公共关系资源。

最重要的是,电子商务是否可行?我们所了解的互联网是否具有可持续性?它会继续增长吗?它会突然变得不可预测吗?

如果互联网上的用户没有增加,或者互联网上的商业活动没有实现更高的普及度和接受度,我们的业务可能会受到间接影响。

如果技术发展得更快更高效,使互联网变得过时或者不那么重要,那么我们必须准备好提供基于非互联网的解决方案,否则就有可能失去现有和潜在客户。此外,如果有朝一日移动电话、传呼机、掌上数字助理或其他设备成为数字通信解决方案的重要媒介,我们需要具备相关专业知识,以便将它们融入解决方案。

因此,面临互联网泡沫狂潮,我们有必要做出以下清醒的评估:

我们预计未来公司还将继续亏损，可能永远都无法实现赢利。

在不断发展的生态中寻找价值

硅巷的上市申请陈述书长篇大论地指出了难以评估互联网股票的一系列风险因素。[①] 但除了市场问题外，弄清楚这些公司的价值大小是个更令人感兴趣的不确定性问题：这些公司是如何弄清自己价值的基础的？需要明确的是，问题不在于如何建立它们市场资本化的水平，毕竟这无论如何都是由市场决定的，而在于如何调查清楚这些公司的实际和潜在活动，以发现它们正在做的（或可能做的）有价值的事情。

许多在 1995 年左右网络扩张初期成立的硅巷新媒体公司开始设计自己的网站。突然间，好像每个公司都需要建立一个自己的网站。设计师和程序员的市场需求激增，形成了规模可观的利基市场，相对较少的参与者、生产者和客户之间巨大的知识差距。新媒体行业的民间历史中充斥着创业家的创业故事，创业家分享了自己在创业早期和中层企业经理打交道的经历，那些经理从没上过网，但却早已收到了大公司高管的指示——"给我们公司建个网站"。

许多 20 多岁的新媒体带头人都是从边缘工作做起的，1987 年那会儿的股市崩盘造成了经济衰退，摧毁了纽约经济，那时他们正好大学毕业。随着网站的突然扩张，他们这代人好像突然承担了某种责任，但现在这对他们来说却成了一种资本：由于在计算机时代成长，他们很快就理解了网站的含义。配备几台个人电脑，连上网络，掌握 HTML 的基本原理，他们就能借此谋生，做自己喜欢的事情，同时根据自己的工作进展来确定规则。这是个能证明他们自身价值的大好机会——处在网络水到渠成地替代传统媒介的时代，这些原本对公司来说无足轻重的岗位忽然掌握了主要话语权。他们一无所有，也就没什么可失去的，他们也几乎没有工作经验。他们和企业高管见面，后者在新媒体这一新兴领域也几乎没有工作经验。双方经常在新媒体带头人的办公室（把公寓作为办公室）里谈判，签订六位数的合同用于建立网站，这正是对新媒体带头人价值的证明（有时这价值在数额上是惊人的）。

如果企业不仅对于建立网站倍加关注并且也愿意为之付费，那么它

---

① Daniel Beunza and Raghu Garud, "Calculator, Lemmings, or Frame-Makers? The Intermediary Role of Securities Analysts," 2007.

们又是出于什么目的而付费呢？早期,新媒体带头人的企业客户急于在网上占据一席之地,在他们的想象中,网站不过是信息高速公路旁的广告牌而已。但随着新媒体企业家开始接触公司的运营业务,在与各个单位互动的过程中,他们逐渐对互动网站产生了新见解,认为互动网站是企业的创新工具。纵观营销部门,他们意识到网站可以向客户提供新型信息;在与生产部门的互动中,他们了解到网站可以与供应商建立新型关系;在深入了解技术部门的过程中,他们认识到网站是如何以指数方式扩展信息传输网络,大幅超额完成集成专有数据的任务的。

虽然他们的收入来源于设计工作,但是新企业家总结认为他们为交易和客户带来的真正价值在于他们的咨询工作。因此他们调整了自己的定位。作为"网站商店",他们就像建筑公司一样,植根于数字媒体,但可以肯定的是,他们基本上还是按照客户要求工作。他们将自己重新定位为"网站开发人员",而他们的业务则是向客户提供建议,关于如何在网站上工作、如何为网站确定整体策略。他们自己网站上的新标语和重新设计的标识正好说明了一切,例如:"交互式战略"、"数码·变化·管理"。

新管理咨询与网站设计的结合使网站开发人员得以更集中地深入公司客户组织内部(此时公司网站的设计价格已上升至七位数)。越来越多的互动使他们以不同的身份进入新领域。例如,他们与营销部门的互动越来越多,产生了"互动广告",使他们进入了曼哈顿中城广告代理商的业务范围内。当他们开始设计虚拟网和虚拟办公室以便在公司内部灵活通信时,网站开发人员了解到,他们在平面设计方面的编程能力必须通过知识管理"信息架构"的编程能力才能得到增强。随着电子商务的发展,网站的前端(用户界面)迅速与整个组织及其在生产、采购、计费和数据归档的旧操作平台上工作的"遗留系统"加强融合。为了生产出能将用户界面连接到"后端"的综合产品,平面设计师也正在向系统集成商的领域发展。

因此,曾担任平面设计师的网站开发人员现在已经发展成了多面手:交互设计师、管理顾问、广告代理商、信息架构师、系统集成商。现在又有新的客户找到了他们——不仅是大公司需要网站来增加实体设施,只有想法却没有实体工厂和设备的创业者同样也需要建立自己的网站。早期的中层管理人员曾以"建立网站"获取收益,而如今专门的电子商务创业者却带着风投资金退回到"建立公司"。galoshes.com、 soapsudsonline 以及 YouNameIt.com 的企业家为网站开发人员带来了融资、与供应商的联系,除此之外,通常他们还会带来特定系列商品的营销经验。但是其他所有东西,从服务器群到用户界面,从电子购物车到退货政策,从供应商界面到网络消费者购物指南,全都保存在网站开发人员的知识库中。

在创建了一两个这样的网络公司并获得报酬后,网站开发人员又面临着价值上的问题:当网络公司的大部分价值都来自网站开发人员的贡献时,为什么只向他们收取专业服务费用呢?答案是:同时收取一些因创造而产生的价值,也就是说,除了收取服务费,他们还应要求得到新网络公司的部分股权。但事情往往不是这样简单相加的道理,由此产生的交易往往需要他们放弃部分服务费以换取股权。因此,为了保护"投资"在递延费用里的资金,一些网站开发人员开始孵化自己的客户公司,与初创企业的经理们密切合作,带领他们进入网络市场。这样一来,网站开发人员就获得了一系列新技能。他们承担新项目时,仅仅评估新客户是否有偿付能力已经远远不够。作为股权持有人,网站开发人员应该明白,自己一手创办的新媒体公司的价值,部分取决于他们是否能正确评估新公司的潜力,以及他们正在建设的公司是否有足够的赢利能力和/或市场化能力。他们越认为自己的成果是建立公司,就越需要将自己建成的公司视为产品——也就是说,无论是通过上市还是另一轮投资,他们都有可能会出售公司。因此,除了其他新身份,网站开发人员还承担了风险投资者的部分角色。虽然硅巷新媒体公司曾经是数字信息系统公司,但现在他们遵从了纽约房地产开发商的传统,摇身一变成了房地产开发商——在数字信息领域从事房地产开发。

当然了,在网站开发人员艰难地探索学习价值所在之时,其他行为主体也在做同样的事情,例如:曼哈顿中城主要的广告代理商建立了互动团队,或者主动分离了自己的专门互动机构;大型咨询公司没有将互动管理的领域留给新媒体创业公司,而是主动进入该领域;大型系统集成商成立了自己的电子商务部门,并在利润丰厚的企业对企业(B2B)网站开发领域推出了新措施。新媒体服务领域从一个人口稀少的利基市场出发,迅速进入了一个全新的世界,来自各个领域更成熟的竞争对手蜂拥进入新媒体服务的开放空间。

与此同时,新兴产业也面临着新的技术创新浪潮,这破坏了其新兴的数字生态。一方面,该领域的参与者预计宽带技术将取得重大突破,目前分散在电视、电脑显示器、立体声系统、CD 或 DVD 播放器以及电话上的功能有望融合至同一台设备中。但是在人们本该认为这会开启"单一设备"的新时代时，我们开始明白，另一方面，在移动环境中可接收和传输数字信息的无数电子设备（比如无线掌上电脑等）也在大量增加。

这些功能集合和分散的过程将带来两个后果。首先，一方面宽带与技术共同出现，另一方面移动交互的多种应用将对网站类型的形式产生重要影响。也就是说，在媒体历史变迁的过程中，只有少数时候网站类型才保持稳定不变。其次，随着带宽发展为宽带，另一批参与者——有线电视公司、网络广播公司、唱片公司和电信公司——也进入了这一领域。例如，索尼、（美国）全国广播公司（NBC）、美国电话电报公司（AT&T）和西班牙电信公司（Telefonica），就是那些最为积极主动的大公司的代表。随着移动交互的到来（从《连线》到"无线革命"），这些公司通过新硬件制造商，例如诺基亚、爱立信和 Palm 公司（以及手持条码扫描仪制造商美国讯宝科技公司等快速发展的公司），加入了新媒体领域。

各个公司努力在令人眼花缭乱、变化多端的世界中取得进展，不断寻找"最佳选择"，包括始终致力于赢得客户、技术和营销策略——显然这能使它们在下个即将到来的转变中处于有利地位。这些公司面临的挑战不仅是要能够灵活快速地转变方向；它们还需要有能力最大限度地识别机会和兑现承诺，这不仅要靠利用它们的直接利益，还需要探索是否能利用当前利益开启新的机遇。为了应对这些挑战，新媒体创业公司 NetKnowHow 形成了分发情报和组织多样性的差异化特征。

企业和项目形式

NetKnowHow 是家提供全方位服务的互联网咨询公司。两位年轻企业家于 1995 年创立了该公司，两人均拥有大型企业部门（传统咨询和传统媒体）的工作经验。在成长期，它是软件开发公司，但它很快就进入了新媒体领域，为企业和大学客户建立内网与官网。自从它为某家知名百货商店搭建的网站荣获了优秀电子商务网站奖，NetKnowHow 就在零售电子商务领域赢得了卓越的声誉。1999 年，NetKnowHow 继续为全国公认的企业客户建立零售电子商务网站，同时它还为初创网络公司建立网站（并与其中几家公司建立了合作关系），而且与数字自助服务终端领域的另一家小型初创公司进行了合并。到了 2000 年，它停止为互联网公司客户提供服务,转而专注于为实体和数字零售相结合的"鼠标加水泥"(线上线下同步销售)公司提供咨询,同时在开发无线接口应用程序方面开展试验。和绝大多数硅巷新媒体初创公司一样,它没有风投资金,而且,与 2000 年 4 月行业衰退前的大多数新媒体公司一样[1],它是一家赢利公司。1999 年春季我们开始民族志研究时,NetKnowHow 大约有 15 名员工。在后来短短 18 个月内,它的员工数量猛增至 100 多名。

我们的研究地点在熨斗区——硅巷的核心地带。NetKnowHow 发展最快时,除了在有名的熨斗大厦短租了一个小办公室外,还有三个工作场所分布在几个街区。这三个工作场所是由经营过印刷业务的阁楼改造而来,在开放空间里有多达 30 个计算机工作站,没有任何墙壁、隔板或隔间将程序员、设计师、信息架构师和商务策划师隔开。这些工作场所的布局已经不仅仅是开放式这个词足以形容的了,它是那样紧凑,几乎所有人只要伸伸手就可以碰到其他人。而且,就像建筑工地一样,这些工作场所也处于不断移动变化之中。虽然有些时候,通常是上午十点左右和下午三点左右,似乎每个人都是静止不动的,专注看自己的电脑显示器,但是大部分时间这个办公空间是一直在变化的,员工们三三两两地去开几十场小型会议,有人坐着,有人站着,俯身指向自己显示器上的代码或图形线,部分会议能持续 30 分钟之久,但大部分会议只有 30 秒。一些正式项目的会议在官方会议室的大桌子旁举行,不过很多时候项目团队会集体拖着转椅去往开放空间开会,围坐在几个工作站周围的桌子旁,以此表明自己是开放空间的一分子。至于最激烈的讨论,他们可以去楼梯和消防逃生通道中的"私人会议室"进行,那儿是吸烟者的聚集地。

"诚聘英才……你可以给 NetKnowHow 带来什么"

NetKnowHow 有限公司在诚聘 Cold Fusion/ASP/MS SiteBuilder(或 CGI/Perl)程序员,要有前沿互联网系统的开发经验。理想的应聘者应具备数据库设计和开发经验(Oracle/SQL 服务器)、精湛的 HTML 和 Java Script 编程技能。**团队成员必须能够同时兼顾多个项目,优先**

---

[1]　根据 1999 年纽约新媒体协会(NYNMA)的调查,2000 年 4 月 14 日那天互联网股票首次出现了大幅下滑。

考虑达到客户需求，赶上截止日期。要有为期一年的 Cold Fusion 或同等语言编程的实战经验，熟悉数据库系统（MS Access、MS SQL Server、Informix 和 Oracle）。**我们要找的是以自己的工作为荣，并享受在包容、勤奋和富有创造力的环境中工作的优秀人才。** 如果您有兴趣在行业最前沿的新媒体公司开始您的职业生涯，请给我们留言。NetKnowHow 的**扁平化组织结构**有助于**积极主动的人**发展成长。我们的员工福利包括医疗服务、牙科服务、401-k 退休福利计划和健身房会员。如果您有求职意向，请在您的简历和求职信中详细描述您的工作经历以及您认为您可以给 NetKnowHow 带来什么，并发送到 recruiting @ NetKnowHow. com（重点已标明）。

  我们民族志研究的社会背景，就像符合规格的硬木地板一样，参照的是硅巷标准：NetKnowHow 的员工年龄基本围绕着 27 岁上下浮动。但它的人员组成却与典型的新媒体初创公司有所不同：女性比例更高，民族和种族也更为多元化。上面列举了 NetKnowHow 所期望的员工品质。对于程序员职位，除了必要的技术要求外，还需要"团队成员"能够"为自己的工作感到自豪"并在"扁平化的组织结构"中发展成长。

  与其他硅巷公司一样，NetKnowHow 的工作分类①定义并不严格，有些还是非常规的。例如，某个年轻程序员名片上的职位名称是"技术传播者"。"我的工作，"尤瓦尔告诉我们，"是寻找新媒体领域的新发展，并将这些新词传播给公司员工和客户。"所有员工都应该主动这么做。当 NetKnowHow 聘请了一位在美国国际商业机器公司（IBM）工作了十多年的程序员时，我们明白了这一点。他刚进入公司的前几天，我们有机会和他聊过几次，当时他在我们的人事那儿填写了一些表格，随后分配到某个工作站工作，和隔壁办公桌的程序员同事首次会面。周三那天我问他感觉如何。"这里很棒，比我在前公司的工作环境要好多了，以前他们甚至连我在自己隔间里面放什么东西都要管。但是在这里我有件事情不明白，就是怎么没人告诉我需要做什么工作。"直到周五，他依旧没意识到他的工作正是设法使自己发挥最大作用，于是他被辞退了。

  NetKnowHow 的冰箱里有苏打水、果汁和啤酒，这反映了其工作环

---

① 关于硅巷的工作分类和职业结构，参见 Amanda Damarin，"Fit, Flexibility, and Connection：Organizing Employment in Emerging Web Labor Markets," 2004.

境的休闲程度。但这里又像个建筑工地，总是十分喧闹嘈杂——噪声不是来自起重机引擎和手提钻，而是来自音乐，在许多对话的低嗡嗡声中夹杂着不间断的背景音乐。在这种环境中，戴上耳机放自己的音乐，以避免喧嚣并释放出"请勿打扰"的信号，就等于戴了顶安全帽。尽管工作氛围是轻松随意的，但实际工作却是紧张漫长的。随着项目截止日期的日益临近，工作时间和强度都在与日俱增，每个秋天都使人变得无比狂躁，硬木地板上一片狼藉，扔满了蒲团和床垫，因为 NetKnowHow 员工们夜以继日地工作，必须赶在购物狂欢季来临前建成电子商务网站并将其投入使用。就像工业化前的工作节奏[1]一样，工作结束后，相对来说员工就会有些无所事事。员工加快工作以赶上截止日期，然后就是不那么繁忙而通常比较短暂的"项目间隔期"了。[2] 但如果说工作节奏是处于类似前工业化时期的情形，那么所有临时经验可以说是没有任何前工业化的成分。在新媒体领域，没有"时间流逝"的感觉。相反，时间是压缩的，就好像过去和未来交织在一起一样，而你就乘着时光机来回穿梭着。

网站项目的网络

与其他新媒体公司一样，NetKnowHow 在设计和建立网站的过程中采取了项目的组织形式。项目不是个永久建筑，而是个临时整体，其参与者之前一直在从事其他项目，后来一起参与到这个项目中，等到结束后再去从事其他项目。[3] NetKnowHow 与我们在硅巷看到的其他所有新媒体公司一样，投入了大量精力，不仅是监控项目（建立起项目的责任制并在项目中建成责任制），而且还监督项目过程（"将我们的做法整理编写出来"、"将我们的过程制度化"等），部分作为营销策略（比如"Razorfish 公司的五步走战略"），部分原因在于项目形式是这些公司核

---

[1] E. P. Thompson, "Time, Work-Discipline, and Industrial Capitalism," 1982.
[2] 项目间的相对"停工"期不仅仅是放松，而是让员工有机会通过观察其他人的工作活动来学习新技能。哥瑞波赫将这一过程称为"通过观察学习"（Gernot Grabher, "Ecologies of Creativity: The Village, the Group, and the Heterarchic Organisation of the British Advertising Industry," 2001）。
[3] 关于将项目作为组织形式，参见：Gernot Grabher, "Cool Projects, Boring Insti tutions, and Temporary Collaboration in Social Context," 2002; Jörg Sydow, Lars Lindkvist, and Robert DeFillippi, "Project-Based Organizations, Embeddedness and Repositories of Knowledge," 2004。

心竞争力的关键组成部分。

有些项目持续时间不超过一个月。有些项目，无论是因为它们固有的复杂性，还是因为客户的犹豫或破产，能持续五到六个月。典型的复杂项目会运行 60 到 90 天，这样极度压缩的面市时间是项目动态的一个重要原因。建成项目可为 NetKnowHow 带来数十万乃至近百万美元的收益。每个项目的费用结构可能会有所不同：NetKnowHow 有时会收取固定费用，有时采用订金模式，有时则会用股权代替部分需支付的费用或递延费用。更常见的是，它会根据材料费加上可计费小时数来协商估计总价。

项目参与者包括了商务策划师、互动设计师、程序员和其他技术人员、信息架构师（IA）和销售专员。每个项目都有项目经理，大多数项目还有指定的设计主管和技术主管，较大的项目还会指定首席信息架构师和首席商务策划师。虽然他们的身份暂时是项目"成员"，但全体成员仍是正在运转的职能部门（如设计、编程、信息架构、战略等）的一部分，常称为"团体"、"部门"或者"协会"，但最常见的称呼还是"团队"或"小组"（如"设计团队"、"技术小组"等）。

尽管 NetKnowHow 的所有员工都希望在任何特定时间内只需负责一个项目，但由于资金不足（及其可计费时间收入结构），NetKnowHow 经常要求员工同时负责多个项目，这导致了项目经理面临时间分配问题（以及跨项目协调的需要）。此外，NetKnowHow 还一再回避关于公司实地布局原则的讨论，特别是，员工是否应该按项目或团队在空间上分组办公。

当然，项目，是为特定客户服务的项目。在很大程度上，它也是和客户合作的项目。在某些情况下，客户代表是项目的一部分。NetKnowHow 的项目经理和成员意识到"客户"本身就是一个复杂的实体，在这一实体中，各方的利益有所不同甚至彼此冲突。例如，与大型零售连锁店合作时，最近的客户可能是某个新的网络部门，正在参与组织内部的地盘争夺战和预算战。同样，营销部门、金融服务、仓储和生产部门也常常是客户的一部分，彼此在（定义上的）风险投资成败方面也有着不同的利害关系。因此，NetKnowHow 的项目成员（不仅仅是项目经理）通过电话、电子邮件或即时消息向客户网络中的同行发送技术信息（例如，程序员与客户"遗留"系统的数据库管理员联系，或者销售专员给营销经理打电话),这种联系也有机会搜集到情报。[①]

　　一些客户在某种程度上意识到这种复杂性并由此受到启发,开始聘请独立的承包商,后者专门负责对接企业和网站开发项目。因此,就在NetKnowHow及其竞争对手正在争取获得"管理客户"技能时,它们的企业客户正在招聘新型专业人员,就是管理客户代表(一方面)和项目经理(另一方面)。从 NetKnowHow 等互联网公司的角度来看,这些发展是喜忧参半的。颁布一道命令,只允许有一个人为客户(以及公司的局外人)做出最后发言,可能是有积极意义的,因为对项目而言,没有什么比应对客户公司的错误或矛盾想法更具灾难性了。但与此同时,由于"客户"可能有多个(甚至竞争的)目标,因此将其减少至单一消息来源,可能会导致没有多个消息来源时消息难以解读的问题,而要使正确的解读成为可能,通常就需要有多个消息来源。也就是说,可能会有出自单一渠道或者多渠道的混合消息。而项目面临的挑战则是从这些混合消息中构建出一个相对稳定的客户图景,该图景应有足够的聚焦深度以投入资源,而且还要足够模糊以预测可能的方向变化或更快适应预料之外的变化。

　　这些类型的交互,无论是战术技术还是战略组织,都是网站网络结构的一部分。对于网站项目的网络的更完整解释如下:技术"合作伙伴"(网站开发人员可以通过许可和其他安排提供对新技术的访问与支持);网站开发人员(通过硬件和网络连接来提供服务器空间、维护服务与网络安全服务);风险资本家,无论是从客户那里带来的,还是由网站开发人员带给客户的;其他网站开发公司(将项目的不同部分分配给不同的公司或者公司选择将项目拆分并分包给其他公司);客户供应商(其信息系统必须与网站的类别和功能相协调);订单执行公司、信贷服务公司等。情报遍布在这一网络上。

　　现在我们来看看公司内部的知识网络,其特点是跨组织部门的横向责任关系。在传统顺序工程中,项目采用的是分层设计,中央子系统设置了较低级别的边界条件。为了体现出这种相互监控的过程与传统顺序工程的区别,我们将它称为合作工程。

---

① 即使客户不在纽约市,程序员(或其他专业技能团队)也有办法和他们处于同一网络中——校友会、特别兴趣团队、移民社区、电子邮件群发系统、即时消息好友列表、公告板和聊天室,使他们可以相对容易地与客户网络中的同行建立直接沟通的渠道。

分布式情报

　　网站项目的生命周期通常有预先设定的"预备项目"阶段,用于将公司和客户配对,然后再确定项目人员、正式"启动"、规划和站点设计、生产、测试、软启动、庆祝硬启动。图 3.1 展示了一张典型的 NetKnowHow 项目生命周期图。

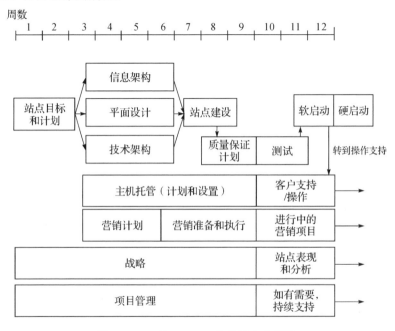

图 3.1　NetKnowHow 的项目生命周期

　　从图 3.1 中的理想化示意图来看,建立网站似乎是顺序工程的范畴:原则上,所有的设计和工程都应该在生产开始前完成。该示意图向我们展示了合作工程在不同时间的工序,例如,在第 2—5 周,信息架构师、技术架构师和平面设计师同时确定各自的站点目标与计划,然后将其"传递"给网站建设者。但在实际过程中,合作工程中更常见的是合作而不是顺序。在 NetKnowHow,网站建设是合作工程的一个过程。

　　拥有强大先发优势的行业会产生强大的压力,以便对市场变化做出快速反应。结果是项目的时间会变得很紧张,迫使生产在设计未结束时就匆匆开始了。通常,数据库管理员和其他程序员只要一听到项目的初步想法就会立刻开始建立网站。当然,他们并不是从头开始一行行编写代码,而是从之前的工作记录中寻找可复制的模板。在搜索现有代码库的同时,他们也在寻找启动会议时讨论过的新功能(以及那些甚至没有在启动会议上正式提到过但是他们曾在公开工作场合近距离无意中听到过的新功能)的解决方案。如果他们等到信息架构师向他们提供画好的"线框"①(一种指明网站每个部分及其相互关系的蓝图)后才开始编程,那么项目就绝对不可能在截止日期前完成。同样,信息架构师会与程序员协商他们准备的代码,听取他们老问题的新方案,获取可用于网站建设的新方法。如果没有这样的重复反馈过程,我们可能会画出一个精致的"线框"——但却无法按时并按预算完成。简而言之,生产工人参与设计是个拼装过程。②

如果设计尚未结束就开始生产,那么设计就会不断进行,几乎持续到生产完成。一方面,即使尽最大努力来满足客户期望,甚至在短短 90天的项目周期内,想不让项目进展缓慢几乎是不可能的——项目规格在逐渐提高。因为客户会在建立网站的同时进行学习,他们会要求增加一些新功能。公司可以拒绝客户的部分要求(以"这不在项目规格中"为由),但不可能拒绝客户的所有要求,特别是在公司已经承诺建立"前沿"网站的情况下,客户现在一看到竞争对手网站有什么新功能,就觉得自己"必须也要有"。以狭隘的业务逻辑看,新功能可以涉及相应的涨价("是的,但这会大大增加编程成本")。但从设计的角度看,引入新功能可能会产生巨大影响,甚至影响到整个网站的搭建。例如,改变"结账"时的步骤顺序,这看似简单,但可能需要工作人员大改数据库。

另一方面,还有一个更重要的原因,作为整体解决部分的设计环节,即使初始阶段以后没有引入多余的功能,在整个生产过程中仍然能运行得很好。由于组织、技术和类型创新的快速发展,NetKnowHow 的网站建设工程几乎总是员工们从未做过的。即使项目可以利用以前的模板以减少工作量,但是特定组合也有可能是新颖的,可能需要加入新的元素。而且,在 NetKnowHow,学习的方式是实践。也就是说,员工们不

---

① "线框"是"边界对象"的一个例子,它有着能往复循环的稳定性,能包含多重含义的模糊性。参见 Susan Leigh Star and James Griesemer, "Institutional Ecology, Translations, and Boundary Objects: Amateurs and Professionals in Berkeley's Museum of Vertebrate Zoology, 1907—1939," 1989。

② Raghu Garud and Peter Karnoe, "Bricolage versus Breakthrough: Distributed and Embedded Agency in Technological Entrepreneurship," 2003.

是先理解技术再运用技术,而是要在运用技术的过程中去理解技术。结果,确定所有碎片如何拼在一起,并没有发生在起初的"设计"阶段,而是发生在建设网站的过程中。"这就像一道难题,"亚伦解释道,他今年 27岁,是该公司最资深的两位项目负责人之一,"但也很奇怪,因为在你拼凑碎片时,封面上的图片一直在不断变化。"

"组合后还会不断变化的拼图"

项目早期阶段会有场启动会议,让你事先了解一下这个项目,它的内容、大小、范围以及其他所有相关信息。但一等到会议结束,那整个概念就……(摊手)。它就像一个拼图——你看到了盒子的封面,你知道这个难题应该是什么样子的,你也知道自己需要怎么做,但是你打开盒子却看见了一堆碎片,而你必须将它们全部拼凑起来。

在研究如何才能把这些拼图碎片拼凑在一起时,"线框"并没有多大帮助,因为项目流动性很强,你必须不断经历很多变化。每个客户都想要改变;每个项目领导者都会碰到一些复杂的事情,要求他们做出改变;所以你越是深入改变,你就离实现目标越远。你拿着拼图碎片,然后有人会把另外 50 块或 100 块碎片全部倒到你腿上。他们倒的时候,你也不知道这 50 块碎片和盒子的封面有什么关系,你不知道那个封面应该是在底部、侧面、顶部还是左侧。但你知道的是,最终拼出来的结果并不像你在启动会议上看到的初始图片那样,因为你已经做出了很多改变。

不管遇到多少新变化,你可以妥善处理所有新变化,泰然处之,获得解决方案并顺利执行。这实际上朝实现目标迈出了一大步,而不仅仅是弄明白最初的两个碎片要怎样以你认为正确的方式拼凑起来,因为现在的情况更像是你得到了未定义的碎片,你可以定义它们,这能使你朝目标迈出一大步。在某个时刻,你完成了所有这些改变和很大一部分剩余任务,那时我通常意识到答案是肯定的。我知道我们现在正在做什么,我对整个事情以及最终结果了如指掌。对我来说,这种状态通常出现在项目快结束时。

在观察中,亚伦说出了一种观点,即设计是个新兴的过程,以高度互动的方式分工给各个主体。而且,创新就像设计一样,并不是发生在网站开发过程中特定阶段的某个时刻。在 NetKnowHow,创新不仅是研发部门的活动。每个部门,实际上是每个员工,都参与了创新的过程,这是一种非常务实的合作活动，"弄清楚事物是如何拼凑在一起的"。简而言之，在网站建设项目中，我们是通过创新来发现设计的，而不是像传统观点认为的那样，通过设计来进行创新。作为一个自治组织的新兴过程，创新不是从这些网站建设项目中设计出来的。

为了理解"弄清楚事物是如何拼凑在一起的"的复杂性，我们需要超越在网站讨论中占据了突出地位的简单"前端/后端"二分法。网站的民间分类是有区别的："前端"指的是你——终端用户——访问网站时的体验，但它就像冰山一角；"后端"是你所看不到的水面下的一切，但它能使网站有效运转。这种二分是有意义的但也是有误导性的——特别是如果它意味着网站建设是若干需要相互融合的平行过程。或者我们打个隐喻，"前端"群体（设计师等）正在一端建桥，"后端"群体（程序员）则在另一端建桥，他们必须在桥的中间相遇。我们发现，他们彼此的相互依赖性要大得多。

在"前端/后端"模型的简单版本中，有两台计算机和一个接口：网站代码所在的服务器、你的个人电脑以及图形用户界面（GUI，你通过这一界面来体验网站）。但是复杂的电子商务网站涉及了多台计算机和接口——你的计算机、由网站开发人员的客户租用的服务器、客户的运行着多个数据库的主机、客户的供应商和销售商的计算机、订单履行服务和信用卡公司的计算机，等等。你可以像终端用户一样点击购买，创建交付表单，用信用卡付款，为营销提供反馈，将订单直接发送给供应商。一些复杂的电子商务网站则深入多个供应商的生产和库存系统中，运用计算程序（供应商的价格、地点、库存水平、生产运行的开放或关闭阶段，甚至供应商数据的质量都有权重）来选择由哪一供应商为某个网购客户供货。

网站开发人员所面临的挑战是建立一个网站，使终端用户的活动与网站所连接的多台计算机无缝连接。网站性能的关键在于主体——用户——的表现，其行为可能是可预测的但却是不可控的。正是网站和用户之间的相互依赖，最大限度地增强了网站建设人员之间的相互依赖。程序员可以为网站和供应商设计漂亮的界面，但他需要确保该界面不会干扰到信息架构师对用户界面导航问题的思考。网站越是互动型的，网站团队成员之间就需要互动得越多。例如，数据库种类的改变可以改变平面设计师的参数，反之亦然。网站中情报分布得越多——包括最重要的用户情报，那么建设网站时就越要在团队集体解决问题时使用分布式情报。当平面设计师和数据库程序员说话时，"在同一界面上"这个短语的意思可以是要求专注于同一问题的指令，考虑某项行动将如何在另一领域产生影响的要求，让彼此在新的方法、应用、功能和报告系统上始终处于前沿地位的机会，或是像字面含义表示的那样，处在同一个代码页面。

合作工程的分布式情报不只是扁平化的报告结构，它还横向延伸了这一结构。我们也不能简单地说某个差异化公司已经从根本上分散了决策。分散一词可能意味着有自主权的部门正在独立做出决策。实际上，各部门之间复杂的相互依赖需要密集的沟通来协调生产活动和重新调整战略行动，因为任何特定部门的活动参数都在不断变化着。

项目成员越要考虑自己的行为将如何影响他人的参数，就越需要增加横向责任的界限。正如某位年轻程序员在合作工程中向我们解释的那样："在这家公司，我对所有依赖于我的人负责。"

组织性失调

多个绩效标准

NetKnowHow 等差异化组织的问责方向是横向的，但其问责逻辑并不是单一的。有些组织的评估原则是在多个领域运作的。如果说合作工程是一项务实性活动，需要确定所有环节如何组合在一起，那么它还涉及了评估其表现的话语活动。

你建立了一个能运行的网站，但是随着更多网站的建立，你不能仅仅因为你的网站能运行而将自己的网站和他人的网站区别开来。你认为自己的网站表现更好，就必须紧接着详细说明自己网站的性能标准。[1] 你说你正在做一个有价值的产品，这引出了产品有什么价值以及为什么能有这种价值的问题，因此你不能压制关于评价原则的讨论，而仅仅指向语用框架。

价值问题——工作价值和工作成果的价值——是网站项目的核心。在 NetKnowHow，一些价值标准赢得了所有群体的广泛认可。正式证

---

[1] 关于流行音乐领域表现标准的精彩分析，参见 Antoine Hennion, "Baroque and Rock: Music, Mediators and Musical Taste," 1997。

书不重要,实际技能才重要。毫不奇怪,在 NetKnowHow 这个基于项目的组织中,与他人合作的能力理应受到高度重视。这种能力有几个组成部分:第一,在极度紧张的快节奏环境下与他人相处的能力。[①] 能了解他人做出的暗示,在交流中打断对方的时机和方式恰到好处,这是该领域的相关技能之一。第二,传递知识(不论是直截了当地还是心照不宣地)给他人的能力。第三,也是最普遍的,快速解决问题的能力。和个人的绝对或相对知识一样重要(对有些人来说甚至更重要)的是学习新技能和知识的速度,以及重新思考和解决问题的能力。不论是在实践团体内还是跨实践团体,"快速学习"都受到了同事们的高度重视。[②]

但是,并非所有价值标准都是得到公认的。在 NetKnowHow,不同的实践团体在价值观念和绩效衡量上是有差异的。在我们对以下四种此类逻辑的原则总结中,**黑体术语**是员工写给同事的书面评估中的高频词以及我们与他们现场对话记录中的高频词。

编程的逻辑。优秀的程序员首先要做到逻辑合理,优秀的网站也必须以同样的标准来评判。当程序表现良好时,它会提高速度、效率和准确度;优秀的网站也必须如此。优秀的程序员可以翻译——用分类和分层的计算机代码语言来实现某个功能。优秀的程序员能够理解程序的深层结构、怪异之处和个体特征。当他说话时,他代表的不是其他程序员,而是程序。质量保证测试和其他测量网站速度、效率、安全性和可靠性的工具是合理的价值测试与证明。

设计的逻辑。有价值的设计师必须了解感知过程,而优秀的网站必须使用符合这些过程的图形提示。当设计师表现出色时,他会发挥创造力,设计结果将是令人兴奋和刺激的。优秀的设计师同时也是优秀的翻译——将自己脑中的构想翻译成可视化、直观和互动性的语言。在工作中,他与其他设计师、客户和用户进行视觉上的对话。当这项翻译工作取得成功时,它与想象力是密不可分的,因为客户和用户不仅活在现实与虚拟世界中,同时也活在想象世界中。设计师的翻译使所有这些东西建立起了多种联系——在此过程中,它使客户的自我形象和用户的自我

① 作为学者,我们可能会认为这是一种集体尊重,但这会误解近距离工作的物理维度。想象一下 5 个人一起在像你办公室一样大小的空间内工作,如果你有一个大办公室,那就想象成有 10 个人,然后你就明白了。

② 2000 年,NetKnowHow 启动了对所有员工的正式评估。每位员工可以为 5 位同事撰写评语。"快速学习"是最常提到的积极品质之一。

形象建立了联系。利用交互和视觉功能,设计师创造了整体"外观和感觉",网站借此实现了预期的效果/影响并传达了品牌体验。必要情况下,设计师有权与客户争辩,前提是他以品牌支持者的身份发言。赢得客户、受众和竞争是对价值的合理证明。

信息架构的逻辑。优秀的信息架构师必须了解认知原则。成功应用了这些原则的网站将具有清晰、简单,以及最重要的可用性的特点。优秀的网站通过创造符合认知的导向性路径来传递信息。信息架构师的活动是有价值的,因为这些活动是基于使用数据来理解用户行为的研究而展开的。在与项目其他成员(包括客户)讨论时,信息架构师是站在用户的立场。用户生活在通过工具访问的信息世界中,其中一些工具更适合用户去尝试执行任务,而另一些则不太适合。"转换率"以及其他关于用户活动的统计指标是对网站性能的合理测试。

推销的逻辑。优秀的网站是能促进产品销售的。要做到这一点,优秀的在线销售会借助建议的作用。消费者生活的世界充满了渴望,因此他们愿意接受建议。从销售的视角来看,网站的娱乐性比信息更重要,让客户感到惊喜比搜索更重要,广告植入比导航更重要,愉悦性比实用性更重要。衡量产品销售与库存之间相对比例的指标能够证明价值所在。

NetKnowHow 的各个实践团体都清楚坚定地表达了它们各自的绩效标准。在我们谈论友好竞争时,"我们大喊大叫"这一短语在对话中反复出现。讨论可能是非常激烈的,特别是当某些价值证明①在支持者们看起来一目了然的理论框架外没有立刻得到识别时。例如,一流设计师将一流的信息架构师对用户行为展开的统计研究形容为"随意的",对此对方反击说这恰好是证明该设计师"不理性"的又一案例。

尽管他们偶尔发生冲突,但由于主导模式是相互说服而非相互指责,他们的相处氛围总体是温和融洽的。因为每个实践团体的观点都只占少数,因此每个团体都试图拉拢他人或主动加入别的团体以证明其绩效标准的合理性。在不断调整②的过程中,人们通过公开发言来寻找盟友。

我们看到这个过程在起作用,例如,在 NetKnowHow,关于谁可以

---

① Luc Boltanski and Laurent Thévenot, *On Justification: The Economies of Worth*, 2006.

② 参见 Bruno Latour, "Powers of Association," 1986。

代表"用户"发言的竞争性要求的争论持续了数月,直到我们结束实地研究时仍未停止。这种情况是由信息架构师引发的,他们认为自己在了解用户这个问题上特别有发言权。他们希望每个团队都可以关注用户表现,并且保持各自对用户的定义,他们可以将自己的绩效标准提升到所有团队都信服的特殊地位。信息架构师的战略起初取得了成功:因为他们援引"用户"的做法确实传遍了整个公司,我们在正式和非正式讨论中越来越多地听到这一话题。

但该策略也给信息架构师带来了始料未及的结果:每个部门都开始不听从信息架构师的意见,而是明确表达自己对用户的定义,其与该部门的价值体系和绩效指标保持一致。也就是说,每个团队都形成了自己独特的主张来代表用户的立场。因此,以前似乎站在商户立场的销售专员组织了研讨会,在会上引用了另一组调查结果,表达了用户是"消费者"的观点。同样,该公司的一流设计师,作为真正最关注信息架构师研究的人,为嘲笑过他们"不理性"的信息架构师做了辩护,指出这些统计研究是在网站发展的特定阶段进行的。在各种不同的环境中,他们提出了网站发展的不同的新方向,以此证明这些发现是会过时的。而且,连程序员都开始在和其他团体的互动中表达自己对于用户的理解,更温和但又十分有力。

这种争论对 NetKnowHow 这样的公司来说至关重要。如果公司只采用单一的绩效标准,那么随着行业和网站的发展,该标准将无法灵活变通。因此,即使是我们尚未提及的原则——赢利能力,其本身也并没有胜过其他评价原则,因为持续的赢利能力本身是基于预测新发展和识别新绩效标准的能力的(新绩效标准用于评价设计巧妙和运行良好的网站)。容忍,甚至鼓励这种友好竞争是创新的源泉,能引领新兴行业对价值的追求。

建立网站,达成和解

合作工程是种话语语用学。这是一段正在进行的对话,同时也是一项非常实际的活动。我向你介绍自己的工作情况,以便你将我的问题和目标纳入你的工作中。我们负责让事物运转。我们需要相互沟通以顺利完成工作,但是为了完成工作,我们需要立刻停止讲话并开始工作。我们给出理由,解释理由,但却是出于不同的理性。与其说我们结束了争论,倒不如说我们中止了争论。为了建立网站,我们达成了和解。

　　网站的建立和网站项目之间的和解存在一些共同点，尤其是因为这两种动态都是递归的。作为行业前沿，网站正在经历和解的过程。[①] 网站不仅仅建成了，而且还是在和解中建立起来的。外观得到重塑，通过轮廓识别结构。我们可以将电商网站与门户网站、信息网站区别开来。这样事情就圆满解决了。

　　对网站项目成员来说，建立网站的过程使事情也得到解决。在非常低水平的劳动分工中，一些专业界限也随之形成了。我们可能会从信息架构师中找出商业策略师中的平面设计师。事情得到了解决，人们也各安其位。他们找到了跨界分工和管理的方法，从而在许多问题上达成了一致。

　　但是你不能在人体工程学的椅子上仰坐太久——因为，不像现实景观上的定居点，网站上的事物是不可能一直静止不动的。建立在数字环境上的架构缺乏实体结构的持久性。陆地上废弃的仓库被木板围住，遗落在不毛之地，直到它遭到破坏或升级成豪华公寓。网络中废弃的网站显示为代码 404——"找不到文件"。人们可以轻松摧毁旧网站，建立新网站。改造网站则需要做更多的工作[②]，但一般来说，在数字媒体中运行时，重新组合形式的过程迅速得引人注目[③]。因此，就在我们认为我们可以轻松理解电商网站、门户网站和信息网站之间的差别时，这些网站却彼此融合，模糊了原先的差异。美国在线公司的附属网店开始同时经营门户网站，雅虎门户网站增加了电子商务的功能，我们可以通过雅虎访问主流电商网站亚马逊，获取商品信息及其线下商店地址。问题可能正在渐渐解决，但不是以一劳永逸的方式。

　　各种网站项目的经历大致相同。有时各方在实际上达成一致。但常见情况是，他们不是达成协议，而是达成和解。就像这术语本身及其在法律和地点层面的含义一样，我们在 NetKnowHow 的受访者通过以

---

① 关于和解，参见 Pablo Boczkowski, *Digitizing the News*：*Innovation in Online Newspapers*，2004。该书对网络报纸有十分丰富和深刻的分析。

② 当我们从破坏（在网络方面几乎没有成本）转向改造时，与实体建筑和景观进行类比是有优点的。像雅虎、亚马逊以及其他主要在线零售商等只能通过大量投资重建。像新闻杂志一样，它们可以定期得到美化设计，但是改变其形式和功能却是充满困难的重大行动。你只需访问 Deja.com 即可亲眼见证灾难。

③ 即使是在数字环境中，相对稳定会出现，因为投资是以多种形式存在的。类型形式是可塑的但不是无限可塑的。关于投资形式，参见 Laurent Thévenot, "Rules and Implements：Investment in Forms," 1984。

下方式达成了和解：第一，通过对不参与争议的其他主体提出明智诉求；第二，通过高度本地化的实践。当大相径庭的价值体系在同个项目内发生冲突时，它们有时通过偶然妥协（通常通过对项目领导的呼吁）和"相对化"（通过向客户提出呼吁）来解决。在相对化中[①]，分歧各方可以坚持各自的原则立场，他们只愿意接受"局外人"选择的结果。"所以，事情已经解决了，对吗？"项目高度本地化的做法——如此局限于空间和时间——进一步推动了问题的暂时解决。在如此紧张的地方工作，人们必然会产生亲密感和一定的宽容度。在这里，一切都受到监听，所有人都在监控着谈话内容和说话语气，当事情陷入徒劳无功的僵局时，项目团队成员们也尽量控制着说话的音调："好吧，让我们解决这个问题，重新开始。"为了赶上项目的截止日期，可以暂时搁置分歧。毫不奇怪，就像网站环境一样，这些和解大多是临时性而非永久性的。由于时间和空间有限，在项目中只能达成临时和解。

话语实用主义与充分摩擦

　　项目和解的临时性特征是话语实用主义的一种表现。实用，因为临时和解有可能完成工作。话语，因为临时和解在前后两个项目衔接时可以得到重新解释。

　　因此，我们认为差异化组织中的合作要比项目内的协调更为复杂。无摩擦协调意味着每个人都有着同样的绩效标准。这可能会使项目经理工作更顺心，但也会抹杀创造性摩擦[②]，而创造性摩擦正是活力的来源。尽管和解促进了项目内部的协调，但是令人不安的持续性争议使我们有可能及时适应不同项目的网站导航变化。

　　对于传统的组织分析，基于项目工作的主要挑战之一是如何保存在某个项目中学到的、能为未来所用的知识。当项目是生产的基本部分时，公司应该如何将知识保存为某种形式，使其可以从一个项目转移到另一个项目？我们在 NetKnowHow 观察到的是，话语语用学的实践解决了一个与众不同但同样具有挑战性的问题：对处于高度不确定和快速

---

① Boltanski and Thévenot, *On Justification*, 2006.

② John Seely Brown and Paul Duguid, "Organizing Knowledge," 1998；John Hagel III and John Seely Brown, "Productive Friction：How Difficult Business Partnerships Can Accelerate Innovation," 2005.

变化的环境中的组织而言,挑战的关键不在于如何保持知识的完整性和可转化性,而在于如何实践,从而避免就所掌握的知识故步自封。对这样的公司而言,如果知识可以重组,那它就是有价值的,因为新知识是通过重组实践创造的。定义明确的问题可以借助公司积累的知识解决,但是创新面临的真正挑战不是解决已发现的问题,而是预测并产生新问题。竞争性绩效原则之间的摩擦从未完全消除,因此它会在组织的生命周期内周期性复活,从而不能保持知识的完整性。相反,多个评估框架间的摩擦挑战了既定思维,将知识拆分,以便于其创造性重组。从不同角度评估绩效有助于促进组织反思,这不是在某个专门的或特定的地方,而是遍及整个组织。

因此,这种通过话语语用学而实现的复杂协调,与循环边界对象的无声协调是有所不同的。① 斯塔尔和格里塞默提出了"边界对象"的概念来解释不同主体之间的协调。在关于自然历史博物馆的研究中,他们发现协调的实现是因为物体——例如地图和标本——在不同参与者之间传播。斯塔尔和格里塞默明确指出不同群体在这些物体上不存在共同属性。相反,不同群体以不同方式来识别这些物体。尽管斯塔尔和格里塞默并没有使用这个术语,但是我们可以将他们的研究视为组织环境中关于误解的一个经典案例。无声循环的边界对象可能有助于协调工作的开展,这恰恰是因为主体没有就理解这些边界对象达成一致。②

那么 NetKnowHow 的情况存在什么相似性和差异性呢?差异性,源于大家都对那里发生的事情有所耳闻。协调明显是话语上的协调;人们不仅就外围事物争辩,而且从原则上争辩;他们给出理由并进行辩护,试图劝说他人重视他们自身所重视的东西。相似性源于 NetKnowHow 的各种参与者之间的更深层次协调也是出于误解和缺乏一致性。

社会学家(这里讲的是我自己的学科)倾向于认为,是分歧导致了冲突,而共同理解可以促成合作与协调。NetKnowHow 的程序员、信息架构师、互动设计师和销售专员则教会了我们一些与众不同的东西。诚然,正如我们已经表明的那样,他们需要消除彼此之间的分歧以赶上项目截止日期。但是,正如我们也已经表明的那样,这些和解是暂时的,背

① Star and Griesemer, "Institutional Ecology".
② 皮特·L.盖里森表明微观物理的活力源于仪器、实验和理论文化之间缺乏一致性(Peter L. Galison, *Image and Logic*: *A Material Culture of Microphysics*, 1997)。本书在第五章中详细阐述了误解的创造性作用。

后是深刻的分歧和误解，这将在下个项目中再次出现。程序员、互动设计师、商务策划师、信息架构师和销售专员从来没有同意彻底"消除彼此之间的分歧"。如果公司的报告结构是扁平化的，那么 NetKnowHow 竞争价值框架的结构绝不是扁平化的。可以肯定的是，合作部分有赖于共同理解，但适应过程中所需的更复杂的协调则是由价值框架的竞争产生的，这些价值框架既不是共有的也不是普遍的。

NetKnowHow 是个充满活力的社交空间，因为它的员工总是各抒己见。虽然每个人都说英语，但是我们甚至可以说来自各个学科的人并不总是说同样的语言。多元化是组织的一个共同特征。因此，我们在 NetKnowHow 的观察与约翰·帕吉特和克里斯托弗·安塞尔对佛罗伦萨文艺复兴时期科西莫·德·美第奇的多元性研究产生了一些共鸣。[①] 他们认为，科西莫在佛罗伦萨的网络结构中占据了独特地位，因为他是唯一一个与无关联的社会团体有联系的人。出于这一立场，科西莫可以声称不同团队有不同属性。也就是说，对于同一句话可能会有不同的理解，因此，与斯塔尔和格里塞默的边界对象是一样的，话语得以传播出去（科西莫作为企业家可以从中获得收益）的原因正是人们选择性地误解了它。

在 NetKnowHow，我们看到多元化以不同方式运作着，不是因为它所处位置的特殊性质（因其处在多个网络的唯一交叉点而在结构上享有特权），而是源于组织的固有性质。企业家精神的出现并没有消除不关联主体之间的分歧，而是存在于各种主体及其竞争价值顺序频繁互动的网络上。它们之间的摩擦可能是频繁而多样的，因为协调复杂事物是我们共同价值观的功能，或者说是我们共同语言的功能，也是我们所产生的创造性误解的功能。

结　语

2000 年的下半年，硅巷的处境不容乐观。富有魅力的新媒体公司通过早早地首次公开募股而投身于互联网淘金热，迅速取得了成功，并将飙升的股票价值（在短短几个月甚至几周内从 12 美元飙升到 120 美

---

① 　John F. Padgett and Christopher K. Ansell，"Robust Action and the Rise of the Medici," 1993.

元)与自身价值相挂钩,现在它们发现将市场作为其价值的衡量标准,可能容易低估或高估公司实际的业绩价值。在 1998 年和 1999 年以文化冲突为理由拒绝客户的人,如今却发现自己是在可能性最渺茫的地方推销。那些人希望自己的声誉——证明自己是能在截止日期前贡献价值的能干专业人士——能够帮助自己渡过难关,现在却发现自己正在拼命争夺客户,而客户不仅数量少,而且在投资互联网服务方面暂时表现得更为谨慎。

NetKnowHow,就像大部分硅巷创业公司一样,在上市互联网公司股市大规模贬值后的经济崩盘中没能存活下来。[①] 虽然它采取了一系列痛苦的裁员手段来设法维持运营,比许多规模更大、资金更充足的公司坚持得更久一些,在有段时间它似乎还是纽约少数几家有望度过危机的新媒体公司之一,但最终它还是被某家公司收购了,几个月后,那家公司也宣告破产了。

讽刺的是,破产的开始是在 2000 年初春,当时 NetKnowHow 的两位所有人向员工们宣布他们打算进行首次公开募股。在外部风险投资者(VC)的支持下,他们打算让公司上市。他们在某个周五下午的派对上向大家介绍了 VC,然后宣布上市计划,做了首次展示,详细介绍了关于员工优先认股权的政策。然后他们打开了香槟,提高了音乐音量,但员工的情绪,特别是 NetKnowHow 工作时间最长的核心员工的情绪,却远不像是过节庆祝该有的样子。

尽管上市和对优先认股权的承诺看起来像是所有新媒体工作者的梦想,但明显"老"员工并不开心。一方面,当时的时机完全错误。但另一方面,抱怨主要在于,NetKnowHow 的所有人从公司建立起,一直到几个月前都在和他们共事,总是对他们承诺永远不会让公司上市。每个员工进公司面试时都有听说过这个承诺,在他们收到其他公司的录用通知时,该承诺也在公司和他们的挽留协商中反复提及。反过来,新媒体员工将这一承诺纳入了他们向新员工讲述的"NetKnowHow 文化"中。但现在公司的所有人却违背了这一承诺,核心员工——基于他们在公司工作的工龄,正是那些从优先认股权兑现规则中受益最多的人——正在

---

① 硅巷的差异化公司或多或少会失败吗?即使你可以区分差异化公司和更传统的公司,你也没法对这个问题给出有意义的回答,因为因变量的变化太小。也就是说,在成千上万的纽约新媒体公司中,几乎所有公司都失败了。很可能,这种潮汐比例的"创造性破坏"清除的不仅是不好的公司,还包括具有良好业绩和强大增长潜力的公司。

重新思考他们与 NetKnowHow 之间的关系。

要想理解这种失望，准确来说是苦涩的情绪，我们就必须要明白在 NetKnowHow 这样的公司工作面临的困难和做出的牺牲。要说这里的工作要求严格，那就只说对了一半。这里的工作时间很长，特别是在项目快结束时的赶工期，而额外的福利——比如公司花钱找个专业女按摩师来给程序员做背部按摩，或者叫辆豪华轿车在深夜两点的时候送刚下班的交互设计师回家——只是小小的补偿而已。漫长而且严格要求的工作时间经常出现在我们的谈话中。比如，一名叫梅格的年轻商务策划师，曾经和我们坐在一起聊天。那会儿莫妮克和我正在翻看日历，商量与孩子老师见面的时间。"你的意思是说一次真正的家长和教师之间的见面吗？"梅格问道。是的，我们答道。梅格听到后长呼一口气，说："我现在离这一步可还远着呢。"梅格的强调说明了不仅仅是代沟的问题。她现在已经 28 岁了，很多人在这个年龄都已经成家了，或者，对和她年龄差不多的职场女性来说，至少要开始认真考虑成家的问题了。梅格解释说，在她人生的这一阶段，根本就不可能考虑成家。她要面对漫长的工作时间，而在名义上存在的下班时间里，"娱乐"常常意味着另一种形式的工作，比如参加新媒体聚会，或者一夜之间连去多家夜总会，在那儿培养"人际关系"，许多像梅格这样的 NetKnowHow 员工正在"搁置"自己的个人生活。

NetKnowHow 的员工明白自己要为工作做出的牺牲。让我们最感兴趣的是，这些年轻的专业人士只有在谈论他人时才最有可能表达出自己的担忧。"做些有益的事"是常见的临别狠话，以开玩笑的方式说出来。但几乎同样常见的是，我们也听到了什么是他们真正关心的东西。"你工作太刻苦了。""你得休息一下，离开一会儿。"我们每个人都注意到，有员工不止一次提醒与他从事同一项目的同事，她必须停止工作，关掉显示器，"离开工位一段时间"。我们问这位员工他为何坚持这样做，他告诉我们这不是由于工作草率或者时间紧张，而是出于对同事个人身心健康的关心："凯蒂对这个项目太上心了，她会夜以继日地工作。她似乎无法自我调节，主动告诉自己可以停下来休息了。因此我们必须时刻关注着彼此的状态。"

这种"互相关心"是相互而普遍的。也就是说，除了极少数例外，每个人都有像凯蒂这样无休止工作的倾向。要是知道有人在关心着自己的个人健康，他（她）将会非常努力。

　　因此，差异化形式，作为灵活制度[1]，给予了"自我管理"问题新的含义。长期以来，工人的自我管理一直是有些社会主义工人运动的目标之一。有人认为工人可以管理自己的公司，虽然这一想法因为意识形态的原因而在南斯拉夫的非民主社会主义运动中偏离方向，从而失去了民众的信任，但在许多左翼人士的心目中，这仍然是积极美好的愿景。奇怪的是，极端扁平的等级制度和横向问责制竟然会在最发达资本主义经济的高科技部门中得到发展。需要明确的是，在硅巷没有人提到过自我管理这个词，但一直用不同的方式表述这个概念。

　　问题在于，横向问责制在情感上的要求很高。没有明确的自上而下的标准来权衡——因为你现在对许多人负责。而且因为你也对很多平行部门负责，甚至是对相互冲突的领域负责，最终所有责任都需要一人承担。像上一章中的匈牙利工人一样，新媒体工作者在自我管理团队形式下对内部支付系统进行反复试验，最终意识到了关于技能和努力的判断取决于自我评估，因此他们开始意识到奉献和努力的问题是高度个性化的，只有你自己才知道自己是否在竭尽全力工作，因此，自我管理就成了对自己个人的管理。如果你没有把自己的工作和生活分开，那么你的个性就成了需要管理的对象。[2]

　　因为这项任务很艰巨，如果它受限于唯我论的循环中，它就会瘫痪，因此你需要将部分责任转移给身边的人，依靠他们来帮你一起监控这个过程，甚至在他们察觉到你产生倦怠的时候，你需要及时控制自己。这样，差异化形式的灵活性就和高度个性化的参与联系在一起了："我们必须互相关心。"

　　公司宣告上市的决定重新振奋了员工们，提升了员工对公司的忠诚度。这些付出是值得的——但只能起到一定作用。如果现在他们的努力要在股票的报价上有所显示，那么现在核心员工会重新考虑自己的投资。他们一直知道自己并没有"拥有"公司，但从某种意义上说，他们又觉得公司是属于他们集体的。因此，当公司所有人宣布新的报价要求，提出新的监管变化，以此作为上市第一阶段的部分措施，核心员工们对引进更多等级制度表示了反对。在 2000 年春季的几个月里，两名年轻

---

① 特别参见 Luc Boltanski and Ève Chiapello，*The New Spirit of Capitalism*，2005。

② Andrew Ross，*No Collar：The Humane Workplace and Its Hidden Costs*，2003；Gideon Kunda，*Engineering Culture：Control and Commitment in a High Tech Corporation*，1993.

老板和新风险投资者承诺给予核心员工利润丰厚的优先认股权,试图以此赢得关键员工的支持,但却遭到了他们的拒绝。即使这意味着要放弃更高的收入,NetKnowHow 的员工们也不愿意"放弃我们一手努力建设起来的公司"。

虽然公司老板已经做出承诺,但因为遭到员工的抵制,首次公开募股从未真正实现过。2000 年夏季,当网络经济的泡沫骤然破灭时,这一想法就烟消云散了。也正因为网络经济的破灭,部分客户放弃了NetKnowHow,因为新投资者不愿投资新的网上零售企业。NetKnowHow 拥有强大的不同层次的客户群体,包括知名零售商,可将产品拿到网上销售,所以 NetKnowHow 可以通过裁员来设法维持运营。但随着越来越多的客户公司将新媒体生产引入公司内部,即便是这种裁员策略也难以为继了,这样公司也就在实际意义上解散了。

那么 NetKnowHow 的新媒体工作者在公司倒闭后发展得怎么样呢?幸运的是,对我们来说,要和他们中的许多人保持联系并了解他们的现状并不是件难事。我们聘请了其中两个人在我们的研究中心工作,一个是临时工,另一个是长期工,这对我们有所帮助。网络本身也起到了联络作用。通过在 NetKnowHow 的员工名单上搜索姓名,我们可以轻松找到他们中的许多人。其中不少人,不出所料,在技术和设计领域的博客上保持活跃。但是,追踪他们行踪如此容易的主要原因还是在于员工间的人际关系网本身是十分完整的。

随着 NetKnowHow 的解体,至少有四个团队成立了自己的咨询公司/网站制作公司。尽管这些团队在法律意义上有所区别,但是它们通过彼此之间密切的网络联系进行了组织上的整合。例如,一个以设计师为主的团队将软件开发任务分包给了另一个以程序员为主的团队,反之亦然。通过这种方式,每个团队都可以承接比其自身有限容量规模更大的项目。

正如彼此的依附关系对于相互关联的小企业而言至关重要,NetKnowHow 前员工之间强大的人际关系对于那些从事内部新媒体运营的人来说也非常重要,无论他们是为前客户还是其他公司服务。我们经常听说 NetKnowHow 前员工入职新公司后,给 NetKnowHow 人际网中的前同事也介绍了一份工作。人际信息流首先由雅虎的"NetKnowHow 团队"打造,之后在 Friendster 网站上建立起纽带,最近又被更专业的领英取代。例如,我们向项目经理亚伦介绍了一个网站,说这是道变形谜题。最近,亚伦查看了自己的领英人脉。在大约100个联系人的"内部圈子"中,他统计出了30多名NetKnowHow的前员工——还是在离开公司六年多之后。而且,这种联系是更为专业的。在我们的电话访谈和邮件交流中,新媒体工作者告诉我们他们有定期打牌和其他频繁的社交活动。有几位还表示前同事担任过自己婚礼的伴郎或伴娘。

在大多数情况下,NetKnowHow前员工仍然留在新媒体领域,但现在他们已经脱胎换骨了。公司倒闭后,有些员工攻读了硕士学位或接受了相关领域的专业培训。例如,三个项目团队的领导都获得了MBA(工商管理硕士)学位,并继续从事项目管理工作。一些没有选择创业的人则为NetKnowHow的前客户工作,首先从事与NetKnowHow开发的项目有直接或密切关系的项目,然后在前客户的新媒体部门内开发新项目。最后,硅巷不再是以前那条闪闪发光的康庄大道了。但随着光环的熄灭,新媒体从局部环境蔓延到了整个商业环境。随着员工的流动,他们将新组织形式的经验带到了金融、广告和营销的企业环境中。然后他们关于"用户"的争论很快又情景再现了,因为新的社交网站给他们带来了新的实验机会。

关于"新经济的灭亡",更有趣之处在于左、右翼专家庆祝其灭亡时的速度之快。《华尔街日报》等报纸中的评论文章总是对新媒体创业公司等新经济公司随心所欲的文化持怀疑态度,现在这些传统媒体感到大快人心,因为这标志着"真正的价值"和更为稳健的商业行为取得了胜利。有趣的初创企业时代已经结束了,现在成熟企业又重新掌握了主导地位。但是仅仅几个月后,安然和华尔街公司董事会的高层丑闻便会遭到揭露。左派对新媒体也持怀疑态度,甚至可能有点担心,像"规则全都变了,你要么乖乖接受,要么认输出局"之类的话正渐渐成为新媒体的口头禅。所以左派期刊几乎都在嘲笑新媒体的虚假革命者得到了报应。无论这经济是旧还是新,毕竟是资本主义性质的经济,对资本主义来说唯一重要的东西就是底线。

即使是出于同样的考虑,左翼和右翼在这个问题上达成一致的原因,仍然值得调查和探究。我并非为新媒体失败而导致的损失哀叹,毕竟其他人都在为之庆祝,只是觉得在"新媒体灭亡了"和"经济终于回归正常"这样的字里行间,有一些更令我感兴趣的东西。新媒体是否随着互联网热潮的枯竭而消亡了?可以肯定的是,虽然互联网泡沫破灭了,但是新媒体却已经得到了蓬勃发展。不同之处在于，在 20 世纪、21 世纪之交新媒体是一个独立的行业，但是如今它已经成为商业的代名词。

在研究 NetKnowHow 时，我必须考虑一个问题（因为我在研讨会上展示这一研究时人们常常问我这个问题），那就是我们的观察是否只具有非常有限的价值，因为我们正在研究一个处于早期、不成熟阶段的行业。一旦一切稳定下来，组织结构和过程看上去会有所不同吗？随着新媒体逐渐发展成传统行业，它的组织结构和过程会变得制度化吗？我们回答不出这个问题，在我看来这是个挺有趣的结果。也就是说，新媒体没有作为一个独立、传统或者其他行业而发展成熟。相反，从严格意义上来说，新媒体行业由于过度发展而失去了重心。如今几乎经济的每个分支或每个部分——教育、政府、报纸、广告、医院、交通、餐饮、电影、房地产、金融、工程、建筑、军事、重工业和轻工业，都有着互动媒体的社会技术。你当地的便利店或加油站可能没有自己的网站，但你的电工或水管工可能会有；如果你可以提前在网上浏览餐厅的菜单或装饰，那么你去某家餐厅的可能性可能会增加。此外，网站无处不在，这显而易见。更重要的是互动技术已经成为生产过程的重要组成部分——不论是飞机装配、手术，还是竞选活动，甚至是战场。①

现在要判断新媒体的命运是否——当我们看到它几乎无处不在时，它的命运显然不是灭亡——揭示了更普遍的新趋势，还为时过早。但我们有理由预见，我们继承下来的关于行业生命周期的观念——实验、成长、成熟、稳定、衰退——可能需要有所变革了。新技术在发展过程中，其改进过程不太可能始终一帆风顺，甚至可能会误入歧途，因为创新是通过和其他技术重组实现的。② 在新的重组领域，遗传密码、软件代码、语言代码和法律代码彼此交叉在一起，工业编码的清晰界限可能是最难辨别的。如果是这样，那新媒体就不是例外，而是新发展模式的先驱。

因此，新经济无论是存在还是消失，都会存在值得分析的问题。有效组织部门是实体网络而非独立公司，当可用的衡量标准全部围绕着公司有限的资产负债表时，评估该组织部门中基于知识的实践行为，仍将是一项挑战。横向协调的差异化结构将继续在与企业等级制度的艰难

---

① 在各种环境中，蒂莫西·勒努瓦一直在进行富有成效的相关研究。例如："The Virtual Surgeon," 2002；"All but War Is Simulation：The Military- Entertainment Complex," 2000；"Programming Theaters of War：Gamemakers as Soldiers," 2003。

② Brian W. Arthur，"The Structure of Invention，" 2007.

共存中持续运行。由于工人的自我管理涉及对自身的管理，所以对同事负责是一件极为不易的事情。因此，要在工作场所实现民主化，就必须解决这个难题。新通信技术的出现将继续破坏既有惯例的稳定性，合作组织将继续与交互技术共同发展，竞争和共存的评价原则将继续在冲突与争议中产生一系列成效。

第四章
套利交易室的认知生态学

与丹尼尔·宾萨合写

什么是重要的？面对来源丰富的海量信息，我们需要选择开展业务时所需的信息。没有什么问题能比证券交易员在量化金融时代所面临的问题更为棘手了。前所未有的收益使证券交易员可以更便捷地访问更庞大更多样化的数据库，同时前所未有的风险也使证券交易员要求数据具有更多更高质量的来源。这使得交易员淹没于大量虚拟信息中。面对信息过载，交易员的真正挑战不是更快、更高、更强——好像数据量的问题可以通过搜集更多数据解决，而且是选择重要的数据，并使之有意义。人们同时拥有的数据越多，优势就越会转移到那些更会利用数据的人手上。那么交易室是如何组织起来以理解要考虑哪些因素呢？

正如我们将要看到的那样，交易室是供交易者参与到搜索、发现、实验过程中的实验室。他们搜索的目标——价值——看上去似乎很简单，但正是争议所在。有人可能会说这个问题很简单：证券交易员是在寻找获利机会。但这马上就引出了一个更普遍的问题：人们是如何识别机会的？更具体地说，你是如何识别竞争对手尚未识别到的机会的？因此，在极端情况下，交易者寻找尚未得到命名和分类的东西。在这方面，他们面临的问题是在任何情况下创新都可能遇到的基础问题：当你不知道自己的搜索目标，一旦找到又能识别出时，你会如何搜索呢？交易室是如何组织起来参与搜索以识别机会的呢？

什么是重要的？这一问题也最简明扼要地表述了经济社会学所面临的挑战。在我们研究"什么是重要的"这一双重问题，也就是信息解释和价值判断的问题时，我们在对这些过程的描述中应该突出哪些组织特征？在回答这个问题时，我们的分析是从网络分析和经济社会学其他学派共有的基本主题——"市场是社会的"这一概念——开始的。① 但是我们论证了社会网络研究不应局限于研究人际关系，并且对这一观点进行了扩展和深化。因为社会是由人类及其非人类人工制品组成的，因此我们要做的不是研究"社会"，而是必须建立联系的科学——考察人与人、人与工具的关系。② 什么是重要的？工具是重要的。我们必须将工具纳入经济社会学家的研究范围。正如我们将看到的那样，计算不仅分布于社会关系中，还广泛分布在人和工具中。当我们说工具重要时，为了起到强调作用，我们的言辞会有所夸大。工具之所以重要，是因为它们是社会认知和社会技术网络的一部分。③

为了探索特殊的证券交易（称为套利）的社会认知和社会技术实践，我和丹尼尔·宾萨在大型国际投资银行的华尔街交易室④展开了民族志的实地研究。国际证券公司（化名）是一家总部位于美国境外的国际公司。它在纽约世界贸易中心有个大型办公室。这座摩天大楼里有个楼层几乎全是国际证券公司的股票交易室，里面有大约160位套利交易员以及后勤人员。从1999年到2001年，我们就是在这里观察交易活动，采访套利交易员的。就像匈牙利的工人和硅巷的新媒体工作者一样，这些华尔街交易员兢兢业业，因为他们反思自己工作的本质，同时也舍得在工作上投入时间。两年多的时间里，我们进行了60次为期半天

① Mark S. Granovetter, "Economic Action and Social Structure: The Problem of Embeddedness," 1985; Neil Fligstein, *The Transformation of Corporate Control*, 1990; Brian Uzzi, "Social Structure and Competition in Interfirm Networks: The Paradox of Embeddedness," 1997.

② Bruno Latour, "Powers of Association," 1986; Edwin Hutchins, *Cognition in the Wild*, 1995; Michel Callon and Fabian Muniesa, "Economic Markets as Calculative Collective Devices," 2005.

③ 这些混合术语无疑是不得体的，它们不该暗示工具是技术性的，而组织是社会性的。工具是社会的一部分，不具备技术性的人类组织也是不存在的。同样，认知不仅是在大脑内发生的心理学行为。因为认知是社会的，所以社会认知包含了工具，但又从来都不仅仅是工具。

④ 交易室不同于交易大厅。可能许多读者都已通过晚间新闻的图像画面熟悉了交易大厅（例如纽约证券交易所的交易大厅或芝加哥期货交易所的交易场所）。交易大厅汇集了代表不同交易公司的交易员或经纪人，而交易室通常只有来自一家公司的交易员，他们在这里执行交易所的交易活动。有关交易室组织的大型样本方法，参见 Srilata Zaheer and Elaine Mosakowski, "The Dynamics of the Liability of Foreigners: A Global Study of Survival in Financial Services," 1997。

的访问,对该交易室十个交易柜台中的三个进行了细致观察,跟踪它们的交易活动。在调查的最后一年,丹尼尔更为正式地融入了该交易室——他分得了一台电脑、一部电话和一个工位,他可以很方便地走到交易室的任何地方。在整个研究过程中,我们定期进行深度访谈来补充观察结果。

我们讨论了社会学家在研究金融量化革命时使用的主要分析策略的洞察力和局限性。在下文中,我们提出了套利社会学,认为套利通过建立证券之间的联系而得以实现,是一种独特的交易策略。我们认为,与价值投资和动量投资相反,套利涉及联系的艺术——在不同资产间构建财产等价(可比性)关系。套利交易中所发生的特殊估值,并不是基于基本特征或相关特点,而是基于使某事物成为衡量标准的行为——使不同证券彼此关联。有争议地说,在高科技资本主义金融的缩影之下有种敏感性,它是如此后现代化,甚至能使学习比较文学专业的人相形见绌。在后文中,我们分析了交易室是如何组织起来以识别机会的。首先,我们观察了交易室的空间布局是如何增进交易员日常社交活动的。其次,我们研究了这些交易员是如何分到专门的部门,每个部门都具有独特的金融工具和模式识别的评估指标。接着,我们将交易室视为由多个部门组成的整体来进行考察,探索这种具有多元评价原则的生态环境是如何促进交易员的认知实践的。最后,我们将交易室视为工具的集合进行考察,探索社会认知与社会技术是如何相互交织在一起的。

研究量化金融

伊斯特凡·福尔考什站在他"办公室"布满油污的地板上欢迎我们;而新媒体工作人员在独立乐队喧闹的流行曲中迎接我们的到来,他们的工作场所地面铺的是硬木地板,空间显得十分拥挤;国际证券公司交易室经理欢迎我们的地方却像是豪华酒店的大堂,装饰色彩柔和,背景音乐轻柔。对几十年前就从证券交易行业退休的人而言,这个交易室的建装潢和氛围都是陌生的。要了解这些变化,请参阅汤姆·沃尔夫在《虚荣的篝火》中对于 20 世纪 80 年代典型华尔街交易室的描写:

> 路过假壁炉时,你会听见不敬的咆哮声,就像是一群暴徒的咆哮……皮尔斯公司的债券交易室。这地方很大,可能有 60 英尺宽,80 十英尺长,但天花板却仅有 8 英尺高,都快碰到人的头了。这空

间真令人压抑，还有眩目的强光、扭曲的剪影……年轻人的手臂和身躯……他们一大清早就焦虑不安，满头是汗，不停地来回走动，大喊大叫，发出阵阵咆哮声。①

国际证券公司的套利交易室倒是没有这种像锅炉房一样的景象。观察者看到的不是低矮的天花板，而是高高的天花板和巨大的开放空间，里面放满了一排排的办公桌、电脑，交易员在其中工作。观察者听到的不是咆哮声，而是交易员沉浸于数百个屏幕上闪烁数字时所发出的嗡嗡声。观察者看见的不是压抑的空间，而是宽敞的走廊、墙上优雅的水彩画和曼哈顿引人驻足的优美风光。观察者看见的不是情绪激动的交易员，而是穿着商务休闲服装的交易员，拿着咖啡悠闲地在交易室里转悠。我们看见的不是手忙脚乱的交易员，而是交易室中心附近显眼的地方的大白板，有人在上面匆忙而又潦草地写下了方程式和公式。交易室里面没有假壁炉，而是充满了非人类的"智能代理"——执行自动交易的计算机程序，交易员称之为"机器人"。

汤姆·沃尔夫所准确描述的 20 世纪 80 年代喧闹的华尔街交易室，与我们在国际证券公司的套利交易室所发现的近似学术氛围的场景，前后的差异可以作为研究线索，表明证券交易在中间的几十年里发生了一些变化。我们可以将这种差异看成在此期间席卷金融世界的"量化革命"的产物。我们认为量化金融的特点是连通性、知识和计算的独特组合。在这三个维度上，金融是它们的领导者；正是这些因素的组合成就了量化革命。1971 年纳斯达克的成立，意味着华尔街早早拥有了电子市场。随着 1980 年彭博数据终端的发展，投资银行的交易员比其他专业人士更早地在包罗万象的计算机网络中彼此连接。随着 1973 年布莱克-斯科尔斯公式等金融衍生品定价公式的发展，交易员有了强大的数学工具。随着计算能力的迅速发展，交易员能够将这些公式与强大的计算引擎相结合。将数据输入这些公式，用计算机进行计算，再通过电子网络将它们联系起来，这样的爆发性组合带来了向量化金融的决定性变革。② 因此，今天的金融是数学的、网络的、计算的、知识密集型的。我们专注于套利，是因为这一交易策略是这种强大组合的最佳代表。

---

① Tom Wolfe，*The Bonfire of the Vanities*，1987，p. 58.

② Nicholas Dunbar，*Inventing Money：The Story of Long-term Capital Management and the Legends Behind It*，2000.

迄今为止,社会学家在研究现代金融时使用的主要分析策略一直是关注量化革命的某个关键成分。从这一角度看,克诺尔·塞蒂纳和布吕格尔的研究[1]可以作为一个案例来学习,该研究分析了量化革命的主要趋势——电子市场的兴起,认为电子交易改变了市场参与者和物理空间之间的关系。他们的工作是开创性的,因为他们认识到,电子交易员屏幕上的数字并不代表其他地方的市场;相反,市场是"展示"的。就像即时对话(但是又不像电影或电视节目之类的东西),电子市场构成了屏幕上的现实,但却没有屏幕外的对象,这对量化金融的实践具有重要意义。就像交易室里的交易员目不转睛地盯着其他交易员一样,克诺尔·塞蒂纳和布吕格尔发现货币交易员的眼睛也目不转睛地盯着屏幕——在这两种情况下他们盯着的其实都是市场。因此他们断言,电子市场将市场带到了交易员的屏幕上,促使交易员从"面对面的世界"转向"面对屏幕的世界",从而导致了"物理环境相关性的降低"。

克诺尔·塞蒂纳和布吕格尔关注的是金融互联互通的兴起,而麦肯齐和米洛关注的则是量化革命的另一阶段:数学公式的兴起及其对交易的影响。[2] 他们认为,与其说现代金融的数学公式代表了市场,倒不如说它是构成网络(也是由人、计算机、思想等组成的)的一部分,该网络按米歇尔·卡隆[3]所理解的那样干预市场。如果使用模型能增强它的预测能力,那该模型就是可执行的。由于这种"可执行"的例子不仅反映了现实,也构成了现实,因此麦肯齐和米洛指出了布莱克-斯科尔斯公式对于预测与确定芝加哥期权交易所期权价格的作用。

这两项研究很好地做了相互补充:克诺尔·塞蒂纳和布吕格尔研究了电子交易的网络互联互通,但完全忽略了公式的存在;麦肯齐和米洛则研究了公式的作用,但忽略了电子交易的互联互通。但如果我们要了解现代金融时代下交易活动中的组织,我们就必须研究量化革命的三大支柱:网络互联互通、数学公式和计算。正是这三者的组合给予了现代

[1]　Karin Knorr Cetina and Urs Bruegger, "Global Microstructures: The Virtual Societies of Financial Markets," 2002.

[2]　Donald MacKenzie and Yuval Millo, "Negotiating a Market, Performing Theory: The Historical Sociology of a Financial Derivatives Exchange," 2003; Donald MacKenzie, *An Engine Not a Camera: How Financial Models Shape Markets*, 2006.

[3]　Michel Callon, "Introduction: Embeddedness of Economic Markets in Economics," 1998. 关于执行性,特别参见 Donald MacKenzie, Fabian Muniesa, and Lucia Siu, eds., *Do Economists Make Markets? On the Performativity of Economics*, 2007。

套利的研究——最有力地(以及迄今为止最有利可图地)利用了数学和现代市场工具的机器的交易策略——这一分析手段。

但是当我们从这些研究的局限性出发时,我们抓住的机会不仅仅是把它们各自研究的部分作为一个整体来考察。在克诺尔·塞蒂纳的流通信息和麦肯齐的扩散方程中,我们几乎没有发现关于交易员面临的核心问题的信息——那么交易员是如何识别机会的呢?我们认为,交易员的做法是将交易室变成实验室,开展实验,部署一系列工具来测试市场。在计算价值的实践中,他们构建了等价关系,得到了一些机会;工具在其中发挥了重要作用。计算活动遍布在人类和用于执行交易的非人类媒介与工具上。但是,如果计算活动涉及了数学和量化金融的机器,那么这个过程,即使是自动的,也(正如我们将看到的)远不是机械化的;在这一操作层面上,计算活动还涉及了判断过程。而且,计算活动并不是客观的;虽然交易员在情感上对任何交易都不偏袒,但为了持仓,交易员必须高度依赖评价原则及其附属工具。在套利领域,必须有原则才能进行投机;也就是说,必须坚持某种评价尺度。

我们关注识别价值的问题,这使我们将克诺尔·塞蒂纳、麦肯齐及其共同作者所确定的动态考虑在内,但却从中得出了截然相反的结论。对克诺尔·塞蒂纳和布吕格尔而言,用屏幕上的"全球微结构"来置换物理场所的原因在于信息流通的速度不断提升。我们最初也将自己的研究环境视为充满着全球即时信息的世界。通过观察娴熟的金融衍生品交易员,得出量化未知规模的公式,我们希望能够划分出一个纯信息的世界,作为区分其他计算环境的基准。而且,是的,我们生活在信息爆炸的世界,信息传播速度令人眼花缭乱。但经过数月的实地考察后,我们开始意识到,越来越多的信息可以即时传递给几乎所有市场参与者,更多的战略优势从信息经济转向了解释社会认知过程。[①] 正是因为所有竞争对手都能获得同样的信息,所以我们研究的交易室的盈利(比行业平均利润高得多)并非来自获取比竞争对手更好更及时的信息,而是来自在交易室中培养解释团体。

同样,我们也从麦肯齐和米洛那里学习公式传播是如何塑造市场的,现在我们接着问下一个问题。如果现在每个人使用的都是一样的公

---

① Karl Weick, *The Social Psychology of Organizing*, 1979; John Seely Brown and Paul Duguid. *The Social Life of Information*, 2000; Gernot Grabher, "The Project Ecology of Advertising: Tasks, Talents and Teams," 2002.

式,那么怎样才能让所有人都获利?公式在市场交易中的传播和影响越是广泛深入,每个人的利润就越依赖于原始绩效。也就是说,利润转向了创新。公式与信息一样(你必须拥有它,但它本身并不会给你带来什么优势),传播得越是广泛,就越是需要有所创新。

那么是什么促进了解释和创新活动呢?只有在这种情况下才会出现答案:我们不再简单将交易室视为一个"环境",而是开始将这个特定区域的空间布局视为一个公式、互联互通和计算这三者组合之外的附加维度。在分析现代金融的独特工作方法时,我们发现它所在地的工作方法是不容忽视的。也就是说,尽管克诺尔·塞蒂纳和布吕格尔没有考虑到促进网络空间互动的物理场所,我们还是发现交易行为与交易室内交易员和工具的分布息息相关。

套利交易可以视为信息和速度的经济。在战争中驾驶战斗机也是一样的道理。如果没有必要的信息和速度,无论是交易员还是飞行员都无法顺利完成工作。但是,在不确定的市场环境中操作,就如同在战斗的迷雾中操作一般,需要有位置意识。[1] 正如我们将看到的那样,作为特定场所的交易室的布局,为这种位置意识的形成提供了社会空间资源。交易室是产生等价的引擎。这种联系是在原地进行的;也就是说,它们需要使用由在同一物理场所工作的人联系产生的金融公式。

套利交易者所面临的认知挑战——创新过程的核心挑战——是识别问题。他们当然必须善于模式识别(比如将数据与模型匹配等),但如果他们仅仅识别现有分类中自己熟悉的模式,那就不具有创新性了。[2] 创新需要另一种认知过程,我们可将其视为识别(创造意料之外的联系、重新概念化情境、打破禁锢)。

正如我们将看到的那样,交易室的组织(确实)已经准备好应对双重挑战:开发知识(模式识别)并同时探索新知识(认知实践)。[3] 交易室内每个部门(例如合并套利部门、指数套利部门等)都是围绕着独特的评价原则及其对应的认知框架、衡量指标、"光学"和其他专门用于模式识别

[1] 关于组织解释理论在军事中的应用,参见 Karl Weick and Karlene H. Roberts,"Collective Mind in Organizations: Heedful Interrelating on Flight Decks," 1993。

[2] John H. Clippinger,"Tags: The Power of Labels in Shaping Markets and Organizations," 1999.

[3] 我们从识别问题的角度重新解释了马奇关于组织学习的利用/探索问题(James G. March,"Exploration and Exploitation in Organizational Learning," 1991)。

的工具而组织的。也就是说，交易室是有着多样化、竞争性的评价原则的场所。正是这种异质性的相互作用带来了创新。

寻找优质套利或量化金融

在金融学教科书中，套利的定义是"通过同时在两个或更多市场交易以锁定利润"[①]。比如，如果纽约和伦敦的黄金差价超过了这两个城市间的运输费用，那么套利者可以通过在低价城市买进、在高价城市卖出而轻松获利。正因如此，古典套利既缺乏社会学意义，也缺乏经济学意义：它将各方面都相同的市场彼此联系在一起，这些市场只有一点是明显不同的，比如上面这个案例中的地理方面。将套利行为简化为毫无问题的操作，即将显而易见的事实（伦敦和纽约的黄金）联系起来，正如教科书中所说的那样，是双重误导，因为现代套利既不是显而易见的也不是毫无问题的。这一行为通过把意想不到的事相互联系起来而为人们提供赢利机会，同时也带来了承担巨额亏损的风险。

套利是独特的企业活动，它不仅利用了市场间的差价，也利用了多种评价原则的重合。套利者获利的方式不是发展出能派生价值的优秀方式，而是把握利用不同评价手段在整个经济的无数节点上产生差价所带来的机会。

两种传统交易策略，即价值和动量投资，已经受到了套利的挑战。价值投资是传统的"低买高卖"方法，投资者通过识别"内在"价值与当前市值不同的公司来寻找机会。他们的方式是研究公司年报、财务业绩、产品和高管，然后将分析得出的公司内在价值和市场价值进行比较。[②]价值投资者是本质主义者，他们认为财产具有真实、内在、必要的价值，独立于其他投资者的评估，他们可以通过仔细阅读这家公司的信息来更好地把握价值。价值投资者通过将公司的许多方面转化为抽象变量来反映它们——例如回报、增长、风险，用公式（例如贴现现金流）将它们融合成一个数字（"价值"）。他们坚持认为错误定价终将得到纠正——也就是说，足够多的投资者最终将"追上"内在价值并推动价格向其靠拢，为那些最先发现错误定价的人带来利润回报。

① John C. Hull, *Options, Futures, and Other Derivative Securities*, 1996.
② Benjamin Graham and David L. Dodd, *Security Analysis: Principles and Techniques*, 1934.

　　与价值投资者相反,动量投资者(也称为"图表专家")不再审查公司,而是开始监控市场上其他参与者的活动。① 与价值投资者一样,他们的目标是发现赢利机会。但是,动量投资者对发现股票的内在价值并不感兴趣。他们不再关注资产本身的特点,而是将注意力转向其他市场参与者,观察他们是否在抬高或者压低某个证券的价值。他们对新趋势时刻保持警惕,相信"动量"的存在,这是一种自我维持的社会过程,可以通过研究股票时间序列的模式发现。与价值投资相反,动量投资策略包括了在价格极高时买入,只要图表中的走向表明价格正在上涨。动量投资者专注于向量和方向,依此来绘制轨迹。就像时髦人士或夜生活社交人士到处寻找最时髦的俱乐部一样,他们从疯狂询问"大家都在买什么"中获取信息,借此预测热门投资目标,并赶在市场狂潮来临前脱身。

　　与价值和动量投资者一样,套利者也需要找到机会,例如证券市场定价之间的不一致。他们通过建立联系来发现机会。套利交易员并没有宣称自己有更强的能力来收集和处理固有资产的信息(像价值投资者那样),或者宣称自己有其他投资者正在做什么的更详细信息(像动量投资者那样),而是积极验证关于两个证券对应关系的想法是否正确。面对有市场价的股票,套利者寻求一些其他的证券——或者债券,或者综合证券,例如由一些股票组成的指数等——来与之相联系,并通过给某种证券定价的方式来给另一种证券定价。两种证券必须足够相似,这样它们的价格变化才能产生联系,但又必须足够不同,以使其他交易员无法事先察觉到它们之间的对应关系。正如我们将要看到的那样,假定的关系可以是高度抽象的。假定的相似性或共变性的力量是微弱或者不确定的,这减少了可进行交易的交易员数量,从而增强了潜在的赢利能力。

　　因此,套利是独特的交易策略。虽然价值投资是本质的,动量交易是外在的,但套利却是相关的。价值投资者将价值与内在价值挂钩,动量投资者追踪其他投资者的价值评估,而套利交易者则是通过将某个证券与先前和它无关或略微相关证券的性质或者属性联系起来,以此来确定其价值。

　　套利取决于以多种方式解释证券的可能性。就像试图创造出引人

---

① Charles Smith, *Success and Survival on Wall Street*: *Understanding the Mind of the Market*, 2001.

注目文学隐喻的作家一样，套利交易员将某只股票的价值与其他暂未定价的股票联系起来，通过将一个证券与另一个证券联系起来，从而突出了自己正在处理的财产的不同性质（属性）。[1]

价值投资者将公司的多种属性凝练成一个数字，与之相反，套利交易者拒绝对整个公司采取风险敞口。蓄意收购者购买公司是为了拆分公司，将其作为独立资产售卖；与之相反，套利交易者的工作更为彻底地拆分了公司。他们试图将不同属性分离出来。例如，他们没有将波音公司视为整体资产或者属性，而是认为它有一些属性（特点、品质），比如它是科技股、航空股、消费旅游股、美国股票、某个特定指数中的股票等。甚至更抽象的是，他们试图将证券的波动性、流动性、可兑换性、可索引性等属性——分离出来。

因此，虽然蓄意收购者拆分了公司的有形资产，但是现代套利者却拆分了证券的抽象属性。在实地研究中，我们发现套利者在积极塑造交易。证券有多种属性，但是套利者以狭隘的眼光，只关注其中的一两种，而从来不是全部。他们的策略是使用金融工程的工具来塑造交易，使风险[2]只限于交易员确信的等价原则。在从购买证券中分离出所需属性

---

[1] 在我们刚开始调查的时候，量化金融这一环境中似乎不可能找到专注于特性的主体。关于其他环境中的货物资格和经济学品质的理论探讨，参见：François Eymard Duvernay, "Coordination des Echanges par l'entreprise et Qualité des biens," 1994; Olivier Favereau and Emmanuel Lazega, eds., *Conventions and Structures in Economic Organization*: *Markets, Networks and Hierarchies*, 2002; Michel Callon, Cecile Meadel, and Vololona Rabeharisoa, "The Economy of Qualities," 2002; Harrison White, *Markets from Networks*, 2002。

[2] 交易产生的风险源于某些变量（如资产价格）的变化可能对交易员的财富产生影响。在金融业的量化革命之后，交易员根据交易风险而非交易本身来开展工作。因此，例如，他们不说"买IBM"，而说"长期持有IBM"，这意味着当IBM价格上涨时，交易员将从中获利。同样，他们不说"卖"，而说"短期持有"。术语发生这种变化的原因在于，通过使用金融衍生品，交易员可以以不同方式获得特定的风险敞口。

的过程中,掉期、期权①以及其他金融工具等金融衍生品②发挥了重要作用。交易员利用这些衍生品来分散自己的风险敞口,实际上是把它们当作外科医生的工具——手术刀、剪刀、蛋白酶,给予患者(交易员的风险敞口)理想的外观。

矛盾的是,因此,套利的大部分相关工作是为了"理清"③——把套利交易员并不关注的那些特性剔除出交易。这一策略是,既不押注于未知,也不押注于已知。例如,在合并套利中,这种高度专业化的风险敞口策略要求交易员将两家合并中公司的股票市场联系起来,并将一切与合并无关的股票抛售出去。想想这样一种情况:有两家公司宣布了合并意向。收购者说,其中一家公司是生物技术公司,隶属于一个指数,如道琼斯生物技术指数。如果合并套利专家想要达成交易,即收购者的"生物技术"不会成为他(她)的风险敞口的一部分,套利者就会做多该指数。也就是说,为了将这种属性与交易者的风险敞口分离,套利者会将交易与代表"生物技术"的合成证券("指数")联系起来。更少的分类、更复杂的品质需要通过更复杂的工具来实现。

当某些形式的合并套利将分离过程发挥到极致时,我们可以说,合并套利者从事证券交易其实是为了下注。通过对冲股票合并外的所有性质,合并套利者实际上是在对离散事件的可能性下注。你不能去投注窗口打赌某两家公司将在 1 月 3 日合并(或不合并)。但一旦有了足够精密的工具,你就可以把自己的风险敞口调整到非常接近这个仓位。

---

① 金融衍生品是金融工具,它的价值源于其他东西的价值。例如,它能使人们在不持有标的资产的情况下冒着资产的风险交易。衍生品可以基于完全不同类型的资产或指数。某些类型的衍生品市场不是基于资产(如商品、股票、债券或利率)的潜在价值。例如,天气指数可以成为天气衍生品的基础。农民可以用它来避免干旱或其他恶劣气候带来的损失,滑雪胜地主人可以用它来避免温暖的冬季带来的损失,雨伞或咽喉含片制造商可以用它来避免缺乏雨水或寒冷天气带来的损失。碳排放衍生品市场可以成为任何类型的最大市场之一。它们是更常见的在风险外创造资产的紧急行动。关于面向非专业人士的金融衍生品基本介绍,参见:Jakob Arnoldi, "Derivatives: Virtual Values and Real Risks," 2004。要了解更详细但仍很容易理解的讨论,参见:Dick Bryan and Michael Rafferty, *Capitalism with Derivatives: A Political Economy of Financial Derivatives*, *Capital and Class*, 2006; Dick Bryan and Michael Rafferty, "Financial Derivatives and the Theory of Money," 2007。

② 掉期是交换权利或义务的协议。股票期权是一种衍生证券,给予其持有者在未来一定时间内以一定价格买进或卖出股票的权利。

③ 关于相关用法,参见 Michel Callon, "An Essay on Reframing and Overflowing: Economic Externalities Revisited by Sociology," 1998。

套利者不会因为畏首畏尾而缩小自己的风险敞口。尽管可以有调整、对冲和减仓种种操作，但套利并不是一种适合胆小者的交易策略。套利是指调整交易者的市场风险敞口，量力而行，押注自己最了解的东西，避免把钱押在不了解的东西上。交易员们有着大量的风险敞口——这是因为他们的风险敞口是为相关交易定制的。敏锐的专注力和专业的工具使他们更清楚地了解自己所研究的交易，而不是盲目听信市场主流观点。因此，交易员对冲得越多，就可以越大胆地持仓。

套利者可以在许多方面缩小或消除风险敞口，但除非他们在至少一个方面有风险敞口，否则他们就无法从交易中获利。事实上，他们能够精确地减少某些方面的纠缠，关注自己最有把握的风险敞口。正如米歇尔·卡隆及其同事所说，计算和关注并不排斥。[①] 可以肯定的是，交易者的关注是疏远而自律的；但是，不管感情多么淡漠，不管时间多么短暂，持仓就是坚守信念。[②]

人们是如何从意想不到的微弱联系中识别出机会的？接下来，我们会考察交易室中认知的分布方式和多样性的组织形式。在考察调节市场的工具前，我们先来看看交易员在交易室内的分布情况。考察完交易室的空间社交后，我们考察了套利的装备——团队和工具。

交易室是联系空间

国际证券公司的交易室与美国公司的传统环境形成了鲜明对比。在传统公司的办公室中，人们使用空间布局来强调地位差别，因为同心圆的层次结构有效地将最高级员工与其他员工区别开来。相比之下，在国际证券公司，人们使用空间布局来营造出有利于社交的氛围。国际证券公司没有让高级经理分散在大楼最外围一圈的靠窗办公室中，而是让经理和团队成员们坐在同样的办公桌旁，这样他们只需动动头或手就能叫团队成员进入自己的办公室。与带有小隔间和隔板隔开的标准办公

---

① Michel Callon, Cécile Méadel, and Vololona Rabeharisoa, "The Economy of Qualities," 2002; Michel Callon and Fabian Muniesa, "Economic Markets as Calculative Collective Devices," 2005.

② 扎卢姆正确地强调，要进行投机，交易员就必须遵守纪律（Caitlin Zaloom, "The Discipline of the Speculator," 2004）。然而，除了这种心理上，几乎是身体上的自律，我们还会看到套利交易者承担风险的能力还取决于另一种纪律——基于知识体系的纪律。

室不同,交易室的布局,类似于新闻编辑室或新媒体设计工作室的布局,是信息自由流动的开放式布局。

按照目前华尔街的标准来看,这间交易室只有 160 人,规模算是小的。但较少的员工数量和开放式布局其实是有意为之,这样便于交易员开展实验和智力冒险活动,进行低调的互动。在提到其他经理时,交易室经理鲍勃说:"他们告诉你,'沟通、沟通',但你其实是存疑的。"为了说明这种反差,他举了个例子,讲了另一家国际公司在康涅狄格州的交易室。

> 它有三艘航空母舰那么大,因为它是交易室经理骄傲的资本。我们很难理解交易员是如何隔着两艘这么大的航空母舰大喊着相互交流的。在某公司(此处隐去公司名),你将看到一片鸡飞狗跳的场面。

相反,在国际证券公司的交易室:

> 关键是[避免]社交尴尬,如果有两位交易员正在交谈,这时刚好过来个人需要一则信息。他必须打断他们:"我可以打断你们吗?我可以打断你们吗?"其中的关键在于干扰的社会成本,而这也是我的工作职责。

汤姆·沃尔夫敏锐地将 20 世纪 80 年代的交易员称为"宇宙之主",其特点是富裕、喜欢冒险、很少关注散户。国际证券公司的量化交易员持有金融学的工商管理硕士(MBA)学位,或者物理学或应用数学的博士学位,因此更适合称他们为工程师。但是他们全都不穿吊带裤。要促进这些工程师/交易员之间的社交联系并非易事。要知道,汤姆·沃尔夫笔下的交易员十分喜欢交际,甚至到了霸凌的地步,而在数学金融时代的套利交易员在智力上过分自信,却在社交上懦弱无能。

> 交易员就像工程师,当他们认为自己正确时事情就棘手了。他们很会伤人感情,还不是很合群,不擅长社交。我可以轻松地在这间交易室里给你找到 10 个这样的人,他们在鸡尾酒会这样的社交场合上常常痛苦不堪。

　　如果这种个人主义问题得不到解决，可能会造成交易室的四分五裂。① 对此，国际证券公司通过移动交易员的工位来避免这一问题。鲍勃说："我尽可能多地让他们轮换工位，因为坐在彼此附近是预测他们是否会交谈的最佳经验法则。"但是，鲍勃在操作时很小心，避免工位轮换造成太多的混乱。他将自己的方法描述为"不是真正的转移，而更像是漂移"，他继续说道：

　　　　一旦两个交易员坐在一起，即使他们不喜欢对方，他们也会像室友一样密切合作。所以，每个人平均 6 个月移动一次工位。但不是每个人都在同一时间移动。这就像留有一个空格的拼图游戏，每次只允许玩家移动一个方块。

　　这种对合作互动的强调，其实表明了套利交易员的认知任务不是那些孤立的需要他们深思熟虑加以思考的数学方程，他们只与屏幕上的世界联系。国际证券公司的认知是分布式认知。新交易模式的公式在与其他交易员的联系中才得以发展。正如某位资深交易员所说，真正有创新性的想法是在一系列谨慎的一对一谈话中慢慢形成的。

　　　　你要学会分享。你告诉别人"我有个好主意"，如果他告诉你"我昨天在《巴伦周刊》上也看到了"，那就作罢。但如果对方给了你肯定，那你就努力去实现。

　　想法的形成过程是固定的，包括尝试、在他人身上测试、和"学数学的人"谈论它（重要的是，他们没有像在其他交易室那样彼此分开）、与程序员（即刻在场的）讨论它的技术复杂性。② 因为交易室内细微而又持续的工位重排使这些岗位得以相互混合，交易员可以在曾经"像室友"但可能现在坐在其他工位的同事身上测试某些想法。恰当地说，这个糅合

---

① 为了强调社交的重要性，国际证券公司不仅特意将员工人数限制在 160 人之内，而且还有鲍勃的严格的"低监控器"政策，防止交易员把彭博监控器堆放到两三个那么高。"我们努力，"他说，"将个人电脑保持在一个较低的高度，这样交易员们就可以看见交易室内的其他地方。"

② 与许多其他套利对冲基金的做法不同，国际证券公司的交易室不仅包括了交易员及其助手，还有形形色色的员工，包括销售人员、分析师、操作人员和电脑程序员。国际证券公司一直把程序员和运营人员放在赚钱的核心位置，这么做其实是对整个行业普遍存在的一种趋势——把上面提到的员工安排到后勤部门——的蔑视。他们不仅待在交易室里，还分到了和交易员一样大的桌子，他们所在的办公区域和其他人一样有特权感。鲍勃说，这样做的目的是防止职业地位的差异破坏这些群体之间的互动。鲍勃说，如果把这些人安排在不同的大楼，"他们就好像在不同的星球上"。

过程的结束（以及开始准备下阶段所需的材料工具）称为"胜利绕圈"——在交易室内移动并在此过程中产生想法。由此，工作场所促进了交易员之间的社交活动，使他们彼此产生了联系。

那么交易室经理鲍勃坐在哪里呢？他坐在交易室中间，尽管他在角落有个设备齐全的办公室，配有设计师设计的名牌家具、小型会议桌以及用于观看市场动态的家庭影院大小的彭博屏幕（可通过无线鼠标和键盘进行控制）。但他更喜欢坐在交易室中间普通交易员的办公桌旁。

> 我在那里有个办公室——你刚也看见了。但我更喜欢这里（指的是他的办公桌）。在这里，我与周围交易员的联系会更为紧密。如果非得走进我的办公室才能跟我闲聊的话，那没人会这么做。而且在这里我也能即时了解市场的最新动态。我必须知道市场动态，因为交易室的氛围绝对会影响这些交易员的交易方式。

就这样，国际证券公司的交易室颠覆了传统的按职位高低的同心圆布局。交易室经理不是不好接近的人，反而是最易接近的人。他是最容易找到的人，也是处于最佳观察位置的人，确实能敏锐地感觉到交易室内正在发生什么事情。

正在发生的绝不仅仅是信息交换。当然，交易员必须能够获得最及时、最完整的信息，但这还远远不够。除了成为连接数据流的纽带，交易室还是个充满了人的空间。测量集体"脉搏"是一种测量市场脉搏的方法。克诺尔·塞蒂纳和布吕格尔发现他们的外汇交易员"发自内心地融入了全球的屏幕实况"[1]，而我们的套利交易员却在反思自己是如何敏捷地适应当地的社会现实的。

> 电话和在线交流都是低效的沟通方式。人们不得不花更多的时间来告诉对方自己想要什么。你也没法看到对方的肢体语言。肢体语言和面部表情都是至关重要的。你没有意识到肢体语言，它是另一种沟通渠道，一种非刻意的沟通渠道。因此这是个很好的信息来源，告诉我们正在发生什么。我不会太在意自己是如何解读肢体语言和面部表情的。我只是让它在有用的地方以自己的方式发挥作用。

鲍勃的观察（以及许多同我们交谈过的交易员的观察）强调，交易室

---

[1] Knorr Cetina and Bruegger，"Global Microstructures," p. 15.

内的认知不是简单分布的。它也是一种特定位置的认知。交易员需要工具——金融衍生物工具和执行交易的实体工具。但除了这些计算工具，交易员也要有"市场意识"。知道如何使用工具以及如何解读情况。这种定位意识是通过交易室内多个（人和工具的）传感器实现的。

因此，交易室发生了一个关于卡斯特尔悖论的特例：随着越来越多的信息通过网络连接而传输，基于物理场所的互动会变得越来越重要。① 卡斯特尔认为，新的信息技术使社交可以在无实体接触的情况下发生。缺点在于，这样的社交会重复发生，而且是可以提前安排/计划的。考虑到这一变化，卡斯特尔认为，随着社交变得远距离、目的性、机器化，由实体接触而产生的不那么直接的、自发的、意料之外的社交将具有更高的价值。② 因此，随着外科技术和通信技术的发展，外科医生可以不成比例地聚集在曼哈顿的两三个社区中，在那儿他们一起社交、学习新技能、提出新想法等等③，同时还能对遥远地区的病人开展远程诊疗。

从关联套利的角度看，我们可以把交易室看作产生新颖联系的"场所空间"。套利者建立的联系是由交易室内的联系模式所形成的。在我们的实地记录中有这样一个典型的部分，记录了某位资深交易员所说的套利者对卡斯特尔悖论的看法：

> 很难说人们在电话上和交易室内交谈时间的占比各有多少。但我可以告诉你，市场的电子化程度越高，人们就会花费越多的时间与交易室内的其他人交流。

---

① Manuel Castells，*The Rise of the Network Society*，1996.
② Nigel Thrift，"On the Social and Cultural Determinants of International Financial Centres：The Case of the City of London，" 1994；Saskia Sassen，"The Spatial Organization of Information Industries，" 1997.
③ 卡斯特尔的观察结果与许多关于自动化控制室文献中的叙述是一致的（Christian Heath，Marina Jirotka，Paul Luff，and Jon Hindmarsh，"Unpacking Collaboration：The Interactional Organization of Trading in a City Dealing Room，"1995）。

交易室是生态系统

部门的模式识别

从把交易室看作简单的个体社会开始，现在我们把组成交易室的团队视为更复杂的多元组织。这种多样化的组织从界定专门职能开始，基础的组织单位是"团队"，有具体的设备"办公桌"。办公桌指的不仅仅是交易员眼前的实体家具，还指的是交易员的团队——比如"股票贷款部门的蒂姆"。之所以要对有生命的物体和无生命的物体进行这样的区分，是因为团队成员的办公桌从来都不是分散的。根据交易室内交易员创造套利等值的金融工具，可将交易员分为不同的团队：合并套利团队负责在合并过程中交易公司的股票，期权套利团队负责交易"看跌期权"和"看涨期权"①（该部门以此金融衍生品命名），等等。部门是个社交味很浓的地方。同部门的工位彼此紧挨着，使得交易员能够方便快捷地交谈，而无须将眼睛从屏幕上抬起或中断工作。午餐是在办公桌上吃的，即使三明治是从高端特色熟食店买来的。用餐时办公桌旁欢声笑语不断，只要市场让交易员有一丝喘息的机会，他们平日隐藏的浓浓友情就会瞬间弥漫整个办公室，大家尽情地玩笑逗乐。

基于自己用来计算价值的等价原则和具有独特套利交易风格的金融工具，每个部门都形成了各自观察市场的方式。例如，合并套利部门的交易员根据收购公司的价格对被收购公司进行估值，询问"X 公司许下的合并承诺有多坚定"。对合并套利交易员而言，标准普尔 500 指数中的公司仅仅是潜在收购者或收购目标。相比之下，指数套利部门的交易员利用的是指数证券（例如标准普尔 500 指数期货）的价格与构成这些指数的公司的实际平均价格之间的差价。考虑到这些差异具有数量小、消失快的特点，交易员需要大量、快速地进行交易。可转换债券套利部门的交易员将股票视为债券，并专门研究能使债券持有人感兴趣的股票信息，比如流动性和违约可能性。与此同时，客户销售部门的交易员负责承接交易室外客户的订单，同时也向对方下订单。交易室内最善于交际的团队虽然不专门研究某个独特的金融工具，但是却为我们提供了

---

① 看跌期权是赋予持有者出售权的金融期权，看涨期权则给予其买入的权利。

观察客户焦虑程度的窗口，即通过交易员电话中的声音和沮丧时用耳机捶打办公桌的声音来感受整个市场的焦虑程度。

每个部门会形成自己的模式识别形式。例如，合并套利交易员热衷于探究两家合并公司的守信程度，寻找公司股价的逐渐靠近模式。他们通过绘制收购公司和被收购公司之间股票价差的时间变化表来探查公司收购的决心。就像婚姻一样，为了让他人相信双方是认真的，公司的合并也有一些约定俗成的仪式。随着时间的推移，套利交易者会发现股票价差随公司合并而逐渐减少。我们可以在其他部门中找到类似的工具和概念之间的对应。

这种对感官和经济模式的共同关注，在每个部门都打造出了一支独特的具有自己的隐性知识的团队，围绕同一个评价原则开展实践。同部门的交易员形成了共同的使命感、知道对方了解什么的必要性、高度专业化的语言，以及相互发送信号的独特方式。这种共同的成员身份感转化成了与其他部门的友好竞争。例如，有位负责客户销售的交易员把我们拉到一边，指责统计套利"就像在玩电子游戏"。"如果你对对方的计划了如指掌，你就能打败他。这就是我们不做程序交易的原因。"他指着自己的部门解释道。相反，有位统计套利交易员，带着对人工交易的不屑一顾，告诉我们，他越是研究自己的数据（因为他反对让机器人进行交易），他对人工交易的偏见就越多。

在每个部门，交易员所使用的交易策略、数学公式和模式识别工具都有着明显的一致性。例如：合并套利交易员在屏幕上标绘股票价差，但没有使用可转换债券估值模型；他们既不使用布莱克-斯科尔斯公式，也不使用均值回归原理。相比之下：可转换债券套利交易员使用债券估值模型，但却并不关心两家合并公司之间的股票价差是在扩大还是缩小；客户销售交易员更热衷于在接到客户订单的当天就执行订单，而不是花费数月之久跟踪两支合并股票价差的变化。

但是，我们交易室的交易具有复杂性，很少只涉及单一部门（团队）。而我们现在要转向的，正是这些合作。

在部门间分布认知

在我们看来，部门是围绕着主要评价原则及排列整齐的金融工具（测量、测试、探测、切割手段）而组织起来的。这个评价原则就是它的硬币（价值单位）——如果你喜欢，也可以称它为铸币。但交易室是由多种硬币组成的,它是评价原则的生态系统,复杂交易活动利用了硬币之间的互动。为了专注于重要的事情,为了忠实于自己的评价原则,每个部门都必须考虑其他部门的原则和工具。想象一下,要达成交易,就要将一些特性分离出来以突出部门的特性。达成交易需要各部门之间进行积极联系,以确定哪些类别的风险敞口将受到限制。部门集中办公,彼此靠近,促进了交易活动所需的联系。

尽管在教科书的大多数套利案例中,等价创造出的财产很容易分离,但在实践中又很难完全分离。由于这些困难的存在,即使刻意切割,交易员最终仍可能在各方面面临风险,这些方面不符合预期的集中风险原则。我们发现,交易员在计算时考虑到了意外的风险敞口,采取了和建立联系时相同的方式:集中办公。交易员在交易室内空间上的靠近,使得他们审视自己周围的金融工具,并评估他们在计算中应考虑到哪些额外变量。

例如,股票贷款部门可以帮助合并套利者解决流动性问题。合并套利交易者借出和借入股票,就好像他们可以随时撤销操作一样。然而,如果公司规模较小,交易活动不太频繁,其股票可能难以借入,交易员可能发现自己无法对冲。在此情况下,并购套利部门的资深交易员马克斯表示:"股票贷款部门对我们施以援手,告诉我们要借股票有多难。"同样地,指数套利者可以帮助合并套利者对拥有不同类型股票的公司进行交易。上市公司通常有两种股票,即所谓的 A 股和 K 股。这两种股票有不同的投票权,但只有一种允许交易员对冲其风险敞口。这两种股票为合并套利者的工作提供了便利,他们可以选择两者中流动性较强的进行交易,然后将它转换为对冲所需的那只。如果两只股票中有一只流动性较差,那么转换的代价可能会高到令人望而却步。为了找到答案,合并套利者转向指数套利团队求助,后者善于利用两只股票的差价。

在其他情况下,合并的一方可能有转换条款来保护债券持有人(也就是说,如果合并实现,合并方的债券可以转换成股票),这就给合并套利留下了一个问题——这会如何影响交易?在这一情况下,帮助合并套利交易者明白如何才能将可兑换条款考虑在内的,正是可转换债券套利部门。"转换债券市场是毫无组织的。"马克斯说。从某种意义上说,不存在一块屏幕可以实时显示可转换债券的价格。因此,

> 我们不知道价格是如何波动的,但是一旦知道了就会大有裨益,因为转换中的价格波动会影响到合并活动。在转换部门隔壁工

作能为我们提供有用信息。

无论如何，马克斯说："即使你什么都没学到，你也知道没什么可担心的。"这是非常宝贵的，因为，正如马克斯所说："重要的是要有一定程度的信心。"

通过把使用不同金融工具进行交易的团队安排在一起工作，银行能将不同市场的信息纳入同一笔交易中。正如有位资深交易员所说：

> 虽然日常工作是在团队内完成的，但我们增加的大部分价值都来自团队间的信息交换。这对独特和非常规的事件、跨市场的交易、信息具有时效性的时刻来说都是必要的。

因此，虽然特定的部门是围绕着相对单一的评价原则而组织的，但特定的交易却并非如此，因为它涉及根据不同评价原则对不同资产进行套期保值，任何交易都可能涉及不同的原则和不同部门的参与。如果部门需要简单的团队合作，那么（复杂的）交易则需要部门协作。协作可以像会议一样正式（这在国际证券公司非常罕见），汇聚了不同部门的员工。或者，这种协作可能像股票贷款部门说的没有针对性的脏话一样原始，合并套利部门无意中听到后，会将其解读为释放交易可能存在问题的信号。

识别实践

交易室的创造力、活力和意外发现是如何产生新解释的？当交易员回答"案例是什么"时，我们所说的解释指的既是分类的过程，也是再分类的过程，例如提出充分理由。这两个过程都是通过联系来运转的——既有人与人的联系，也有人与物、物与物、物与想法等的联系。

以下面宣布合并的金融公司为例，我们可以看到这种识别过程是如何进行的，该交易由特殊情况部门发起，这个部门的名称表明它的目标是削减现有分类下的金融工具和金融衍生品。通过与合并套利部门和股票贷款部门的密切联系，特殊情况部门能够发起新的套利交易，一种选择交易，创新重组了合并套利和股票贷款这两种原先存在的策略。

合并的实际情况如下：2001 年 1 月 25 日，加拿大的投资者集团（Investors Group）宣布有意收购万信投资公司（MacKenzie Financial）。这一声明很快在华尔街各大交易室的合并套利部门内引发了交易狂潮。按照惯例，收购公司，即投资者集团，要向被收购公司的股东发出股票收

购要约,允许股东选择以现金或投资者集团的股票作为支付方式。这一
要约更倾向于现金。尽管如此,特殊情况部门的负责人乔希和他的交易
员们依旧推断认为,少数投资者将永远都拿不到现金。例如,被收购公
司的董事会成员和高层管理人员接受了股票这一支付手段,以实现利润
最大化。结果,"如果他们把股票卖了,那情况看起来就不对了"。换句
话说,他们的推断包括了象征价值,这与纯粹金融上的利润最大化计算
相反。

象征性投资者实际上创造了两种不同的收益——现金和股票,只能
获得较小收益。与局部估值不同的其他市场的情况一样,这可能会带来
套利机会。但我们要如何将这两种收益联系起来呢?

在选择日当天思考这两种套利办法时(被收购公司的股东必须从两
个选项——现金或股票——中选择一个),特殊情况部门从跨部门社交
中获益匪浅。特殊情况部门的交易员坐在股票贷款部门和合并套利部
门中间办公,他们靠近股票贷款部门,该部门专门向银行借出和借入股
票,他们的行为向特殊情况部门交易员暗示了选择日当天借出和借入股
票的可能性。这些交易员也获益于靠近合并套利部门办公,因为该部门
可以帮助他们理解如何在现金和股票之间建立等价关系。乔希表示:

> [这一想法源于]审视现有业务,用新的角度来看待它。有什么
> 不同的角度来看待合并套利吗? ……我们先想象自己身处股票贷
> 款部门,然后是合并套利部门。我们问:有没有办法对这两种选择
> 进行套利,比如用一种选择来表示另一种选择?

最终,交易员们找到了解决办法。象征性投资者不想要别人看见他
们将股票换成了现金,但没有什么能阻止国际证券公司等其他参与者直
接看见他们这么做。如果特殊情况部门的交易员按照市场价值借用了
象征性投资者的股票,然后在选择日当天将它们换成了现金,再用现金
将股票买回,返还给象征性投资者,那会怎样呢?通过这种方式,象征性
投资者能够尽可能地消除他们的选择与选择现金之间的价值差距。

一旦特殊情况部门的交易员在选择交易中架起了分离两者的桥梁,
他们仍然面临着一个问题。乔希和他的交易员们设想过的新等价关系
既希望渺茫,也无人尝试。但正是这种不确定性(以及此前无人尝试过
这种做法的事实)使其具有巨大的赢利潜力。收购公司投资者集团所提
供的要约附属细则中存在着不确定性:在选择日当天有多少投资者会选

择现金而非股票?

这个问题的回答将决定交易的赢利能力:如果只有极少投资者选择现金而非股票,那么特殊情况部门交易员所提出的贷款和回购战略就不会奏效。收购公司投资者集团,试图只选择有限的现金。如果大多数投资者最终选择了现金,那么投资者集团将按比例分配其可用现金(即平均分配),用股票来完成对股东的剩余支付,即使是选择拿现金的股东也不例外。对特殊情况部门的交易员来说,这是他们的首选方案,因为这样他们就可以拿回一些股票,偿还他们之前从象征性投资者那儿借来的股票。但如果换种情况,大多数投资者选择了股票,那么特殊情况部门将会蒙受损失。在此情况下,在选择日当天投资者集团不会把现金全部用完,已经选了现金的投资者,比如特殊情况部门的交易员,将顺利得到现金(而不是股票),交易员将会发现自己在投资者集团没有任何持股可用于偿还之前从象征性投资者那儿借来的股票。那么乔希和他的交易员将被迫以天价从市场上买进投资者集团的股票。

那么,交易的赢利能力其实取决于一个简单的问题:大多数投资者会选择现金而非股票吗?无法确定投资者会在选择日当天采取什么行动,这就给交易员带来了挑战。回答"别人会怎么做"这个问题,需要先解决错综复杂的搜索问题,因为股票所有权通常分散在运用不同逻辑、身在不同地点的各种参与者手中。考虑到自己不能监控所有的市场主体,特殊情况部门的交易员能做些什么呢?

乔希用自己的彭博终端列出了被收购公司万信投资公司的 20 个大股东的名字,然后他与他的团队成员开始一一讨论这些人可能采取什么行动。他回忆道:

> 我们所做的是,碰面并试图确定接下来要做的事情。在他们将自己的收益最大化时,他们在某种意义上是理性的吗?

对一些股东来说,答案是直截了当的:它们是拥有可预见战略的大型知名企业。例如,乔希会记录道:

> 此公司最大股东富达(Fidelity)持有 13% 的股份。他们将选择现金,因为他们有信托义务使股东收益最大化。

但在预测更为复杂的公司的举动时,这方法却碰壁了。合并套利中对冲基金的策略尤其复杂。他们会选择现金还是股票?乔希身体前倾,甚至没有离开座位,也没有站起来,向身边的合并套利交易员提了这个问题：

  "选现金还是股票？"我大声向合并套利团队问了这个问题，他们就在我对面[不同角度]进行同一笔交易。"现金！我们要现金！"他们回答道。

  特殊情况交易员从他们的回答中总结道：整个市场的对冲基金倾向于选择现金。最后结果证明了他们的结论是正确的。

  选择交易向我们展示了集中办公是如何帮助交易员进行创新、如何利用市场主体的多种合理行动的。选择交易重新组合了特殊情况交易的相关部门的发展战略：靠近股票贷款部门工作，使他们将选择日视为股票贷款行为发生日；靠近风险套利部门工作，使他们将股东视为能将利润最大化的人，可能会选择现金而非股票。靠近其他部门工作是至关重要的，因为它能为合并、股票贷款和风险套利等评价原则所带来的独特市场观点创造互动交流的机会。通过与全球市场建立网络联系，国际证券公司的交易员能与几步之外的同事建立即时联系，以校准自己的交易工具。交易室组成了一个知识生态系统，差异化合作是解决价值难题的有效方式。

交易室是实验室

  在前文中，我们分析得出计算既不是个人的也不是社会的，而是分布在交易室各部门之间的。在本部分中，我们认为计算也分布在有形工具的社会技术网络中，有形工具包括了计算机程序、屏幕、刻度盘、机器人、电话、镜子、电缆等。

  尽管人们认为金融工具（如期货、期权、掉期等金融衍生品）值得《金融杂志》这样的杂志好好研究，但是这些实体工具应该是属于勤杂工、承包商和电工的职责范围之内的。交易员们知道这些工具很重要，即使原因仅仅在于他们花了大量时间来学习如何使用、搭建和维护这些工具。如果没有工具将市场属性视觉化，他们就无法发现机遇；如果没有工具来帮助他们执行交易，他们就无法干预市场。也就是说，没有工具就没有交易。

  为了发现机遇，交易员戴上了类似金融领域的红外护目镜，获得了类似夜视的能力。交易员还把计算任务分配给了机器人，让它全部负责执行程序化理论，交易员还在交易室内寻找线索，来提醒自己注意这些理论的适用范围。

如果不考虑交易员所使用工具的复杂性，人们就无法理解量化金融知识是多么密集。根据克诺尔·塞蒂纳和布吕格尔的研究，交易员并不完全等同于科学家：与高能物理学家及其长达 20 年的实验相比，交易员的工作职责似乎是单一的，他们只负责把数据转移到屏幕上，不负责转换数据。[①] 我们发现交易员的工具非常接近拉图尔对科学仪器的定义——形成观点的铭写（记录）设备。[②] 科学仪器，不论是射电望远镜、盖革计数器还是皮氏培养皿，都能显示出肉眼看不见的景象。它们发现了太空中的物体、辐射波或者那些通过原有手段无法辨识的微小细菌。同样，交易员的工具所揭示的机会也不是一眼就能辨别出来的。科学家和交易员都是从原始仪器中获得力量——前者获得的是说服力，而后者获得的则是利润。[③]

或许国际证券公司最重要的工具是交易员的彭博工作站以及他们个性化的屏幕。[④] 这些引人注目的、超宽的、高对比度的彭博平板显示器充当了他们的工作台。彭博终端包括了专门的显示器、彩色编码键盘和直接连接到彭博有限合伙企业的内网的电缆。比物理终端更值钱的是它的内置软件，这些软件主要来自五大领域，包括数据（价格、数量等）、数据解析和可视化的分析、新闻（来自世界各地的 1000 种期刊）、交

---

① Knorr Cetina and Bruegger，"Global Microstructures".

② Bruno Latour，*Science in Action*：*How to Follow Scientists and Engineers through Society*，1987.

③ 关于估值和技术在金融领域相互作用的深入研究，参见亚历克斯·普雷达对股票报价机及其对投资者行为影响的历史研究，以及法比安·穆涅萨对交易大厅电话使用的研究（Alex Preda，"Socio-technical Agency in Financial Markets：The Case of the Stock Ticker，" 2006；Fabian Muniesa，"Reserved Anonymity：On the Use of Telephones in the Trading Room，" 2002）。

④ 交易室的屏幕只是证明数字时代屏幕无处不在的其中一个例子，此外还有电脑、手机屏幕（据诺基亚估计，2006 年全球约有 20 亿个这样的屏幕）、视频游戏、自动取款机、个人数字助理、收银机、机场监视器、监控监视器、医疗设备等等的屏幕。我们很可能已经到了一个地球上屏幕比人还要多的时刻。关于社会上屏幕的各种记录，参见：Sherry Turkle，*Life on the Screen*，1998；Lucas D. Introna and Frenando M. Ilharco，"On the Meaning of Screens：Towards a Phenomenological Account of Screeneness，" 2006；Mimi Sheller，"Mobile Publics：Beyond the Network Perspective，" 2004。

易支持、关于交易执行的信息。① 就像寻找专业软件一样，每个交易员都以各种的方式精心定制自己的个性化数字工作台：在国际证券公司，根本找不到两块相同的屏幕。屏幕工具不仅可以传输数据，还可以选择、修改和呈现数据，这决定了交易员屏幕显示的内容。屏幕不仅显示信息，也过滤和隐藏信息。

以客户交易部门的初级交易员斯坦为例。斯坦和部门里的其他同事一样，负责为客户执行套利交易。斯坦不需要自己去策划新的交易，他只需要找出适合执行客户订单的时间点。为了达到这一目的，他需要知道市场的总体方向、当前交易公司的发展状况，以及是否可以进行交易。他的世界是此时此地的世界。为此，斯坦在他的屏幕上安装了"放大镜"、"交易篮子"和"活动链接"等工具。

斯坦的出发点是众所周知的基本信息：显示着道琼斯工业指数和纳斯达克市场指数的彭博窗口，向他提供关于市场总体走向的信息，看涨或看跌。在该窗口旁还有个工具，提供了更为个性化的视角。他称作"放大镜"的窗口显示了 60 只他认为代表了集成电路、石油或宽带等不同行业的重要股票。从视觉上来说，只要一收到订单，这个窗口的数字就会立即增加，就像市场实时活动的脉动计。斯坦用表格记录了竞争对手银行对他所交易股票下的订单，他将竞争对手的"足迹"记录在该表格上，以此对"放大镜"上的数据做补充。

斯坦的屏幕上还有块用于操作的剪切板，这简化并自动化了交易中的部分认知工作。这一窗口由几个"交易篮子"组成，显示他已经完成的交易。另一个工具显示的则是他待完成的工作。这包含在一个 Excel 工作表中，斯坦在该表中引入了"活动链接"与股票价格挂钩的条目，能够实时自动更新。在"活动链接"旁的单元格中，斯坦为客户提供给他的条件编写好了程序（例如将股票价差设为 80 元）。这样另一个单元格就会根据条件是否得到满足而相应改变颜色（蓝色表示条件得到满足，绿

---

① 在纵横交错的市场中，需要工具来对数据进行快速模式识别，这使交易室成为可视化工具的重要发展领域。由于对冲基金的现金十分充裕，软件开发人员正蜂拥而入来满足这一需求。"你看到的其实就是你冒的风险。"有位来自微软可视化和金融工程部门的策略师这样写道（Michael Pryke, "Money's Eyes: The Visual Preparation of Financial Markets," 2008）。随着大量资源进入这一领域，我预计在从视觉的计算机界面升级到触觉的（触摸和抓握）计算机界面的过程中，交易室将占据重要地位。也就是说，在为盲人计算和为金融工程计算研究的重合领域中寻找新的重组创新。关于有形计算，参见 Paul Dourish, *Where the Action Is: The Foundations of Embodied Interaction*, 2004。

色表示条件没有得到满足)。然后,计算机会为斯坦完成部分计算工作。他不必一次次验证是否每笔交易都已满足条件并可执行,他遵循的是一个更为简单的原则:如果单元格是蓝色的,就进行交易;如果单元格是绿色的,就不进行交易。

斯坦既是工人,也是"交易缔造者";既是制造工具的工人,也是信息处理者。他投入了大量时间用于仔细思考自己屏幕上有意识的铭写记录。在每天市场开盘前 1 小时,他都会来到交易室准备自己的装备,其中部分准备工作是准备屏幕。他一个接一个地打开窗口,将它们放在习惯的位置,确保它们有各自的颜色和尺寸,在客户提交新交易时创建新的活动链接,并与计算机程序员讨论可能出现的技术问题。

可转换债券套利部门的理查德,跟斯坦隔了两个办公桌,从一个新颖的角度看待股票——认为股票类似于债券。如上所述,像理查德一样从事可转换债券套利的交易员试图利用所谓的可兑换期权的价值,这种价值有时候会包含在债券中。这允许债券持有人将债券转换成股票,但实际上这是将一种证券转换成另一种证券。为了评估转换期权的价值,理查德使用了彭博专有的"可转换债券估值"模型,该模型根据股票的波动性、德耳塔、伽马等基本参数返回了债券的估值。我们可以通过理查德的模型发现可兑换期权的隐藏价值。

由于靠近可转换债券套利部门办公,合并套利部门的马克斯·夏尔派尔把握住了公司合并时的机会。如前所述,合并套利交易者做多的是被收购公司,做空的是收购公司。这样一来,他们的交易最终就变成了对合并概率下注。为了决定是否对合并概率下注,马克斯绘制了两个正在进行合并谈判的公司的股票价差图。如果两家公司合并,那么它们的股票价值就是一样的,彼此之间的股票价差就会变成零。宣布合并后,如果它们的股票价差较小,那就表示市场对合并有信心,反之则表示市场对合并持怀疑态度。马克斯绘制了股票价差的时间变化图,从中读出了市场赋予合并的"隐含概率"。和其他交易员一样,马克斯的图使人们注意到了市场主体对于合并的信心。

因此,屏幕工具的可视化技术就像指导每个部门的套利原则一样多种多样。斯坦的部门负责执行交易,他屏幕上的"放大镜"、"交易篮子"、"活动链接"以及竞争对手的足迹显示了机会敞口的实况,其表现形式是白色、绿色、蓝色方块的几何组合,同时还有数字在方块中跳动,使他的屏幕看上去像是彼埃·蒙德里安的画活起来了。理查德的部门负责买卖可转换债券,他屏幕上的债券估值模型显示的则是更为传统的文本界面,上面有四四方方的黑白组合,使人联想到带有 20 世纪 80 年代风格的小型电脑屏幕。马克斯屏幕上的押注合并交易散点图在他显示器的淡蓝色背景上如蛇形般从左侧蜿蜒蔓延到右侧。

但是交易员对这种辅助工具的依赖却给他们带来了严重风险:在需要特别关注一些信息时,他们电脑屏幕上的软件和图示却是模糊不清的。有位交易员表示:"彭博显示的是正常股票的价格,但有时正常股票会变成新股票。"比如在合并或债券转换的情况下。如果斯坦的"放大镜"中有只股票——比如他发现的一家航空业的代表公司——要进行合并或者债券转换,它将不再代表整个行业。

对交易员来说,更严重的风险则是在工具中分配计算,这等于在他们的传感器中篆刻自己的信念。正如我们所看到的,为了识别机会,交易员需要特殊的工具来帮他看见他人所看不见的东西。但事实是,工具是根据他自己的理论打造的,这意味着他"敏锐的感知"有时可能是高度放大的错误感知,这种错误也许还是灾难性的。对于认为自己的模型是正确的经济学家来说,有缺陷的模型可能会令他们在研讨会上尴尬万分。对于交易员来说,这种模型带来的是巨额损失。可是对交易员来说,除了建模别无选择:没有工具就没有交易。交易室的布局——不同类型交易员之间的互动、不同交易原则的并行——带来的是持续的、几乎是分分秒秒的提醒,提醒交易员永远不要将表象与现实相混淆。[1]

这种高度专业化的工具实际上为交易室的社交活动提供了理论基础,而不是降低了它的重要性。"我们(其他交易员)都有着不同种类的信息,"斯坦说,"所以我有时会和他们核实。""多久一次?""一直。"

因此,正如拉图尔将实验室定义为"汇集了一种或多种工具的地方"[2],我们也可以将交易室理解为汇集了各种市场工具的地方。从这一角度看,从传统金融向现代金融的转变,也可以理解为交易室内工具

---

[1]　回忆一下勒内·马格里特 1929 年的画作《形象的叛逆》(又称《这不是一支烟斗》),生物化学家迈克·汉恩制作了一张图,上面显示了蛋白质分子模型和铭文"Ceci n'est pas une molecule"(这不是一个分子),以此来提醒他的同事"这里的图片显示的不全是分子,甚至连分子的照片都不是,而是我们所认为代表了分子特性的某些方面的图片"。交易员们也是这样做的,他们在自己的显示器上填满了卡通图案和其他提醒,直截了当地指出"这种模式不是市场"。套利交易者伊曼纽尔·德曼写道:"所有模型都是错的,有些模型只是比其他模型更有用而已。"(Derman,"Modeling and Its Discontents,"2007.)

[2]　Latour,*Science in Action*,1987.

数量的增加，从一种增加到几种。最好的科学实验室帮助我们最大限度地实现了学科和工具之间的交叉融合。例如，20世纪40年代，麻省理工学院的雷达实验室将物理学家和工程师相互竞争的原则结合在一起，从而实现了突破。① 同样，最优秀的交易室将不同价值框架结合起来进行创造性重组。

监督价格机制

分布式计算的另一个例子就是"机器人"，也就是统计套利交易者用来实现股票交易自动化的计算机程序。与交易室的其他市场工具一样，机器人给交易员带来了便利，但同时也带来了新挑战，而解决办法就是将社会、认知和人为因素融合在一起。

机器人既是自动化代表，也是自动化工具。它们将交易员的信念牢记于心，只执行程序命令它们执行的交易策略。例如，在决定是否买进或卖出股票时，均值回归机器人只考虑价格是否接近或偏离历史平均价格，而收益机器人则只考虑公司收益问题。机器人有一整套关于市场的复杂假设，处理并主动选择与之一致的可用数据。

机器人诞生的那一刻起，交易室内的社交就显得至关重要了，这是将隐性知识编入算法和计算机代码的过程。该过程发生在视角各异的会议室白板上，会议参与者可能有指数套利交易员、计算机程序员和合并套利交易者等。在白板上，交易的想法在形式上发生了一连串变化：从交易员的话语变成白板上的图表，再到抽象模型，再到数学方程，最后到计算机代码。机器人几乎就是编码化的知识。

机器人一旦编入程序，就会与专门执行计算机程序的交易员一起工作，比如统计套利部门的交易员。但是故事到这里还没有结束，操控机器人需要紧急交通控制系统的输入信号——来自交易室内其他地方的提示和信号。更准确地说，举个例子，旺达·奥尔利科夫斯基对编纂/非编纂区分和相关分类二分法的挑战。正如她所说，成功的知识表现，即"实践中的知识"，需要结合显性知识和隐性知识。②

---

① Peter L. Galison, *Image and Logic：A Material Culture of Microphysics*, 1997. 关于科学的架构，另参见 Peter L. Galison and Emily Thompson, eds. , *The Architecture of Science*,1999。

② Wanda J. Orlikowski, "Knowing in Practice：Enacting a Collective Capability in Distributed Organizing," 2002.

　　以统计套利部门的交易员汤姆为例。他没有进行手动交易，而是选择了使用和维护机器人。自动化交易带来了和高速驾驶同样的挑战：任何错误都可以很快带来灾难。或者像汤姆所说的硬币那样："我有一枚硬币。将它向上抛掷，下落后正面朝上的概率是50%。当利润率低至0.05时，获得高回报的唯一途径就是大量交易，关键是要抛很多次。"与一级方程式赛车或者高速划船一样，交易员也需要优秀的工具。事实上，他们有像飞机驾驶舱一样复杂的导航仪器。但事实表明，光是有这些还不够，还必须对价格机制进行实时监控和校准。关于这一点，汤姆在和隔壁部门同事的互动中得到了重要提示。

　　为了说明结果对即时数据的敏感性（其中度量单位通常是秒而不是分），汤姆举了个例子：短暂的时间延迟让竞争对手银行损失了数百万美元，却让国际证券公司赚了数百万美元。那天，路透社的服务器出了问题，导致部分银行收到的价格信息有些滞后。全天价格波动起伏很大，市场指数上升得很快。在上涨的市场中，网络延迟导致市场指数始终低于实际水平。与现货价格形成对比的是，期货合约的价格却毫无延迟地发给了所有银行。因此，有家银行的指数套利交易员（也就是利用现货和标准普尔500指数期货之间的差价进行套利的交易员）认为，眼前这些价格便宜的证券实则十分昂贵，因此他们选择大量买进这些证券。相比之下，汤姆及其同事及时获得了现货和期货的价格。汤姆讲述道：

> 他们大量买进时，我们正在疯狂卖出……我们的交易员一直在写票，写到手都开始流血。等到对方终于意识到发生了什么时，我们已经在短短1小时内狂赚了200万美元。

　　这一插曲充分说明了交易员与机器人一起工作的挑战。当交易员以一级方程式赛车的速度交易时，仅需几秒就能到达"未来"。当交易速度逐秒延迟放大时，统计套利交易员必须回答一个新问题：他们收到的数据究竟延迟了多少秒？也就是说，交易员必须提醒自己，他们所看到的（屏幕上的数字）与实际价格之间实际上是存在时间差的。真正重要的价格，其实是市场交易的计算机服务器上的价格，不论这些价格来自纳斯达克还是纽约证券交易所，因为交易所才是最终执行交易的地方。交易员在屏幕上看到的比特和字节，其实走过了漫长有时甚至是艰难的道路，还伴随着潜在的延迟，才从交易所最终到达交易室。如果交易员错误地将延迟数据当作实时数据，那么损失将会迅速加重。在这种情况下,将交易决策委托给机器人可能会导致灾难的发生。那么统计套利交易员要如何阻止灾难发生呢?

第一道防线是运用更多的技术。汤姆的机器人为他提供了像飞机驾驶座舱一样多的刻度盘,交易时他前面放着三块屏幕,其中两块屏幕与强大的尤尼斯(Unix)工作站相对应,第三块屏幕对应的则是彭博终端。一块屏幕对应的 Unix 工作站有实时交易信息。在其中一块屏幕的顶部,一个斜线符号旋转着从一边移到另一边,这是用来测量"价格输入"(即价格信息到达的速度)的"脉冲测量器"。一旦价格停止到达,字符就会停止移动。一旦这一情况发生,一定要有所警觉,因为那时价格机器人可能会陷入困惑之中。据汤姆说:"它认为价格没有发生变化,猜测着错误的可能性,但实际上那时价格是在不断变化的,只是没有到机器人那里而已。"

汤姆从为数众多的这些附加的刻度盘中获益匪浅。在他第二块屏幕的右下角,有五个方块,每个都是速度计,显示订单通过专家的服务器或者电子通信网络的速度。如果它们是绿色的,那就说明一切正常。如果它们是黄色的,那就说明网络拥堵,交易有所延迟。如果它们是红色的,那就说明服务器堵塞。Unix 工作站的时钟每天都与美国国家标准技术研究所的原子钟同步。汤姆除了在电脑上有一个巨大的模拟时钟外,另外还有两个"CPU 表",用来测量银行订单流的拥堵情况。当国际证券公司的电脑长时间遭到占用时,订单的执行时间就会变长。因此,为了监控市场价格,交易员必须对价格机制进行监控——事实上,他们必须监控负责传输价格和确定价格的机器人。

但技术不是解决问题的唯一方法,因为衡量技术准确性的刻度盘本身也是技术。换句话说,技术回答了一个问题:"机器人正在获取数据吗?"但也提出另一个问题:"机器人说的是对的吗?"我们称这个无限回归问题为"校准"问题。

切尔诺贝利的核事故说明了校准问题的严重情况。当时那里的辐射水平是如此之高,以至于即使是在放射性物质泄漏的高峰期,苏联核电站控制室的盖革计数器的刻度盘都没有显示出任何辐射水平异常的情况。刻度盘得到校准以记录细微差别,但却未能检测到辐射水平的急剧上升。技术可以自动执行任务,但也是需要及时校准的。

如何解决校准问题?汤姆利用交易室的社会和空间资源解决了这一难题。他的工位在合并套利部门和系统部门之间。据汤姆说:

如果周围传来痛苦的尖叫，说明也许现在还不是交易的好时机。如果还有更多的尖叫，可能我不该使用这个系统，即使它显示的是绿色。

同样地，股票和期货的价格信息必须以同样的速度到达。统计套利交易员坐在期货套利部门附近办公，可以对数据传输中的异常情况保持警惕。统计套利交易员除了能感觉到何时应该关闭机器人，还能解读出附近部门发出的信号，借此判断何时从自动交易中撤出某只股票。只有在与产生技术的社会关系纠缠不清时，金融技术的代表性工具才能保持其价值。交易员的工具是社会技术的工具。

最终，社会技术的特征决定了机器人在交易室内的位置。交易室在通过保持近距离以促进联系的同时，还利用距离来保持机器人之间必要的多样性。交易室不是通过最小化差异来产生"一种正确方法"用于计算，而是积极对机器人进行多样化的组织管理。关于四个统计套利机器人，有位资深交易员表示：

> 我们不鼓励统计套利交易员彼此交谈。他们在交易室里是分开坐的。原因在于我们必须要保持多样性。如果不同机器人的赢亏模式和风险状况是相同的，我们真的会倍受打击。

统计套利交易员及其机器人分散在交易室的不同地方，这好像没有遵守将相同职能的交易员归于同一个部门的原则。为什么？因为就像交易员说的那样，机器人在一定程度上是"活的"——它们会进化。也就是说，它们会在维护、重组和重新适应市场变化的过程中做出改进。所以它们必须要彼此分开，以降低进化交叉的可能性（否则会导致交易室内多样性的丧失）。但它们当然不会被完全赶出交易室，因为统计套利部门必须与其他类型的套利部门保持距离上的靠近——这有利于统计套利交易员得到关闭机器人的提示。

追求新的属性

弗朗西斯·培根在现代科学的奠基作品之一——《新工具》（*Novum Organum*）——一书的序言中写道："如果没有仪器和机械的帮助，无论是发挥每个人的力量，还是团结所有人的力量去完成要靠人类双手完成的伟大工作,都明显是不可能的。"①对于工具重要性的观察则是培根的更远大目标的一个重要组成部分——这勾勒出了新发现过程的一部分。培根所处的时代,正是欧洲各国通过探索、征服和殖民等手段不断扩张领土,逐渐积累财富的时代,因此他提出了另一种探索战略。培根不主张追求财富和领土,而是主张寻找属性,自然的属性,他认为产生于科学工作台上的知识日后将成为更为广泛且几乎取之不尽的财富来源。②

与像培根这样的实验主义者一样,套利交易员也从探索财富转向了探索证券的潜在属性。就像在现代科学发展之初培根探索自然的新属性一样,我们的套利交易员在追求利润的过程中,已经超越了公司的传统属性,如增长能力、偿付能力或赢利能力。他们对于新属性的追求使他们提取出易变性、可兑换性或流动性等金融特性——就像培根对新属性的探索不同于各国对于领土的征服一样,这与基于会计的属性衡量方法不同。就像培根提倡归纳的实验科学项目以与逻辑演绎形成对比,我们的套利交易员正在积极进行实验以揭示经济特性,这与新古典主义经济学家的演绎立场相反。

培根的《新工具》是"自然解释"项目的一部分,而量化金融的新工具——连通、方程和计算——则在"市场解释"项目中对短暂属性进行可视化、切割、探测和分离。在交易实验室的实践中,我们的套利交易员敏锐地意识到,"外面"的现实是由其他交易员和其他相互关联的工具共同组成的社会结构,这两者在狂热的创新中不断重塑着循环世界的属性。在这种合作生产过程中,他们干预的成果成为他们正在监控的部分现象,这种反身性是他们贸易工具的宝贵组成部分。

因此,套利交易员对新属性的寻找,是先进资本主义自我参照特征的一种表现。资本主义已将社会生活中越来越多的领域纳入了市场框架中,资本主义对价值的寻找与它本身有关。现在它在自己发现过实物市场、货币市场、象征性产品市场和期货市场的地方,又发现了市场的市场、风险市场和抽象属性(如可指数性和波动性)市场。价值以越来越非

---

① Francis Bacon, *Novum Organum* (*The New Organ*), [1620] 1960, p. 35.
② 我们将这一对培根著作的精辟解读归功于莫妮克·吉拉德。这里所说的培根著作包括了《新工具》以及培根本人(经常主动)给予他的君主伊丽莎白一世和詹姆士一世"建议"。

物质的形式被人们发现。[1] 但是这种日益增加的虚拟价值的可能性是取决于具体物质形式的。衍生品市场、天气市场、风险市场、波动市场以及看似及时的市场本身，如果"没有仪器和机械"（培根的用语），是不可能存在的。它们需要大量计算的能力、强大的算法和全球范围内的网络连接。随着风险变得可交易化，市场的市场愈发相互交织在一起，这种网络化的超链接创造了不确定性的新形式，使危机的可能性如藤蔓般在整个系统中不断蔓延。

出于以上原因，社会学家和其他社会科学家需要使技术研究成为交易工具的一部分。当经济学家或社会学家研究技术时，是把技术当作最常见的专门子领域——例如，科学的社会研究或技术创新的经济学。这种研究是无价的，但是我们也应当把技术研究纳入我们学科的核心子领域。例如，在我们这个时代，组织设计与数字接口设计是不可分离的。同样，为了理解构成量化金融的复杂市场工具的数学和机器，我们需要分析主体与工具在金融实验室的社会技术中的纠缠关系。

结　语

2001 年 9 月 11 日，世界贸易中心（简称世贸中心）的双子塔之一突然爆炸，因为国际证券公司所处的大楼与之相邻，套利交易员的工作惨遭中断。交易员们冲到他们交易室的窗户旁，看到一号塔燃起大火。他们所处的地点视线十分清楚，有人看见第二架飞机正在向他们飞来，着实可怕。恐怖袭击使交易室瞬时陷入一片恐慌，交易员们闹闹嚷嚷地逃到哈德逊河畔。塔楼倒塌时，许多国际证券公司的交易员正在逃往新泽西州的船上。幸运的是，公司没有任何人员伤亡。

但是大楼严重受损，交易室内因存在风险隐患而禁止人员进入。世贸中心就这样在交易室的门口倒塌了。双子塔倒塌产生的碎片残渣将交易室的窗户击碎，可能含有石棉和有毒化学物质的灰尘与灰烬飘进交易室，侵入电脑，堵塞电脑风扇，使其因过热而无法继续使用，也因存在安全隐患而无法进行维修。人们认为该建筑在结构上已经变得不安全了，因此一连数月禁止任何人员进入。就这样，曾经支持解释创新工作

---

[1] Jakob Arnoldi, "Derivatives: Virtual Values and Real Risks," 2004; Daniel Miller, "Materiality: An Introduction," 2005; Nigel Thrift, *Knowing Capitalism*, 2005.

的生机勃勃的交易室如今却变成了一个没有电、没有网，也无法保证室内无有毒化学物质的存在。

在"9·11"事件当晚召开的紧急会议上，国际证券公司的股票交易团队得出结论，从袭击中恢复将是一个漫长而又艰难的过程，他们需要三周到三个月的时间才能重新恢复交易，而国际证券公司在美国只有一个股票交易室，也没有备用办公地点。但它其实还有一个位于新泽西州郊区的后勤办公室，那里用来存放处理工资数据的具有公司风格的微型计算机，没有工作站、办公桌和高速网络，交易员们唯一能使用的空间就只有地下室的空余空间。

但是，在"9·11"事件仅仅过去 6 天，也就是 9 月 17 日那天纽交所重新开业之时，国际证券公司的交易员们又开始交易了。我们有幸见证了这一奇迹是如何发生的。在"9·11"事件发生几天后，我们发了封电子邮件给交易室，询问是否所有员工都已经平安逃脱了。令我们欣慰的是，交易室没有任何人员伤亡。令我们惊讶的是，他们还在回信中对我们发出了邀请，准确地说，是坚决邀请，邀请我们到新泽西州去见证整个交易室的重建过程。"整个过程乱作一团，"交易室的经理写道，"但却十分鼓舞人心。"我们的到来将"提醒大家工作的常态"。作为民族志学者，能受邀前去记录交易室为重建工作所付出的非凡努力，我们倍感荣幸。

因此，9 月 19 日，我们以观察者的身份回到了交易员身边，这次是在新泽西州由地下仓库改建而成的临时交易室里。这个临时交易室距离曼哈顿只有 1 小时的车程，但它却与华尔街那令人兴奋和充满活力的场景有着天壤之别。这栋大楼坐落于郊区的企业园区，周围是与它相似的低层办公大楼，里面有高露洁、美国电话电报公司等企业。大楼拐角处有农场挂着"出售干草"的牌子。大楼周边遍布着低档购物中心、沃尔玛和唐恩都乐；开车 1 小时都买不到一杯浓缩咖啡。国际证券公司曾经的后勤办公室现在已经变成了前台。地下室房间给人一种临时过渡的感觉：没有窗户，天花板很低，墙壁刷成工业黄，看起来更适合作为储藏室而不是交易室。实际上，在我们到达这里的前一周，这个地方仍用于储存国际证券公司数据中心的主机。现在，员工的着装要求也从商务休闲装变成了牛仔裤和靴子。

我们的交易员在新泽西州，而且毫无疑问，是在新泽西州的地下储藏室里办公。墙上醒目地贴着指示牌，表明它的用途：20 楼股票部门。在同个大房间内的其他地方，你还可以看到其他指示牌，比如"21 楼固

定收入部门"、"19 楼风险管理部门"。我们交易员的办公地点仍在 19
楼至 21 楼之间,但现在是水平分布的,而不是垂直分布的。而且,在这
个临时空间内,他们已经迅速整理好了自己的办公桌以重现世界贸易中
心交易室的布局。例如,代理交易部门的所有交易员都坐在一起,围绕
着同一张办公桌办公。在世贸中心的交易室,他们坐在宽敞的办公室里
办公,位于股票贷款部门和特殊情况部门之间。在新泽西州,他们坐在
一张办公桌旁,两台复印机和三台传真机占据了这张办公桌的一部分空
间,这里曾是数据中心的传真工作站。他们在那里安营扎寨,但却是以
集中办公的形式。各个部门的布局也遵循了它们的相对位置,重建了世
贸中心交易室的认知秩序。当代理机构的经理和特殊情况部门的经理
发现自己又坐在彼此旁边办公时,他们恢复了以前的惯例:询问对方的
想法,探讨对方的看法,一起策划新的套利交易。有时有个经理疲惫地
喊道:"今天好像所有人都在用我的脑袋思考!"这反映出部门模式的分
布式认知的再次发生。

交易员们可以复制世贸中心交易室的楼层平面图,但却无法复制那
里的技术。他们无法获得纽约交易所的一手价格数据。"交易经理
v1.4a",一个注册和处理交易的硬件、软件平台(也称为"交易引擎")在
这里无法运行。以前传统电话转台有 20 条线路,但是现在全都无法接
通了,交易员只好勉强使用现成的电线电话(他们用平常的力气猛地放
下听筒)。他们用的不是太阳计算机系统的工作站,而是奔腾 II 处理器
和笔记本电脑,其中有些是交易员从自己家里带来的,有些是从数据中
心抢救出来的,有些是在恐怖袭击发生几天后匆忙购买的。他们现在没
有无限的带宽,因此必须设法适应有限的网络连接,此网络无法支持交
易室内所有部门同时进行交易。

技术故障使社会变得清晰可见

交易员们对于"9·11"事件的反应体现了他们对组织的社会技术观
点的重要见解。我们认为,套利者通过将同一地方的人、人工制品和想
法联系起来建立股票间的联系。从概念上讲,将这种社会技术网络分解
成人和机器是很有诱惑力的——前者是会思考会说话的人,后者则是服
从预编指令的机器。但是这种分离的想法是错误的。"技术,"布鲁诺·

拉图尔写道,"使社会变得持久。"①但是,发生技术故障时,当习惯随意选用 20 条专用电话线之一的交易员必须与他人共享电话时,当向来依赖速度和容量进行交易的交易员突然间必须以最小带宽工作,会发生什么呢? 国际证券公司交易技术的故障为我们打开了一个关于其社会技术网络的窗口,这个网络在世贸中心的交易室里无形地运行着——技术故障使社会变得清晰可见。②

对我们这些在纽约工作的人来说,"9·11"事件使我们清楚地看到了社会技术网络的存在。我在组织创新中心(COI)的研究团队有六名成员正在市中心进行民族志研究,我和丹尼尔在世贸中心,还有四个人③在硅巷参与实地研究,另外还有包括约翰·凯利在内的几个人很快就参与到对交易室反应和重建的研究中。我为我的研究生倍感骄傲,他们暂停了自己学位论文的写作来研究一个城市是如何应对危机的。我们的关注点在于在世贸中心的遗址归零地及其附近的公司的技术和组织界面,与大、中、小公司的个人或团队进行访谈交流。

2001 年 12 月 5 日,组织创新中心与世贸中心主要公司的高级行政人员和应变计划专家召开了圆桌会议。④ 下文引用的内容均摘自该会议的会议纪要。尽管这些高管负责恢复基础设施——全球金融的神经系统,即通信系统,但是他们的注意力却并不在技术上,就此会议而言,也不在应急计划上。没有人说,"我们的技术拯救了我们",或者"我们的应急预案真的奏效了"。尽管他们都是技术人员,但他们都指出社会关系是组织应对危机的一个关键要素。

---

① Bruno Latour,"Technology is Society Made Durable,"1991.

② 举个简单的例子,你所在部门的复印机。你可能认为复印机是一种技术,也就是说,直到它出现故障,你才意识到原来它是社会技术网络的一部分,包括部门秘书需要分别打电话给服务公司、调度员以及负责上门维修的维修人员。关于"9·11"事件后社会发展所导致的日益明显的技术故障,参见:John Kelly and David Stark,"Crisis,Recovery,Innovation:Learning from 9/11,"2002;Daniel Beunza and David Stark,"The Organization of Responsiveness:Innovation and Recovery in the Trading Rooms of Wall Street,"2003。

③ 莫妮克·吉拉德、阿曼达·达马林、保罗-布莱恩·麦金尼、吉娜·内夫。9 月 11 日那天保罗-布莱恩正在实地研究一个非营利性的技术援助项目,他自那天起所写的实地研究笔记就是一部卓越的民族志著作。

④ 这些公司包括了美林证券、康托·菲茨杰拉德公司、德意志银行、太阳计算机系统、金仕达公司、弗雷德·阿尔杰管理公司以及其他中小企业。根据我们和参与者的协议,所有引述内容都是匿名的。"9·11"事件后,处在这场大混乱中心的任何人都可能抽出时间来与我们交谈,这一点是值得注意的。许多人确实想发言,而且是本着开放、坦率和造福大众的精神发言,这给我们留下了深刻的印象。我们对他们的钦佩之情无以言表。

最令我难忘的故事,刚好是世贸中心某家大型债券交易公司的高管讲的,该公司在"9·11"事件中遭受了严重的人员伤亡。9月11日当晚,该公司幸存的领导们聚在一起,决定到那周债券市场重新开市时,公司必须恢复交易活动。因为债券市场在9月11日早上,也就是恐怖袭击发生前,就已经开市了,该公司面临着巨大的风险敞口:如果无法获得交易员的仓位,它可能会在市场重启时发生金融崩溃。该公司遵守了应急预案的所有指导方针。它的系统已经将交易员的数据备份好——不仅是备份到一个地方,实际上,是备份到两个办公室以外的地点,一个在哈德逊河对岸,另一个在大西洋对岸。但如果幸存者没有失踪交易员的账号和密码,就无法进入系统。正如某位高管所说:

> 等到9月14日,债券市场就会重新开放,现在我们还剩下47个小时[进行准备],某个问题已经占用了我们技术部门最多的时间……这就是如何进入系统,[得知]系统的账号,因为有许多员工已经不幸遇难,包括知道如何进入这些系统,知道账号密码备份到了哪里的员工……负责第二紧急情况的员工也已全部遇难。他们进入这些系统的方式是什么?整个团队围坐在一起,讨论遇难者透露过的度假目的地、自己孩子、妻子和狗的名字,你知道的,所有能想到的关于他们个人生活的信息。事实是我们借助自己知道的他们个人生活信息来破解这些账号,进入系统,使之赶在债券市场开放前重启,我认为[这]可能是有史以来技术、交流、社会学之间建立的第一个联系。

"如果没有人这一要素,即使准备就绪也一事无成"

如果世贸中心的地下室或者车库又发生了炸弹爆炸,我们绝不会让这种情况再次发生,但是你也知道在"9·11"的悲剧中有那么多因素需要考虑,我们该如何准备防范潜在风险呢?

没有人对任务许下承诺,对彼此许下承诺,即使准备就绪也无法完成任何事情。这样一来,最好的计划就永远没有用武之地。

我确定提前准备好是有些用处的……但即使是在没有准备就绪的地方,人们也会围绕着它进行创新。

作为一个团队,[我们彼此]充分沟通,愉快共事,这是我们能够快速重建的本质所在。

如果你谈论的是如何衡量准备工作,那么关键在于人们如何有效地共事。

通过保证人们有正确的关注点,我们能够实现某种奇迹。在传统的思维模式下,我们无法这样做。最后我想强调的是,如果你给予人们权力,解决问题的权力,那么他们就会解决它。这一点再怎么强调都不为过。

"造成这种差异的是一种高度接触、低技术含量的解决方案"

简单的人际接触不应该是我们从解决方案里设计出来的。对每一家成功回归的公司来说,产生差别的东西……[是]那种高度接触、低技术含量的解决方案。

令人吃惊的是,人们在危机中是多么富有适应性、创造性和创新性,而这也是最难衡量的东西。

具有分散性员工文化的组织机构……在紧急情况下,会比传统组织表现得好得多。

我们的零售商和供应商在信息技术领域、通信以及其他各方面都表现得非常出色。批评他们是轻而易举的。他们常常是冷笑话的取笑对象。对企业来说,到处取笑零售商和供应商是令人讨厌的行为。但这一回,确实要好好夸夸他们。我无法透露我们能在多大程度上依赖零售商、顾问和客户的关系。他们愿意采取任何必要的行动来与我们重新建立联系,无论这是否意味着要夜以继日地工作以使我们能在 9 月 14 日顺利重新开张,他们都在那里等我们。众所周知,这些关系永远都是无可替代的。

严格来说,这个团队所解决的问题并不是技术问题——他们的计算基础设施在技术上是起作用的。这也不是人力问题——肯定存在很多类似的问题,因为公司的人力损失是触目惊心的。这个问题是关于人和人力技术的界面的。这个界面的某个关键点出现了故障,这就是通过密码实现对技术系统的指挥和控制。

界面并不是我们与技术分隔的界限,而是边界。在我们使用技术来调节自身社会行为的实践中,我们常常在这个边界来回跨越。通常在我们意识到这一点之前,界面的工作表现是最佳的。一旦基本技能和任务沉淀在肌肉记忆与认知模式中,我们主要意识到的就是我们的社会目标,而不是在管理它们的时候我们所有的按键操作。当界面发生故障时,我们对此有所注意,仔细查看它们是如何工作的。对这些债券市场的交易员来说,界面——和遇难同事一起丢失的密码——属于社会技术。而最后挽救了局面,可能还挽救了公司的,正是他们对彼此的了解。为了获得系统代码,团队依靠的是非编码的个人知识。[①]

债券市场交易公司的叙述也突出了冗余在危机准备中的作用。与交易室中信息的速度和数量一样,冗余——通常看成是系统备份——是必要的但不是充分的。这种复制性冗余(对关键系统进行备份或复制)遵循风险管理的主要做法,我们可以预估世界未来的状态,并赋予其一些概率值。1993 年世贸中心地下车库爆炸后,这家债券交易公司采取了并行计算的策略,复制了自己的关键系统。但正如我们看到的这家公司的遭遇一样,在计划可计算风险情况下的复制性冗余不足以应对不确定情况,即使是最完美的计划也无法预测不确定性。在 2001 年 12 月召开的会议上,有个应急人员一针见血地指出了不常见危机的鲜明特征:

> 你也听说过托尔斯泰的那句"幸福的家庭都是相似的,但不幸的家庭却各有各的不幸"。对我们来说也是一样,每个正常的日子都是一模一样的,但是每场真正重大的危机却都是独一无二的。这就是你不能只为危机做准备的原因。

在前所未有的危机中,你无法提前知道自己会需要什么资源,甚至都无法提前知道什么可能会成为一种资源。因此,除了复制性冗余,我们的研究还表明了生成性冗余在应对危机时的重要性。这种冗余不同于富余,后者只是更多地使用相同的资源。生成性冗余是差异的冗余。因此,它才具有生成性。在极端不确定的情况下,联系和手段的多样性使互动更有可能产生创造性解决方案。横向联系跨越了正式的垂直结构(比如知道同事的家庭电话或者地址),是冗余,但不是简单的复制。包容多种工作方式的组织也愿意在短期内牺牲部分效率,以实现动态适应性。当企业的等级制度遭到灾难性破坏时,这些冗余会导致临时自我组织的产生,允许企业在特殊时期灵活重新定义角色和资源。

传统观点认为,在准备工作和提升竞争力之间存在一种权衡。一方面,复制性冗余是一种必要的业务实践,但也需要实打实的成本,在正常情况下它对提高组织竞争力是毫无裨益的。这种关于准备工作的观点

---

① 此外,该公司不是通过窥探员工的个人生活并将其导入中央数据库来得到这些信息的。

通常会给规模更大、官僚主义更严重的公司带来优势。另一方面，生成性冗余可能有助于公司展开准备工作和提升竞争力，能在特殊时期发挥作用的层次结构可以始终促进公司创新能力的提升。

足智多谋的识别

社会技术网络绝不是社会和技术关系的简单相加，例如，新的社会技术关系不能自动解决自身的中断问题。这一点在墙上的指示牌"20楼股票"上显而易见，体现出了国际证券公司坚持重现交易大厅原有布局的决心。该指示牌不仅提醒了交易员们，股票交易室位于风险管理和固定收益之间，也使陌生人对该楼熟门熟路。据卡隆所说，社会技术网络"不是连接已经存在的身份，而是配置本体的网络"。这些动因，它们的维度，它们是什么、做什么，全都取决于它们所处关系的形态。①

恐怖袭击发生后，国际证券公司的交易员们都在想他们的公司是否还会继续存在，交易室是否会重新运作，他们应该做什么，甚至他们是谁。地下室使幸存的交易员重操旧业。至于"我是谁"这个问题，电脑、办公桌和开放式办公空间给出的答案都是"交易员"。至于"我该做什么"这个问题，20楼的指示牌回答说："开始交易，利用任何你可利用的资源。"

面对破碎缺失的技术，交易员们重新组合新旧工具，重新开始交易活动。例如，在代理交易部门，初级交易员对一些业务进行手动操作（比如预定、登记和拆分交易）而这些操作几天前本该已经在他们位于世贸中心的交易室实现了自动化。由于这些手动操作使他们退回到了五年前的交易技术水平，大多数年轻交易员（部分还持有物理学博士学位）很快就不得不向老员工学习如何手工写票。

一开始，交易员使用最原始的调制解调器来联网。在一周内，他们获得了彭博的数据。但是对"未来"就在几秒之后的统计套利交易员来说，他们的工作仍面临重重阻碍。"我不能用历史数据交易。"一名统计套利交易员抱怨道，意思是说彭博的数据比纽约交易所要滞后15分钟。尽管如此，一些统计套利交易员通过调整工作方式，弥补了缺乏纽约交易所直接数据的缺点。他们不再监控交易机器人，而是积极成为价格机制的设计者。"欢迎来到剪切和粘贴的世界。"当我们靠近某位统计套利

---

① Michel Callon，"The Embeddedness of Economic Marketsin Economics，"1998.

交易员在新泽西州的临时办公桌时，他这样对我们打招呼。通过"剪切和粘贴"，他提到自己需要不断点击鼠标，从而将订单从电子邮件系统传输到交易引擎。他用这种方式工作，因为 Unix 的系统中缺少价格反馈，这迫使他手动地将一个界面连接到另一个界面。结果，他说，"我几乎腾不出时间去做其他事情"，比如他的主要工作——监控市场和价格反馈的速度。

最终，这个临时搭建的交易室接到了一条与纽约交易所相连的 T1 高速线路。但由于连接承载量有限，无法允许所有交易员都有足够的带宽同时进行交易。比如，当指数套利部门处于活跃状态时，其他部门就无法进行交易。虽然这导致了指数套利交易员与其他部门的交易员一起争夺奖金，但是交易室内其他交易员们并没有让这一瓶颈升级为部门间的冲突。这段插曲可用来证明另一个同样重要的组合特性：对差强人意的容忍。

那么对于响应性组织来说，它们可以从临时交易室中学到什么教训呢？这些交易员的经验表明，反应能力是心理预期与临时发挥的结合。国际证券公司有个空间，但它远未到达完美的程度，而交易员从到达的第一天起就在这个空间内进行交易。他们是怎么做到的？通过重组。国际证券公司有间仓库，几平方英尺大，此外几乎就没什么了。交易员在如此狭小的空间里看到了一种资源，并用它将部门组织成和之前交易室几乎相同的布局，在技术上即兴发挥，在与其他银行的协商中取得了巨大成功，在网上下订单并与市场相连。

交易员就像优秀的修补匠一样，绝不会让不完美阻碍自己的行动。除了重新组合新旧工具，一些交易员成了职员/手工操作人员/带宽的室友，和纽约交易所共享电缆。角色身份的转换并没有降低交易员的地位，实际上，这是他们重申自己交易员地位的一种方式。[①] 必须有所变才能保持不变。他们的交易员身份是印在名片上的，但是交易员负责的是什么呢？交易。通过重新定位自己在遭到破坏的社会技术网络中的

---

① 关于国际证券公司交易员所面临的身份危机的更详细描述，请参见 Daniel Beunza and David Stark, "Resolving Identities: Successive Crises in a Trading Room after 9/11," 2005。交易室面临的危机不止一个（"9·11"事件的直接后果），而是很多，包括合并套利部门离开新泽西搬到曼哈顿中城时给公司带来的诚信危机。我们证明了，特定危机是通过恢复身份来解决的，但身份一旦恢复，就会重新界定局势并导致新的危机。也就是说，每一次成功管理危机都引发了连续的危机浪潮。

地位，交易员们找到了交易的方法。创新指的不是拥有完成新任务的新资源，而是将别人识别不出的资源识别出来。反应能力正是建立在足智多谋的识别能力之上的。

第五章
从实地研究到研究领域

　　在前面构成本书论证核心的三个民族志案例中,我分别研究了机械工程、软件工程和金融工程三大领域中的工具构建。现在让我们将注意力转向分析工具,用它来研究组织中经济活动背后的社会过程。在动荡不安的 21 世纪,经济社会学面临了一些新挑战,因此我从实地研究转回了自己的研究领域,以期寻找新的研究思路。

　　经济社会学可以称得上是社会学中最新同时又是最古老的领域。直到最近,社会学才终于承认经济社会学是它的一个子领域。[①] 经济社会学可以说与社会学具有同样古老的历史,社会学的每一位奠基人(比如马克思、韦伯、迪尔凯姆、齐美尔)都对经济生活的研究做出了重要贡献。因此,当 20 世纪 80 年代中期经济社会学东山再起时,它就有了内涵丰富的概念、知名奠基人的著作、蜂拥而至的追随者。[②]

　　"新经济社会学"迅速形成体系,也慢慢勾勒出主要理论方法的脉络。制度分析、网络分析和组织生态学是三个主要的竞争观点[③],每个观点都有自己的方法和规范文本。这种新与旧的结合既继承了过去的成功,也导致了内在的问题:在已经明确界定方法的情况下,如何避免陷

---

① 2001 年,美国社会学协会正式承认经济社会学为社会学的一个分支。

② 经济社会学反映了这种巨大的合法性,与许多其他新的子领域不同,它不需要创办小众期刊,建立立足点,试图成为主流。从一开始,社会学期刊就向经济社会学的贡献者开放。例如,经济社会学的许多形成性论文是发表在《美国社会学杂志》(*American Journal of Sociology*)和《美国社会学评论》(*American Sociological Review*)上的。

③ 理性选择似乎曾经也在争取成为三者之一。在"新经济社会学"中,不可简化的单元不是理性的个体,而是一种关系,这与理性选择的观点相悖,因此后者逐渐衰落了。

入原有的问题模式?"新经济社会学"是否已经过时了? 经济社会学如何才能避免沉溺于早期成功呢?

我在认识到经济社会学可能故步自封的同时,也认识到它可能会恢复原来的活力,特别是在竞争方法重合摩擦而产生新研究方法的地方。在制度学家、组织生态学家和网络分析师的基础上,"新经济社会学"的下一步发展可能是通过重组上面三大观点来实现的。这种重组社会学可能会让一些人感到震惊,毕竟经济社会学的三大阵营已经根深蒂固。但是经济社会学的潜力既在于利用观点重合处的摩擦,也在于在每个传统中循着既有道路不断前进。

通过这样做,我们可以以网络分析、组织生态学和制度主义概念的发展为基础,保持它们的分析见解,同时扩大或完善这些见解以探索新问题。例如,我们可以以"社会关系结构塑造了行为"这一网络分析见解为基础——但在完善这些见解的同时,我们应注意到社会不仅包括了人类代理人,还包括了工具、人工制品和概念。作为一门联系的科学,社会学研究的不仅是人与人之间的联系。网络分析通过探索人、人工制品和社会概念①之间的联系而变得丰富。从网络的角度看,计算可看作是在人类及其非人的人工制品组成的网络中,按独特的计算距离呈社会化分布着。

我们可以将组织生态学家关于组织多样性重要性的见解作为基础,但是我们还会继续提出这样的观点来修改它们:如果多样性增强了社会系统层面的适应性,那么多样性对组织层面的适应也很重要。也就是说,我们从生态学家的组织多样性转向了多样性组织。这样,多样性的角色也就从生态学家强调多样性在选择中的重要性,变成了强调多样性在突变中的重要性。由此,多样性的生成作用得到了凸显。具有多样性甚至是竞争性的绩效标准和评估原则的组织,通过保存更为多样化的组织"基因库"来增强其适应性,从而增加在变化不可预测时进行富有成效重组的可能性。

我们可以以此为基础:制度主义者对于认知重要性的见解、拒绝将行动简化为选择或决定。通过聚焦于文化范畴并以此为行动资源,制度主义者打破了传统的手段与目的、约束与选择的二元对立,并用实际行动的概念取代了这种对立。我们的挑战在于要保持这样一种见解,即如

---

① Bruno Latour, *Reassembling the Social*, 2005.

果我们没有将自己的认知简化为非反思活动，具体化的实际行动就不应被简化为选择或决定。因为组织环境正在从 20 世纪中后期相对稳定的体制环境，变为技术加速变革引发的更加动荡的环境，而组织行动者也意识到，今天的东西可能等到明天就过时了。他们认识到，不能把自己的知识视为理所当然，于是他们寻求实践以打破习惯的束缚。他们以这样的方式来挑战我们探索反思性认知的组织基础。依赖于制度化常规的组织专注于细化分类代码，以应对合法化问题，但是今天的组织却专注于搜索的社会技术，以应对识别机会的问题。虽然非反思性活动是制度的属性，但是我们可以转而研究产生它的困境中的反思性认知。

接下来，我将探讨关于探究的几个思路。我的任务显然不是创立新的社会学领域，为社会学划定新的边界，为新社会学与其他科学的混合学科命名。这将与开放社会学领域的精神背道而驰。如果我们需要新的学科地图，那理应是包含了未知领域的地图，地图里面的区域应当显示完全不同类型的风险和探索未知未分类问题的机会。这是下一代经济社会学家所面临的挑战。

与此同时，因为我过分专注于社会学的辩论，就像我专注于社会学这个领域一样，所以我采取了回顾和预测①并用的叙事方式来审视社会学现状，并指出有望提出新方法以应对变化世界的分析挑战的发展。如果我坚持认为，对组织而言，创新重组的可能性来自竞争原则摩擦所产生的反思性，那么我对自己所研究的社会学领域发展的看法也是如此。根据我自己的研究经验，我认为我应该先在现有学派之间的争论点上寻

---

① 关于回顾和预测的叙述呼应了"从……到……"的修辞策略，狄马乔和鲍威尔在新制度主义的形成声明中使用了该修辞策略："在我们所描述的社会学行动理论转型的背景下，新旧制度主义在组织分析上的差异就变得可理解了。理论重点从客体关系转向认知理论，从全神贯注转向本体论的焦虑，从杂乱无章转向实际原因，从内化转向模仿，从承诺转向民族学的信任，从批准转向特设，从规范转向脚本和模式，从价值观转向叙述，从一致和融合转向松散联结，从角色和惯例……这些转变已经十分自然地改变了组织中的学生所提出的问题以及给出的答案。"(Paul J. DiMaggio and Walter W. Powell, "Introduction," in *The New Institutionalism in Organizational Analysis*, 1991, pp. 26-27.)

求新的见解和分析手段。正是通过保持局内人/局外人①的地位，我才能自由地同时进行制度主义、网络分析、组织生态学的研究，为相互竞争的各个学派彼此重合的新概念寻得发展空间。因此，在为经济社会学和组织分析指明新方向时，我重点强调了可产生混合的领域。

从分类到搜索

经济和组织社会学中的新制度主义一直专注于成立声明发表后创建的分类，其中，约翰·迈耶和布莱恩·罗文表示："制度规则是用来回报象征和解释的社会分类。"②对迈耶和罗文来说，合理化的正式结构要比市场或技术更能定义现代社会。他们写道："理性组织在后工业社会中的主导力甚至比生产力还要强。"③他们认为，制度化规则的分类代理，尤其会在那些无法轻易评估产出的单位（如学校、研发单位或企业的服务部门）方面发挥作用。在这些情况下，制度化的分类规则日益成为现行的绩效标准，合理化正式结构的正当性是市场效率标准的替代物。组织内多种绩效标准的并行是矛盾的："分类规则与效率逻辑相冲突。"④

为了消除规则与效率之间的冲突，迈耶和罗文提出了组织缓冲，或者用他们的话来说是"分离"，也就是治理中的实际行动。当遵守制度化规则是仪式化的或者"礼仪的"，技术上的相互依赖问题就可以得到低调神秘的解决。但是，不论是缓冲还是分离，礼仪规则都是不容忽视的。

① 我的工作借鉴了制度主义、网络分析和组织生态学这三者中的每一个，但又不属于三者中的任何一个。从局内人/局外人的角度来看，我的工作存在于而且是多个横切网络的产物：使用网络分析来撰写合著的民族志学者；合著了一篇提倡制度分析论文的网络分析师；参与编辑了一本作品集的制度学家，这个集子借鉴了组织生态学用于改进系统变革的进化模型。请分别参见：David Stark and Balazs Vedres, "Social Times of Network Spaces: Network Sequences and Foreign Investment in Hungary," 2006; David Stark and Victor Nee, "Toward an Institutional Analysis of State Socialism," 1989; Gernot Grabher and David Stark, "Organizing Diversity: Evolutionary Theory, Network Analysis, and the Postsocialist Transformations," 1997.

② John W. Meyer and Brian Rowan, "Institutionalized Organization: Formal Structure as Myth and Ceremony," 1977, p. 341.

③ John W. Meyer and Brian Rowan, "Institutionalized Organization: Formal Structure as Myth and Ceremony," 1977, p. 345.

④ John W. Meyer and Brian Rowan, "Institutionalized Organization: Formal Structure as Myth and Ceremony," 1977, p. 355.

礼仪上符合正式准则的合法化对于组织的胜败存亡来说至关重要："因此,组织的成功取决于对生产活动的有效协调和控制之外的其他因素……一些组织的生存更多地依赖于高度制度化环境的礼仪要求。"①

　　制度分析的创立声明中有两点最能说明问题。第一,在观察多个绩效标准的共同点时,迈耶和罗文明确地意识到组织是相互竞争与共存的价值原则的场所。除了市场价值评估之外,他们还确定了"价值的礼仪标准"。第二,价值供选择排序的指导原则是按照分类逻辑来执行的。制度化正式结构是合理的,因为它们是"分类的"、"绝对的"、"编码化的":"现存活动的新领域在制度化的程序、专业或技术中编码,组织合并了打包好的代码。"②

　　这一创立宣言是极具创造力的,为保罗·狄马乔和瓦尔特·鲍威尔撰写关于组织同构③的文章提供了灵感。在这篇文章中,他们展示了制度化规则是如何通过跨组织的运作来跨越当地环境④的多样性,从而减少多样化的。如果说迈耶和罗文为社会学新制度主义提供了助力,那么狄马乔和鲍威尔的文章则无疑是它的助推器。无论是研究机构如何塑造组织(比如通过强制或模仿同构),还是受尼尔·弗里格斯坦研究机构塑造市场的启发⑤,每个地方强调的都是规则、代码和分类。经济学家有价格和生产函数,社会学家则有种类和分类系统。

　　按这个方法,制度化是官僚理性的制度化。例如,组织是根植在合理化的规则系统中对工作进行分类的。市场是根植在监管框架、会计准

①　John W. Meyer and Brian Rowan, "Institutionalized Organization: Formal Structure as Myth and Ceremony," 1977, pp. 352-353.

②　John W. Meyer and Brian Rowan, "Institutionalized Organization: Formal Structure as Myth and Ceremony," 1977, pp. 344,352.

③　Paul J. DiMaggio and Walter W. Powell, "The Iron Cage Revisited: Institutional Isomorphism and Collective Rationality in Organizational Fields," 1983.

④　狄马乔和鲍威尔的文章也对组织生态学家产生了刺激,后者提出了这样的概念:选择机制可以在不止一个性能标准下运作。"成功在一定程度上取决于合法性"这一观点挑战了人们对效率的传统思考方式:"因为组织为了稀缺资源、成员资格和合法性而展开竞争,调动这些资源的效率会影响组织的生存概率。"从这个意义上说,组织面临着效率测试。但是,当前生态理论中所假设的效率检验,却要比简单地测试产品或服务生产技术的效率更为复杂。在影响生存概率上,调动资源或讨好政客的效率往往比狭隘的技术效率要更具有决定性(Michael T. Hannan, "Uncertainty, Diversity, and Organizational Change," 1986, pp. 90-91)。

⑤　Neil Fligstein, *The Architecture of Markets: An Economic Sociology of Capitalist Societies*, 2001.

则和技术标准中的——三者都是正式详细确定的、在官方意义上合理化的，因此按照分类逻辑来给人员、对象和实践分类，并划分资格和责任界限。社会学制度主义将实际行动描述为不加思考地确定分类方案，从而将战略行动简化为规则设计："战略行动是社会主体创造和维持稳定的社会世界（比如组织领域）的尝试。这需要设计出不同群体都愿意遵守的规则。"①

狄马乔和鲍威尔在他们的重要文集《组织分析中的新制度主义》的序言中指出：旧制度主义是基于"价值、规范、态度"的，而新制度主义则是关于"分类、惯例、方案、模式"的。② 由于质量上乘，这一文集具有很大的影响力，另外它也标志着我们现在可以看到的第二波官僚化的高潮，因此它理应享有突出地位。但正如狄马乔奥和鲍威尔所指出的那样，我们首先要建立大型企业和国家官僚机构，然后再将组织环境合理化③，参与内部过程分类规则的细化④。

分类是官僚主义的关键社会过程。在商业组织领域内，想想早期科学经理对任务的分类和对其成分运动的分析。在国家行政层面，想想人口普查类别对于官僚分类的重要性，以及对于建立代表国家经济的核算制度的重要性。⑤ 在超国家层面，观察欧盟内部产品分类方法的推广。⑥ 在全球层面，想想疾病的国际分类及其对医学组织的影响。⑦

不论是现在还是将来，分类过程都是现代社会和当代组织的重要特征。但有迹象表明，这种分类逻辑正在让位给——当然对方也有所扩张——另一种逻辑。等级制度的合理性是围绕着分类过程而组织的，而新兴的差异化形式则是围绕着搜索过程而组织的。和分类一样，搜索是

---

① Neil Fligstein, "Social Skill and Institutional Theory," 1997, p. 398.
② DiMaggio and Powell, "Introduction," p. 13.
③ 官僚化惯例在这个词的双重意义上得到了合理化。它们的编码是标准化的，它们的理论基础（无论对实际意图和影响有多大的误解）是明确的。关于编码化和正式化，请参见 Pierre Bourdieu, "Habitus, Code, et Codification," 1986。
④ 然而 21 世纪的转折却标志着一些新的进程，它们没有表现为官僚合理化。关于这些变化的讨论，请参见 Paul DiMaggio, ed., *The Twenty-First-Century Firm*：*Changing Economic Organization in International Perspective*, 2001。
⑤ Alain Desrosières, "Official Statistics and Business," 1994；and Alain Desrosières, *The Politics of Large Numbers*：*A History of Statistical Reasoning*, 1998.
⑥ 关于将欧洲化作为常态化——一个满足数以万计的规范和标准的过程，请参见 László Bruszt and David Stark, "Who Counts? Supranational Norms and Societal Needs," 2003。
⑦ Geoffrey Bowker and Susan Leigh Star, "Knowledge and Infrastructure in International Information Management：Problems of Classification and Coding," 1994.

人类的一项基本活动。正如制度主义将合理化分类标准的传播确定为20世纪下半叶组织环境的重要发展,因此搜索的组织逻辑转变是21世纪的广义社会领域的重要特征。我在论证搜索研究是分类研究的必要对象时,首先从搜索技术入手,简要探讨了搜索在组织中的作用,然后重新研究了搜索的逻辑。

如果说分类是理性官僚主义的关键社会过程,那么文件和档案柜就是分类的范式技术。① 如何组织?组织你的文件——分类、排序、归档。档案柜是官僚合理化的主要技术,搜索引擎则是我们时代的范式技术。在诸多重塑了工作和生活的新信息技术中,可能没有什么比搜索的新技术更具有变革性的了。当然,档案柜作为一种基于分类系统知识的搜索,也促进了搜索技术的发展。在数字时代的早期,最初的搜索引擎本质上是基于类似的归档逻辑,我们这些年岁够长的人都知道,要想访问个人电脑里的文件,就要记得它保存在哪个目录下,有人对此已经轻车熟路了。例如,雅虎及其早期竞争对手雇用了人类编辑来对网站进行分类以建立并维护目录。

当谷歌创始人将搜索从分类逻辑重组为网络逻辑时,情况就变了。关键在于转向新的权威衡量标准。他们想知道自己可以按照什么标准来引导用户访问权威网站?为什么不使用网站的无等级网络结构和通过超链接建立的联系来产生权威呢?答案是不依靠员工,而是基于数百万指向其他网站的网站建立者的决定来做出权威判断,放弃使用复杂的分类系统。相反,基于连接到该网站的网站加权数量(指向网站的权重更大,就会有更多网站与之连接),给每个网站一个"谷歌排名分数"。构建基于水平权威和网络原则的差异化结构,代替基于分类原则的层次结构。

围绕协同过滤而组织的搜索引擎也运用了网络原则。如果你使用过推荐系统——"买了(或者高度评价)这本书的人也买了……",那你一定对协同过滤十分熟悉,即使从未听说过这个词。② 这里,同样地,关键

---

① JoAnne Yates, *Control Through Communication*:*The Rise of System in American Management*,1989.

② 在1999年出版的《睡眠者的科学》(*The Science of the Sleeper*)中,马尔科姆·格拉德威尔对协同过滤做了很好的介绍。关于有用的技术说明,参见:Upendra Shardanand and Pattie Maes,"Social Information Filtering:Algorithms for Automating Word of Mouth,"1995;Jonathan L. Herlocker,"Algorithmic Framework for Performing Collaborative Filtering,"1999。

思想是搜索引擎(在本例中称为推荐系统)不需要对你的喜好进行分类(例如,乡村和西部音乐 vs 古典音乐,恐怖片 vs 喜剧片)。它只需要将你过去的选择(购买、排名)与其他做出类似但不完全相同选择的用户的选择进行匹配。要强调的是,协同过滤并不基于现有的甚至是紧急的类别来创建用户形象,相反,它根据网络关系来创建用户形象。尽管大多数社会学的社会网络分析家认为网络是人与人之间的联系,但是在这里网络分析是建立在人与事物的联系之上的。

新的社会技术利用了并从根本上重组了网站生活的三大基本活动：搜索、连接、互动。当然,有了电话和电话簿,我就可以搜索(找到号码)、连接(拨打电话)和互动(为儿子订购背包)。我不能根据连接的结构进行搜索：我既不能基于搜索结构进行交互,也不能基于交互结构进行连接。但是新的信息技术正是通过这些重组来运作的。

而且,这些新应用远远超出了寻找电影等琐碎事情。例如,洛斯·阿拉莫斯实验室(Los Alamos Laboratory)数字图书馆的信息学研究人员建立了一个自适应推荐系统,对巨大的科学数据库(包含 300 多万条记录)进行了挖掘。路易斯·罗查的 TalkMine 是一个混合的集合/结构/内容系统,充分利用了搜索、连接、交互的重组特性。[①] 与信息学的其他创新研究人员一样,对于将搜索建模为信息检索的项目,罗查试图消除其背后的关键缺陷,也就是说,假定信息资源现有的(通常是静态的)结构已经包含了所有需要发现的相关知识。但是知识,特别是快速发展领域的知识,正在不断演变,因此新的类别和联系在不断涌现。一旦我们将庞大的数据库视为关联的知识结构,我们的目标就是让它们成为可访问的不断发展的知识库。实现方法就是在用户与信息资源互动的基础上,判断出新兴的语言类别。

罗查的项目明显是混合的。用网络术语来说,该项目考察了信息资源的语义属性(比如,关键词与其他语言类别在文档中和跨文档的关系网络)。但它使用了一种称为"证据集"的集合结构,这是对模糊逻辑的扩展,用于对语言类型建模。[②] 在网络术语中,它还通过跟踪用户产生

---

① Luis M. Rocha, "Adaptive Webs for Heterarchies with Diverse Communities of Users," 2001.

② 详细信息请参见 Luis M. Rocha, "Evidence Sets and Contextual Genetic Algorithms: Exploring Uncertainty, Context and Embodiment in Cognitive and Biological Systems," 1999。

的信息资源之间的关系来发现文档之间的联系。但是，与协同过滤不同，这种共同推荐系统跟踪了用户检索文档时在信息结构中所遵循的路径。一些文档集在不同用户的路径中同时检索到的次数越多，它们在信息资源结构中的关系就越密切。有了这种混杂性，系统就弥补了每个成分的部分缺点。[①]

　　TalkMine 的工作原理是将用户与信息资源（以及间接地与其他用户）之间的互动概念变为广泛对话。通过将用户本身视为信息资源，借助用户的信息邻近性来给用户的特定语境下定义，新的类别由此诞生。也就是说，用户在搜索、连接以及和知识形式互动时会建立新的联系。简单地说，用户可以输入搜索项，该搜索项没有作为关键词类别存储在系统的任何地方。比如，让我们假设一下，关键词 heterarchy（差异化结构）最初并不存在于社会科学哲学的图书馆中。在我多次搜索后，该图书馆创建了 heterarchy 这一关键词，即使在它下面没有任何文档。当我修改了我的搜索，加入了其他关键词，检索含有关键词的局部语境文档时，heterarchy 这个关键词就与 distributed intelligence（分布式智能）、diversity（多样性）、recombination（重组）、adaptability（适应性）等建立了联系。当其他用户制造了类似联系时，一个新类别被标记到一些文档中，而此前这些文档的作者并没有将它作为文档的关键词之一。从那时起，搜索 distributed intelligence（分布式智能）的用户可能会找到一些被标记为 heterarchy（差异化结构）的文档，搜索 heterarchy（差异化结构）的用户可能会被导向圣达菲研究所的论文和许多不同领域学者的研究上去。

　　请注意，在转向搜索时，我们并没有放弃"类别"的概念，而是强调了不同的方面。这里的范畴是临时概念，而不是已趋于稳定的理所当然。通过将多个信息资源的知识和用户在互动过程中表现出来的兴趣整合起来，我们临时构建了一个类别。[②] 作为知识的临时容器，它类似于短暂的、关于语境的知识安排，安迪·克拉克将其描述为"事先无准备的"

---

① 值得注意的是，它纠正了纯粹共同方法的缺点，在这些方法中，积极的反馈导致过度符合大多数用户的利益，只推荐给定区域（如亚马逊等网站的"最佳"列表区域）中检索次数最多的文档，从而减少了知识的多样性。

② 从这个意义上说，人类认知将类别视为一种语言结构，用来存储由几个神经次网络的知识整合而成的临时联系。由语言和会话驱动的分类过程将几个分布式神经网络联系在一起，将不会在单个网络中产生关联的知识标记联系起来。（Rocha, "Adaptive Webs," p. 18）。

类别构建。[①] 这样的"短期分类将许多可能高度无关的语境联系在一起，从而在单独信息资源中建立了有限的语境中永远都不会产生的新联系"[②]。

为什么搜索研究应该在经济社会学和组织社会学中举足轻重呢？我认为有四个原因，按其重要性升序排列。第一，搜索已经成为大业务。尽管亚马逊作为在线零售的一大突破，是第一波互联网热潮的典型公司，但是谷歌才是我们时代的典范，它改变了我们工作、购物的方式，甚至还有我们在社会和物理空间中的定位方式。我们不应该追逐时尚，但搜索不是一种时尚。作为一种主要的商业模式，搜索值得引起我们的关注。

第二，协同过滤及其后续项目正在促使营销策略从人口类别转向网络属性。对前一种战略的重要贡献来自社会学中基于变量的方法，通过关注人口统计类别（年龄、性别、种族、教育、收入、人口普查区等）以及与之交叉分类的审美的社会分类。营销永远不会放弃分类。如果新产品不能被认为属于某个产品或群体的类别，或者至少与这些类别重合，那它就永远都卖不出去。但是新的社交网站已经提出了应急分类策略。它们标志着向新经济的转变，在新经济中价值不根植于社会关系，但社会关系却是价值的主要来源。要做的不是定义产品或者设计品牌，而是培养网络，让用户自己来标记产品。网络属性知识是有价值的投资，简而言之，它是一种资产。当社会关系是有价值的资产时，网络和产品一样，甚至可能在更大程度上，定义了（不断发展的）品牌。在一定程度上，经济社会学是有用武之地的，社会网络分析为这种增长战略提供了实现路径。

第三，企业如果正在从分类营销转向网络营销，那么同时也正在从分类转向内部过程的搜索。随着越来越多的工作以临时项目的形式组织起来，工作类别在分配和奖励工作方面变得不那么明显。[③] 因为工作类别不会立刻消失，所以我们看见许多新的工作岗位大量涌现，而且常

[①] Andy Clark, *Associative Engines*：*Connectionism*，*Concepts*，*and Representational Change*，1993；and Andy Clark，"Leadership and Influence：The Manager as Coach，Nanny，and Artificial DNA," 1999.

[②] Rocha，"Adaptive Webs," p. 25.

[③] Thomas Lemieux，W. Bentley MacLeod，and Daniel Parent，"Performance Pay and Wage Inequality," 2007.

常是复合式的岗位。我最喜欢的工作岗位是我们在第三章的新媒体工作者中提及的"技术福音传道者"。更重要的是，当组织在官僚上围绕着等级制度进行组织时，获取知识实际上可以表述为"信息检索"。但是，当企业适应和塑造环境的能力（对非营利组织来说是有效性）取决于其跨部门持续重组知识的能力，情况也就随之改变。产品和零件可以分类，工作也可以分类，但是知识，特别是领域前沿的知识，是无法分类的。或者，可能更准确地，我们应该说，想要在本领域保持领先的组织需要抵制自身对于编辑（这也是易遭到复制的）知识的依赖倾向。①

　　这种变化的表现就是人们将公司或非营利组织设想成"知识组织"，结果就是我们发现他们对知识管理的关注越来越令人害怕。这种知识管理大部分是关于搜索的——许多组织已经采用了类似于路易斯·罗查为洛斯·阿拉莫斯实验室开发的系统。对这些系统至关重要的是紧急分类的概念。② 其中有些计划是与时俱进的，例如在大型国际咨询公司中，新关系是有附加值的，在这种关系的背后可能有实际的新概念，也可能没有。许多实践者抱怨说元标记的工作给他们带来了额外的工作负担，但是在知识管理工作的基础上存在一个十分严峻的问题，即组织中知识正日益变得复杂。正如努希尔·康塔可特指出的，越是有更多的知识分布在人、实践、文档和信息基础设施中，问题就越不是简单的"谁认识谁"或者"谁知道什么"，而是"谁知道谁知道什么"。③ 更强大的搜索引擎可以向用户提供便利，但是它们无法自行解决问题：组织怎么才能知道自己知道什么呢？④

　　第四，也是最重要的，搜索是重塑经济社会学过程的核心，因为它最好地体现了当代组织所面临的挑战。"组织结构，"复杂性理论家迈克尔·科恩写道，"是对于搜索的一种探索。"科恩进一步指出，当组织面临困境时，搜索的中心地位就更为突出了："组合复杂性使搜索过程的设计变得至关重要。"⑤

---

① Bruce Kogut and Udo Zander, "Knowledge of the Firm, Combinative Capabilities, and the Replication of Technology," 1992.

② John H. Clippinger, "Tags: The Power of Labels in Shaping Markets and Organizations," 1999; and Brook Manville, "Complex Adaptive Knowledge Management: A Case from McKinsey & Company," 1999.

③ Noshir S. Contractor and Peter R. Monge, "Managing Knowledge Networks," 2002.

④ Pablo Boczkowski, *Digitizing the News: Innovation in Online Newspapers*, 2004.

⑤ Michael D. Cohen, "The Power of Parallel Thinking," 1981.

正如我在本书开篇和全书中论述的那样,对组织最重要的搜索是搜索引擎所无法助力的搜索。在真正探索未知的过程中,创新组织,就像埃尔莫尔·伦纳德的《天堂先生》中的侦探一样,并不真的知道自己的搜索目标,直到找到为止。实际上,正如约翰·杜威在他关于探究的著作中所敏锐指出的那样,只有在改造世界的过程中我们才逐渐意识到自己的搜索目标。在最具有创新性的探究中,这世界上并没有什么现成的东西等着我们去发现。戴维·莱恩和罗伯特·马克斯菲尔德研究了公司结构经历一连串快速变化的情况,明确指出:"这个要求你主动行动的世界不会被动地在那里,等着主动泄露自己的秘密。相反,你身处的世界正在积极建设中,而你也是建设团队的一分子——即便你手上没有什么蓝图。"①

从传统意义上来说,我们可以认为组织知道自己的搜索目标:利润、价值、机会。但是没有组织能在抽象环境中找到这些东西。正如我们在考察第四章的交易室时所看见的那样,没有交易员从抽象机会中获益过。事实上,抽象机会的案例通常是关于如何错过机会的。交易员可能会建立起高度抽象的联系,但是实际交易活动必须是令人疯狂的、名义上可以迅速分裂的、具体的。机会主义,从褒义而非贬义的术语意义上来说,能够找到合适的行动时刻,而其他知道自己搜索目标的人是无法识别这些时刻的。交易室乍一看是个关于如何快速分析信息的环境,但实际上它设计这个环境是为了促进释义搜索,从而产生令人惊叹的新联系。第三章的新媒体初创企业,同样也在高度不确定的领域中搜索客户、软件程序、用户和商业模式之间原先未识别的联系。第二章中,匈牙利的工人们似乎在一个僵化的、固定的、乏味的领域工作,他们明确知道自己的搜索目标——识别自己工匠技能的价值。但在识别的同时,他们也开始接触意想不到的新身份。

行动者和组织如何才能发现意想不到的机会并识别出来呢? 第一步就是要走出早期成功的经验。接着才能面对这一挑战。

---

① David Lane and Robert Maxfield, "Strategy under Complexity: Fostering Generative Relationships," 1996, p. 216.

从组织多样性到多样性组织

　　狩猎季的每个晚上,拉布拉多半岛的纳斯克皮族印第安人都会把北美驯鹿的一块肩骨放在火上,以此决定第二天的狩猎地点。[①] 萨满会根据驯鹿骨头上的烟沉积物,为狩猎队推断出第二天的搜索方向和地点。短期理性理应会总结认为,找到猎物的最佳方法就是明天再去一次今天找到过猎物的地方,但纳斯克皮族通过上面这种方式,引入了一个随机元素来混淆短期理性。通过追踪北美驯鹿骨骼上不同的每日烟分布图,他们避免了故步自封于既有成功,虽然既有成功能在短期内帮助他们快速找到猎物,但却会在长期内耗尽周边四分之一圆内的驯鹿库存,降低狩猎的成功率。通过打断未来路径与既有成功间的联系,解读肩骨的传统成了消除狩猎路径依赖的灵丹妙药。

　　我不是说我们应该通过掷骰子来组织搜索活动,但拉布拉多的教训确实很好地说明了群体是如何在该地区的生态环境中,试图与其交际对象,即非人体工程学的 QWERTY 键盘打交道的。[②] 实际上,进化经济学和组织分析的研究确实表明,过快的学习速度是以牺牲效率为代价的。例如,艾伦和麦克格莱德使用了加拿大新斯科舍省渔民的行为来说明利用旧确定性和探索新可能性之间可能存在着权衡。[③] 他们的捕鱼船队模型将渔民分为两类:一类是理性主义的笛卡尔派,只在鱼咬过钩的地方撒网;另一类是冒险的随机派,喜欢寻找新的鱼群。在模拟实验中,所有的船长都是随机派,舰队的生产率相对较低,因为没有用到关于鱼咬钩地点的知识,而全是笛卡儿派的舰队锁定了"最有可能"的地点,很快就捕到了鱼。更有效的是那种混合了笛卡儿派开拓者和随机派探索者的模型,就像新斯科舍省渔船队一样。

　　詹姆斯·马奇的模拟也得到了类似结果。他发现,由清一色的快速学习者组成的团队常常表现得不如由快速和慢速学习者组成的团队。

---

① 该描述引自 Karl E. Weick, "Organization Design: Organizations as Self-designing Systems," 1977, p. 45. 从适应到适应性的概念转变最初是由格诺特·格拉伯提出的(参见 Grabher and Stark, "Organizing Diversity")。

② W. Brian Arthur, "Competing Technologies, Increasing Returns, and Lock-In by Historical Events," 1989.

③ Peter M. Allen and J. M. McGlade, "Modeling Complex Human Systems: A Fisheries Example," 1987.

学习过快的组织会以探索为代价，转向开发，从而陷入次优的惯例和策略。[①] 斯科特·佩奇修改了部分参数，进行了类似的模拟实验。他证明了一群能力较弱但视角更多元化的问题解决者，比一群能力更强而观点一致的问题解决者表现得更好，后者很快就能找到的解决方法往往只是局部最优。根据这些模拟和其他博弈论的研究，佩奇总结道："多样性比能力更重要。"[②]艾伦和麦克格莱德的研究中全是笛卡儿派的舰队，就像马奇和佩奇的模拟实验中的同类聪明学习者组织一样，体现了积极反馈的潜在危险和紧密结合的陷阱。[③]

就像步兵军官在士兵过桥时指挥鼓手打乱他们行进的节奏，以免整齐划一的脚步声给他们带来祸患一样：失衡有助于组织学习和经济发展。

处于高度不稳定环境中的组织，不同于新制度主义者所假设的稳定组织环境中的公司，不能将其搜索限制在熟悉的制度范围内。在技术加速变革所产生的不可预测市场领域，你不能明天还去今天找到过猎物的地方狩猎。用复杂适应性系统中的新经济学语言重申[④]，就是在不确定环境下，企业的问题在于，提高配置效率的机制可能最终会将发展固定在低效的动态路径上。在这一框架内，我们的注意力从适应转向适应性，从如何立刻"适应"环境的问题，转向如何重塑组织结构以增强能力来应对不可预知的未来环境变化的问题。[⑤] 差异化组织投入实践的根

---

① James G. March, "Exploration and Exploitation in Organizational Learning," 1991; see also Daniel A. Levinthal and James G. March, "The Myopia of Learning," 1993.

② Scott E. Page, *The Difference: How the Power of Diversity Creates Better Groups, Firms, Schools, and Societies*, 2007.迈克尔·科恩是第一个进行仿真模拟的研究人员，他的模拟结果表明，有了适当的交互结构，组织能够从薄弱部分获得强大的搜索能力（Cohen, "The Power of Parallel Thinking"; Michael D. Cohen, "Conflict and Complexity: Goal Diversity and Organizational Search Effectiveness," 1983）。

③ 埃德温·哈金斯发现更多交流并不总是意味着会更好。如果从一开始就开放所有网络与交流，那么密集的交流会导致确认偏差，因为社会群体会"不顾证据，选择最接近个人倾向的解释"。限制子群体之间的早期交流并在后面开放它，可以减少总体确认偏差，因为缓冲网络可以权衡倾向和证据（Edwin Hutchins, *Cognition in the Wild*, 1995, pp. 292-295）克拉克指出了陪审团之间的沟通所遭到的影响——过早的沟通可能会使陪审团失去相对于个体决定而言的集体优势（Andy Clark, *Being There: Putting Brain, Body, and World Together Again*, 1997）。

④ John Holland, "Complex Adaptive Systems," 1992; W. Brian Arthur, *Increasing Returns and Path Dependence in the Economy*, 1994.

⑤ Gernot Grabher, "Adaptation at the Cost of Adaptability? Restructuring the Eastern German Regional Economy," 1997.

本教训可以用更具挑衅性的语言表述:严格说,按照我后面所阐述的,它们愿意在短期内牺牲配置效率(适应)来换取长期的动态效率(适应性)。

虽然关于适应和适应性的权衡没有形成,但是采取组织生态学方法来展开研究的社会学家,已经意识到组织同化所造成的组织多样性丧失。正如迈克尔·汉南所说的那样,组织形式更多样的经济体系对环境变化的反应也会更为迅速:

> 组织多样性……形成了解决方案库,来应对导致一些共性结果的问题。这些解决方案根植到了组织结构和战略中。如果是这样,那么组织多样性水平的降低意味着失去了关于如何适应(生产)不断变化环境的组织化信息。不论何时,未来都是不确定的,拥有生产特定商品和服务的一系列替代方式是有价值的。一个仅保留少数组织形式的社会可能会实现短期繁荣。但一旦环境发生变化,它就会面临一系列严重问题,直到现有组织得到重塑或者新的组织得以成立。环境变化后,系统的组织多样性水平越高,就越有可能给出令人满意的解决方案。[1]

正如我的案例所表明的那样,我赞成人口生态学家的观点——组织多样性在经济制度层面是至关重要的。正是因为我赞成的这个见解是很有说服力的,所以我想要将它从社会层面扩展到组织层面,作为初步实践,我建议我们重新阅读上文所引用的汉南发言的节选。在术语或上下文中,用公司(组织)来代替社会(系统),该见解仍然成立。公司,或者更普遍地说是组织,做事方式更多样的公司更有可能具有适应环境变化的能力。

从社会层面转向组织层面的过程中,我们渐渐从生态学家的组织多样性转向了差异化的多样性组织。[2] 当不同组织原则在公司内部的积

---

[1] Hannan, "Uncertainty," p. 85.

[2] "复杂性的范围是有组织的多样性的范围,也是组织多样性的范围。"(Edgar Morin, "Complexity," 1974, p. 558.)我所提出的转变——从考虑组织群体内部的变化(组织生态学的特征)到关注企业内部的组织多样性——与人口生物学、计算生物学中关于组织起源的新工作之间的差异具有广泛的可比性。"与传统方法相反,建设性的动力系统所指定的对象之间的相互作用不是外部的,而是将对象内部作为其结构功能……自我维护系统是通过系统内部转换而不断自我更新的系统。"(Walter Fontana and Leo Buss, "'The Arrival of the Fittest': Toward a Theory of Biological Organization," 1994, p. 3.)关于变异的进化和基因型-表型映射的遗传控制的可信讨论,请参见 Gunter P. Wagner and Lee Altenberg, "Complex Adaptations and the Evolution of Evolvability," 1996。

极竞争中共存时,组织多样性最有可能产生最大的进化潜力。

为什么多样性在组织层面很重要？我认为是因为这要求我们对生态框架做出进一步修改。回想一下汉南的说法,"拥有生产特定商品和服务的一系列替代方法是有价值的",因为它增加了"手头有一些令人满意的解决方案的可能性"。但我的观点却并非如此;多样性之所以重要,并不是因为它保留着已知的解决方案,相反,它通过保存更多样的组织"基因库"来增强适应性,从而增加了在不可预测的变化时期进行富有成效重组的可能性。请注意,我的观点考虑到了更为根本的意外环境变化,对此可能事先并不存在什么解决方案。

此外,请注意,这种把重点从元素转移到元素重组的修改是完全符合进化思维的。然而,奇怪的是我们却没有在组织的人口生态学文献中找到它,我们发现,尽管这些文献(适当谨慎但总是保持距离地)采用了生物隐喻,但却很少提及组织的杂交、混合或重组。

组织多样性本身并不能促进适应性,必须要有跨形式、跨原则和跨文化的互动才能产生新的解决方案。匹配才是真正重要的。这不是在开玩笑,组织分析确实需要更多的性行为。组织生态学中有出生和死亡,但没有杂交。在网络分析中,我们发现了联结,但没发现真正的结合。我们发现了制度繁殖,但没发现配对。

比莉·哈乐黛曾唱道:"鸟类、蜜蜂,甚至受过教育的跳蚤也会这么做……"伟大的法国生物学家弗朗索瓦·雅各布写道:"新颖性来自前所未见的旧材料组合。创造就是重组。"或者,用圣达菲研究所研究员约翰·霍兰德的话来说:"重组在发现过程中起着关键作用,从经过测试的规则中生成合理的新规则。"[1]数学家说[2],音乐家说[3],甚至受过教育的社会学家也说:"价值观与变化是一致的。"[4]

在波士顿……(就像比莉·哈乐黛唱的那样),就连哈佛的经济学家

---

[1] Francois Jacob, "Evolution and Tinkering," 1977; Holland, "Complex Adaptive Systems".

[2] 亨利·庞加莱说:"创造就是不做无用的结合,把有用和少数结合起来。发明是识别,是选择。在有选择的组合中,最高产的往往是那些相距遥远领域元素的组合。"(Henri Poincaré, *Foundations of Science*[1908] 1982, p. 386.)

[3] Glenn Gould, "Forgery and Imitation in the Creative Process," 1994.

[4] Harrison C. White, "Values Come in Styles, Which Mate to Change," 1993. 他还说过类似的话:"所有的组织都是尝试将原先存在的组织碎片编织在一起,原先存在的组织不是消失,而是变成一个合并的形式。"(Harrison C. White, *Identity and Control*, 1992, p. 105.)

也这么说。马丁·韦茨曼致力于用新增长理论来打开技术变革的黑箱，以便内生地模拟技术变革，他介绍道：

> 新知识的生产依赖于旧知识的重新组合。分析结构的核心是创新理论，其基础是将分析结构类比成农业研究站培育新品种。"重组创新"指的是旧的想法可以用新的方式来重新配置，从而产生新的想法。[①]

借用熊彼特对企业家精神的定义——"进行新的组合"[②]，韦茨曼提出了"重组过程的组合能力"。

经济学家莱斯特和皮尔的研究，也同样考察了不同的知识领域是如何结合在一起以形成新知识的。在这个过程中，他们认为"模糊性是产生新想法的关键资源……手机是收音机还是电话的模糊性为手机的诞生创造了空间；通过这种模糊性，手机变成了既不是收音机也不是电话的全新产物"[③]。

莱斯特和皮尔还表示，收音机和电话技术都认为自己有着独一无二的商业与工程传统，其中蜂窝技术所衍生的无线电产业尤为独特，其基础是安装在警车和消防车上的双向无线电。"无线电和电话工程之间的文化差异是根深蒂固的。"[④]在第三章中我们明白了新媒体领域中类似的差异，因为软件程序员、设计师、商业战略家、信息架构师和营销专家等不同群体都援引了不同的传统来证明自己的特殊技能与价值取向。

当我提到组合时，我指的不是简单的食谱混合（将面粉、盐和发酵粉混合）。组合成果越具有创新性，重组过程就越可能失衡，至少在一开始是这样。如果有人选择用河流来隐喻，那么用"合并"或"汇合"这样的术语就太低级了；相反，想想"湍流"和"涡流"吧。甚至更恰当地，想想"碰撞"和"摩擦"。

关于后一个术语——"摩擦"，我们面对的是截然不同的经济学传统。奥利弗·威廉姆森通过"交易成本"的概念，将"摩擦"的概念引入了

[①] Martin L. Weitzman, "Recombinant Growth," 1998, p. 332.
[②] "通常，新的组合必须从一些旧的组合中获取必要的生产资料……发展主要在于以不同的方式利用现有资源，用它们去做新的事情。"（Joseph A. Schumpeter, *The Theory of Economic Development*, 1934, p. 68.）
[③] Richard K. Lester and Michael J. Piore, *Innovation: The Missing Dimension*, 2004, p. 54.
[④] Lester and Piore, *Innovation*, p. 17.

经济学。但是今天,经济学家(如布赖恩·亚瑟、马丁·韦茨曼等人)对生物学和生物物理学的模型是十分熟悉的,而早在20世纪70年代,威廉姆森就已经把经济学与物理学联系在一起了,在二战后学者们痴迷于控制论前,经济学就是以物理学为模型的。[①] 尽管"摩擦"在物理学中是个中心概念,但在经济学中却没有什么地位。这让威廉姆森识别到了一个机会。但如果摩擦通过交易成本的概念而演变成了经济学的新概念,它就是需要诉诸一切手段来努力减少的消极现象。

经济社会学正在逆转负价。例如,尼尔·弗里格斯坦在制度主义方法的范围内展开研究,可以理解成引入了积极的价值观。弗里格斯坦指出,没有摩擦的市场概念是虚构的——没有摩擦就没有市场。哈格尔和布朗也质疑"无摩擦经济"的观点。在组织层面,他们为组织之间和组织内部的"生产摩擦"提供了积极的观点。[②] 我们在案例研究中看到的评估原则的竞争就是这种创造性摩擦的一个例子。

如果我和熊彼特一样,把创业看作一种重组活动,把重组过程看作摩擦,那么把创业看作摩擦的组织就是一小步。摩擦不可能跨间隔发生。罗纳德·伯特在原本密切相互作用的主体间的结构性漏洞中发现了企业家这一角色,而我在评价标准冲突的组织重合处发现了企业家精神。为了重合,不同价值顺序必须共存于同一领域内。作为原则,它们是相对独立的,但是它们不能在组织上得到缓冲。为了配对,它们必须彼此混合。

通过保留甚至提升不同绩效标准间的模糊性水平,差异化组织中的企业家精神牺牲了配置效率。也许我们在任何时候都可以证明确实存在最佳组织方式。如果是这样,那么为了实现最高分配效率,所有资源都应该在这一框架内组织。如果配置是有效的,这种组织就可以完美适应所在环境。不愿牺牲适应性的差异化组织,为了获得重新定义资源的能力而牺牲了短期效率。从逻辑上讲,这种策略允许了一些浪费——这并非不合理,因为它允许浪费以达到创造财富的目的。那些必须走出去并获得新资源的组织,效率要低于那些能够重新定义现有资源但仍然需要得到认可的组织。关于重获认可的问题正是下一章节的主题。

---

① Philip Mirowski, *Machine Dreams : Economics Becomes a Cyborg Science*, 2001.

② John Hagel Ⅲ and John Seely Brown, "Productive Friction : How Difficult Business Partnerships Can Accelerate Innovation," 2005.

从非反思的理所当然到反思性认知

在经济社会学中,新制度主义的最突出特征之一是它建立在以认知为中心的实际行动理论基础上。在狄马乔和鲍威尔的声明中,他们认为新制度主义

> 不同于帕森斯对认知的理性、计算方面的关注,当它们进入理性的、理所当然的行为(实践活动)时,新制度主义将重点放在了前意识过程和图式上。行为的情感和评价维度与认知密切相关,并在某种程度上从属于认知。[①]

旧制度主义研究了"意料之外的后果",而新制度主义则关注"非反思性活动"。

这强调了这样一个框架:"强调实践理性的实践、半自动、非计算的本质",并且"重新建立了认知的中心"。我们应该将这种强调理解为界定制度主义经济社会学的广泛空间战略的一部分,该战略存在于理性行为者理论(RAT)似乎在社会学领域中仍占据一席之地的时代。此举是大胆激进、先发制人的,在行动时就已经预料到了可能会遭遇伏击:为什么让理性行为者理论采取所有"行动"?

这举措既大胆又明智。狄马乔、鲍威尔及其制度主义同僚从以行动为选择,变成把方案和常规作为行动资源。或者换句话说,行动和习惯是一样重要的,甚至比选择更重要。[②] 通过关注行动资源,原先的手段与目的、约束与选择的二元对立关系便土崩瓦解了。

但是强调习惯行为是需要付出代价的。狄马乔和鲍威尔认为,"理所当然的方案、规则和分类是构成制度的要素"。我的重点不在于争论这种制度的定义,而在于指出在这个过程中是存在认知沦落为"理所当然"的危险的。[③] 我们的挑战在于要坚持这样一种见解:在认知没有变成非反思性活动的前提下,行动不应变成选择或决定。

---

① DiMaggio and Powell, "Introduction," p. 22.
② 在讨论社会理论的认知转向时,狄马乔和鲍威尔特别指出了布尔迪厄的习惯分析结构,基于过往经验的具体倾向提供了一个规范的即兴创作体系(Pierre Bourdieu, *Outline of a Theory of Practice*, 1977)。
③ 此话在狄马乔和鲍威尔的文章中出现了不下九次,真是无处不在。

经济社会学应当为反思性认知找到一席之地，自从新制度主义者发展了符合当时时代的概念以来，经济在过去几十年间已经发生了变化。方案、管理和文化习俗的分类是分析工具，因为在 20 世纪中后期相对稳定的制度环境中，它们是实践的利器，可能在现有的许多部门中仍然发挥着作用。但是我和其他研究人员发现，一些经济行动者已经敏锐地意识到"理所当然"可能已经过时了。当行动者的眼界变得狭窄，他们所处的世界结构处于迅速变化中，他们就不能仍将自己世界的知识视为理所当然了。[1]

从某种意义上来说，他们认真对待了社会学家的见解，即制度方案和组织管理往往固定存在于非反思活动中。"你是对的，"他们似乎在说，"我的组织中充满了墨守成规的条条框框。"但是，他们并没有承认这就是社会学的命运，而是指望时间的力量来帮他们摆脱习惯的束缚。不管他们是否向我们学习，我们都可以向他们学习。这样一来，我们理解了我们在学术界重视的经济中（以及公共领域的组织中）的实践。正如我在这里引用的这些研究一样，我们重视卓越，因为它批判性地反思并重塑了我们对于某个领域的看法。不论是在我们的领域中，还是在我们研究的行动者中，反思性社会学都是认可反思能力的。

那么，我们怎样才能在为反思性认知开辟空间的同时，保留行动的概念，少一些选择和决定，多一些具体的实践活动呢？尽管新制度主义者从布尔迪厄出发，但和其他地方一样，这里我关注的是美国的实用主义者。对约翰·杜威来说，探究过程发生在不确定情境中：

> 我们有各种各样的词语来描述不确定情境，包括不安的、困扰的、模糊的、困惑的、充满冲突倾向的、模糊的，等等，而同时具有这些特点的正是情境。我们感到怀疑，因为情境本身就令人怀疑。[2]

因此，虽然非反思活动是制度的属性，反思性认知却必须在情境中加以研究。[3] 根据杜威的观点，我选择了民族志作为研究方法，因为它最能帮助研究者进入情境中。而且，随着我们从工厂车间进入新媒体空间，再到交易室，我们越来越多地遇到通过设计而产生的情境场所。

---

[1]　Lane and Maxfield, "Strategy under Complexity."

[2]　John Dewey, "The Pattern of Inquiry," [1938] 1998, p. 171，原文中有所强调。

[3]　Ann Mische and Harrison White, "Between Conversation and Situation: Public Switching Dynamics across Networks," 1998.

匈牙利工厂车间的烦恼情境是最意外的。它源于这样一个事实:工人们同时是多个游戏的玩家。他们是公司的雇员,计算着公司的估价、加班工资以及特殊奖金的补偿,同时也是合作小组的合伙人,在非上班时间使用和上班时间一模一样的工具与装备,自负盈亏,从事生产经营活动。但即使是这样的描述,在时间和空间上对这两种游戏的分析也比实际情况要来得更为尖锐,因为有时玩家们的行动会立刻在多个游戏中同时发生,这种情况还不少见。这种合作小组利用了情境的模糊性,是民族志研究的困惑情境中最显而易见的例子,但绝不是唯一的例子。

在新媒体公司中,不同的实践群体(设计师、程序员、商业战略家等)持有不同的评估原则,从而产生了不同的情况。这不仅仅是因为某个群体(例如设计师)有独特的标准来评估自己的工作,而且每个部门都使用了不同的评价标准来评估公司正在生产产品的价值。此外,评价原则不能灵活推广到各个部门,因为所有项目中都有视角各异的追随者,它们也不能按时间划分,因为同步(而不是顺序)工程要求人们在整个过程中密切合作。请注意,该场所会产生情境。强调一下,事实并不是某个经理宣布"我们这里有情况",说明具体困境,然后大家齐心协力商量解决方案。实际上,不同视角没有对形势做出反应,而是产生情境,为人们提供机会,在瞬息万变的市场中重新发明产品。这家新媒体公司没有对市场做出反应,而是在绩效标准上制造竞争,为市场重新定义新概念。

交易室的决定性特征好像是对所处市场的变化做出快速反应,诚然,速度是至关重要的。仪表盘显示,交易员的交易引擎和纽交所之间的时间差只有几分之一秒,许多交易员就像战斗机飞行员一样,以超声速飞过数据流。交易员是以部门形式组织起来的,每个部门都有自己独特的评价原则,以促进快速模式识别。但如果速度是必要的(在某些交易类型中,速度比其他东西更必要),那么对于对冲基金交易来说,它就不是唯一的特点,甚至不是主要的特点。

为了在竞争中保持领先地位,除了识别已经识别的模式外,交易员还需要识别自己正在交易的证券的抽象特征之间的新联系类型。如果将后一个过程称为"识别",那就无法理解它,因为这个术语本身可能意味着交易员识别出了已经遇到过的东西(例如你在电话里认出了某个朋友的声音）。① 实际上，这个过程要积极得多，甚至还更具有建设性。交易员积极建立新的联系类型。这是重新识别，而不是简单识别。在某些情况下，这种重新识别不是在问"这是什么样的案例"，然后将它从一个类别重新归到另一个类别，而是在为建立新的联系类型而准备充分的理由。如我们所见，为了产生这样的情况，交易室有意组织起来以促进评价原则不同的部门间的互动。交易室是种认知生态学。

反思性认知就属于这种重新认知，它的生成机制是差异化形式的认知生态学。制度化使社会世界自然化：在理所当然的非反思活动中，人们将认知秩序视为事物的自然秩序。相比之下，差异化形式的认知生态学则扰乱了认知秩序。

正如我的民族志研究也表明的那样，反思性认知也是分布式认知。② 我心目中的认知并不是独立的思考者对自己的处境进行反思，而是一个集体的、协作的且有时冲突发生在情境中的社会过程。它不是什么卓越非凡的、几近英勇的过程，而是保持距离，站在远处或凝视远方。情境为反思性认知提供了素材，这不是因为我超越了它，而是因为我将它混合了。反思性认知不是原始表述或更高层次的表述，而是集体建构的实践活动。

我将交易室视为认知生态学，将匈牙利车间视为游戏生态学，这样的概念使我想起了约翰·帕吉特和克里斯托弗·安塞尔对文艺复兴时期佛罗伦萨的深入研究。③ 对帕吉特和安塞尔来说，"游戏生态学"④的概念是他们更为广泛的"多声音"概念的一部分。

> 事实 a：单个动作可以同时从多个角度得到合乎逻辑的解释。
>
> 事实 b：单个动作同时是多个游戏中的动作。
>
> 事实 c：公共和个人的动机无法解释。

---

① 关于识别的引人入胜的研究，请参见 Dan Sperber and Deirdre Wilson, *Relevance: Communication and Cognition*, 1996。

② "认知生态学"和"分布式认知"两个术语源于埃德温·哈金斯的《实地认知》(*Cognition in the Wild*)，这是一项关于美国海军舰艇导航的出色研究。关于思维作为具体智能分布在社会的各个角落，特别参见 Andy Clark, *Being There*。对哈金斯和克拉克来说，所有认知都是分布式认知。

③ John F. Padgett and Christopher K. Ansell, "Robust Action and the Rise of the Medici," 1993.

④ "当地群体是一种游戏生态"这一词组是由诺顿·朗在 1958 年创造的(Norton Long, "The Local Community as an Ecology of Games," 1958.)。

多重行为导致了罗氏墨渍特质,然后所有改变一起构建了它们
身份的独特属性。[①]

在帕吉特和安塞尔的研究中,多重性是科西莫·德·美第奇所独有
的特征,由于他在其他互不相连的网络中所处的独特地位,他能从自身
的模糊地位中获益。正如他们所强调的那样,并不是美第奇的行为模
糊,而是那些彼此无关联的其他人从同样的话语得出了不同的属性(这
体现了罗氏墨渍特质)。

与帕吉特和安塞尔一样,我不仅对不止一款游戏的实际行动感兴
趣,也对属性和特质感兴趣。但我和他们的区别在于彼此情况的不同。
他们研究的情况是个人几乎是认知秩序中唯一的接触点,而我研究的则
是多种秩序重合的情况。科西莫受益于多声音,组织则受益于多声音产
生的反思性认知。在佛罗伦萨的案例中,单一接触点使"自我身份的独
特属性"成为可能(用帕吉特和安塞尔的话说),而在我的案例中,认知秩
序的重合使其他实体有可能获得新的身份属性。

最后一点是莱恩和马克斯菲尔德研究罗姆(ROLM)公司电话系
统[②]所得出的重要教训。过去(1968 年以前),公司与当地的 AT&T 电
话公司一起合作安装电话线,并可能向 AT&T 子公司购买电话设备。
当联邦通信委员会(FCC)打破了 AT&T 电话公司在用户交换机(PBX)
上的垄断地位时,机会出现了。PBX 指的是服务于特定业务或办公室
的电话交换机。在 1973 年,罗姆公司只是一家员工不足百人的小公司,
但却是 PBX 的计算机控制和数字交换领域的先锋。新的数字系统可能
会大幅度降低长途电话的费用,方便公司内部联系,提供一些(后来逐渐
变多)新功能,比如说我们现在使用的电话语音邮件功能。

莱恩和马克斯菲尔德认为,销售新设备需要改变"代理人-人工制品
空间"的属性,而这需要和可能成为新技术客户的公司打交道。企业
PBX 的主要采购代理是电信经理(TM)。在几乎没有任何选择余地和
任何机会发挥创造力的领域,TM 位于管理地位等级系统的底层,很多
TM 也在电话公司工作过。他们的老板在他们工作过的公司中担任高
级管理职务,他们都认为 PBX 只是个交换机,一端与电话相连,另一端
与外线相连。当然,罗姆公司的高管们并不认为他们的数字 PBX 具有

---

① Padgett and Ansell, "Robust Action," p. 1263.

② Lane and Maxfield, "Strategy under Complexity."

这些属性。尽管他们相信自己正在建立的东西在概念上有所不同，但是他们还没有真正意识到新技术可能具有什么特点。他们并不太确定自己的产品可以做什么，所以他们选择通过建立生成性关系来发现自己的产品可以变成什么样。①

罗姆公司的客户代表和工程师开始与一些大公司的 TM 合作。不同于 AT&T 销售人员和 TM 这种一直做面对面销售的人的谈话，这些对话有更强的话语异质性。随着时间的推移，罗姆公司的工作人员先是犹豫不决地，然后积极地改变他们对 TM 的属性归纳。尽管他们世界中的一切都表明了 TM 是基础设施固定成本的无名监护人，但是罗姆公司的代理人却开始赋予 TM 信息技术高管的角色。他们组织了培训课程，不仅有技术方面的课程，还有关于创造性管理技能的课程，来帮助 TM 向老板说明情况。TM 和罗姆公司技术人员之间的互动反过来又促进了对系统新可能性的重新认知（例如，自动电话分配就像航空公司用来处理预约电话的自动电话分配一样，将大量来电发送给受过专门培训的员工）。这些商业语音应用程序并入了罗姆公司软件的第三个版本中，随后取得了巨大成功。② 新系统的最初设想，简单说就是公司与外界之间的更智能界面。新系统可用于解决广泛的业务问题，提高客户操作的许多方面的生产力。新的身份属性带来了盟友，他们帮助公司改变了其产品属性。③

对莱恩和马克斯菲尔德来说，在复杂的条件下，当行动者不能将自己世界的知识视为理所当然时，代理人-人工制品空间的属性是随之而来的。

> 当然，他们需要信息——因此有了探索和实验的战略需要。但是信息只有经过解释才有意义，而解释是从本体论开始的：构成代

---

① "罗姆公司未能完全预测到自己进入 PBX 业务的影响……幸运的是，罗姆公司在 PBX 市场的成功并不取决于它们对未来的预见能力……罗姆公司的管理人员不赞成用战略计划来引导这些关系；相反，他们让这些关系来引导战略计划。"（Lane and Maxfield, "Strategy under Complexity," p. 235.）

② 在罗姆公司首次销售 PBX 的五年内，罗姆公司开始挑战 AT&T 在当时 1 亿美元规模的 PBX 市场中的领导地位。

③ 关于代理人-人工制品领域的新属性的另一个有趣的解释，参见 Trevor Pinch and Frank Trocco, *Analog Days：The Invention and Impact of the Moog Synthesizer*, 2004。与罗姆公司电话系统一样，之所以穆格电子琴能成为该领域的领导者，是因为它的开发人员与分销商和用户的合作更加密切——从他们那里学会了如何识别这项技术的新功能。

理人世界的人和物分别是什么？它们彼此之间是如何产生联系的？……因此，实践的战略需要帮助代理人"充盈"他们的世界，即识别、批评和重构他们对人和事物的属性归纳。[①]

认知冲突有助于新属性的产生，促进对新身份和新角色的重新认知。

在对他人身份进行属性归纳的同时，我们也在对自己的身份进行属性归纳。在匈牙利工人的案例中，身份问题表现得最为突出。初次遇见他们时，我们就感到他们有着强烈的身份意识：他们知道自己是谁。随着他们的处境渐渐变得复杂，他们的身份也在慢慢发生转变，而他们对自身的理解也随之发生变化。但是，我们越是仔细审视这些发展，就越能看到他们一直具有强烈的身份意识——不是尽管有这些变化，而是因为有这些变化。身份存在于当前位置和其他可能性之间的差异，新的、令人困惑的情境可以改变这种差异。工人们真的完全了解自己的处境吗？当然没有，而且我们也没有。理解可能是高估的，有时候利用情境会比理解情境更有用。情境不是需要理解的对象，相反，它是改变差异的行动机会。约翰·杜威的情境类型，虽然麻烦重重，但却饱含着可能性，促使我们重新思考，能让我们看清自己的处境。

从通过共识到通过误解来协调

现在恐怕很难找到哪个一流的社会学家是同意旧的社会共识观点的。各种各样的冲突学派，无论是马克思主义还是韦伯主义，都成功挑战了社会层面的社会秩序所维持的观念，因为行动者有意识地接受一套占主导地位的、单一的价值观。如果"同意"仍然是个有意义的术语，那么它已经彻底重生了。例如，著名的马克思主义社会学家迈克尔·布若威在其著名的人类学著作《制造同意：垄断资本主义劳动过程的变迁》（*Manufacturing Consent：Changes in the Labor Process Under Monoply Capitalism*）中提到了芝加哥的某个车间，提出达成和谐是个无意识的过程。[②]工作得以协调，制度得以维持，（最终）资本主义制度

---

① Lane and Maxfield, "Strategy under Complexity," p. 227.
② Michael Burawoy, *Manufacturing Consent：Changes in the Labor Process under Monopoly Capitalism*, 1979.

得以运用，不是因为下级接受了上级的意识形态，而是因为这种基于本地的实践活动，即玩"理解"的计件工作游戏，使工人的行为符合了资本所有者的利益。[1]

大多数经济和组织社会学家都较少关注资本主义制度的再生产问题。他们的问题是如何协调行动者之间的活动，他们的技能和动机往往是不同的。在研究错综复杂的组织结构、市场动态和经济交流时，他们会问：人们如何合作开展复杂项目？答案并不是价值共识这一词组的旧意；相反，就像布拉沃伊的概念一样，它是无意识的。行动者可以主动协调，也可以被动协调（强调的重点因学派而异），因为他们有着共同的潜在价值观。有意识地表达差异可能会造成障碍，但如果不同的行动者在这些差异之下是存在共识的话，他们就可以完成工作。[2]

我们所看到的案例提出了不同论点。最具争议性的是，在某些情况下，正是误解才促使了和谐。我应该在一开始就说明，我要探讨的不是共享类型化，让我们称之为共识（无声的约定或协议，是理所应当的一部分），它们在协调中没有发挥突出作用。如果没有共同点（甚至没有像我们在新媒体项目中所看到的那么基础的东西，如"我们需要完成这项工作"），如果可以协调的话，这将是个异常艰巨的任务。

我想强调的误解不是一些混乱或随机的噪声。它是有结构的，我们甚至可以说它是"有组织的"，只要我们把组织看成紧急过程，而不一定是故意设计的结果。总之，这种误解不是"完全错误"的。约翰·杜威问题情境的成果并不在于消除误解或解决有正确答案的问题。误解不是不正确的理解。

我心中的误解最常出现在行动者们做出的冲突属性归纳上。这些可能是人的冲突属性（正如我们在帕吉特和安塞尔对美第奇的研究中所看到的那样），也可能是物体、人工制品、概念或其他存在于我们社会世

---

[1] 这个结论的主要证据是支持完全不同世界观的布若威发现自己在玩这个游戏。无意识的实际行动战胜了意识。

[2] 可以说，作为制度学家，狄马乔和鲍威尔的研究甚至深入了理解的基础。在他们关于新制度主义的经典论述中，至少有十次将积极内涵赋予"共享认知"、"共享世界观"、"共享规则体系"以及最常见的"共享类型化"等短语（DiMaggio and Powell，"Introduction"）。

界的实体的矛盾属性。^①我们的经济和组织,比如本书讨论过的三个组织,都表明这样的矛盾属性所产生的误解,实际上可能会促进而非阻碍组织内部和跨组织的不同行动者间的协调。

我故意以挑衅性的方式使用"误解"一词。有些挑衅是必不可少的,因为社会学家或本书的社会学读者,甚至是充满了流行社会学的社会中的参与者("让我们一起消除分歧"),在我们的思想中有一个根深蒂固的观点:尽管差异可以导致冲突,但是共识可以促进合作和协调。考虑到人们将这些观点视为理所当然,我们可以抵制靠误解来协调的想法。但需强调的困难是,只有不共享的类型化、不常见的属性、分歧或错位的误解,才能推动重建。

关于误解的积极作用,最有说服力的例子是皮特·盖里森的优秀研究作品《形象与逻辑:微观物理学的物质文化》(*Image and Logic:A Material Culture of Microphysics*)。^②盖里森是专门从事本领域辩论的科学历史学家,虽然他从未使用过"通过误解来协调"这一富有争议性的术语,但他的方法背后的敏感性与我所采用视角的敏感性却如出一辙。

虽然我们通常认为科学的力量来自它潜在的一致性,但是盖里森所总结的20世纪微观物理学的历史表明,对于许多堪称典范的科学领域来说,物理学文化并不是统一的。盖里森指出了三种独特的文化,乐器文化、实验文化和理论文化,每种文化都有自己的标准、独立的身份和传统,以及变化的节奏和动态。

在800多页的书中,盖里森极为详细地描述了三个群体是如何在各自无可比性的文化中不同时互动的。这种互动发生在盖里森称为"交易区"的社会技术空间中,但他反复强调交易双方不一定就交换物品的意义达成共识。这些差异构成了该学科的核心概念。盖里森发现,不同群体使用"质量"和"能量"等术语的方式存在着显著差异。在交易区,"两个团队可以就交换规则达成一致,即使他们认为彼此交换的物品具有截然不同的意义,他们甚至可能不同意交换过程本身的意义。尽管如此,

---

① 如果你信服了帕吉特和安塞尔的研究,认为可能有个实体(在这种情况下,指的是一个人)同时存在于多个网络中,但又同时具备各种完全不同的属性,然后思考可能会有其他实体、对象、概念、人工制品同时在多个世界存在,并具有不同的属性,那么,为什么要让科西莫独自拥有多重性的所有力量呢?

② Peter L. Galison, *Image and Logic:A Material Culture of Microphysics*, 1997.

交易伙伴仍可以无视巨大的全球差异,勉强达成局部协调"。

对盖里森来说,交易区的交换不会产生基于交易过程逐渐达成共识的单一文化。相反,因为互动是基于"对交换对象的不相容的评价和理解",交换可以发生在不削弱微观物理学中科学文化多样性的情况下。

> 我把这段物理学发展的多元文化史称为插入,因为许多传统彼此协调而没有同质化。理论、实验、仪器制造和工程会议具有不同传统,甚至改变彼此,尽管如此,它们并没有失去自己的身份和实践。

正如盖里森所表明的那样,作为一个整体,微观物理学发展的动力并没有遭到激发,因为理论家、实验人员和仪器工程师们达成了一些不容易但稳定的共识。微观物理学的发展正是源于不同的误解。在盖里森的插入概念中,物理学不是纯粹的结构。物理学的各种亚文化不像是晶体,而更像是无序的半导体原子,它们是分层的。[1] 这种分层的力量在于它的错位:"正是科学社会的混乱——科学的不统一——不同论证模式的插入——才成就了它的力量和连贯。"

利·斯塔尔和詹姆斯·格瑞史莫举了个类似案例来说明误解在不同参与者的合作过程中所发挥的积极作用。[2] 他们认为,标准化(包括意义的稳定共识)只是对象在协调工作中的循环方式。[3] 在可选模式下,他们识别"边界对象",赋予后者差别很大的意义。边界对象指的不是在边界的对象或构成边界的对象。相反,它们之间的沟通跨越了有着同一领域的不同社会世界的边界。为了对协调工作有所贡献,边界对象必须足够稳定以便在各地之间流通,但又必须具有足够的可塑性,以符

---

[1] 盖里森从该领域本身的发展中得出了一个关于微观物理学的恰当比喻,并以此总结道:"多年来,物理学家和工程师们对无序怀有深深的不信任。他们在晶体而非无序的材料中寻找可靠性,在纯物质而不是层压物质中寻找强度……正是不规则的半导体及其无序的原子给予了现代电子技术所需的一致响应。在学习同一个教训时,结构工程师们反应迟钝。最坚固的材料不是纯粹的——而是层压的;当它们在显微镜下失败时,它们就会集体团结在一起。"(Peter L. Galison, *Image and Logic*: *A Material Culture of Microphysics*, 1997.)

[2] Susan Leigh Star and James Griesemer, "Institutional Ecology, Translations, and Boundary Objects: Amateurs and Professionals in Berkeley's Museum of Vertebrate Zoology, 1907—1939," 1989.

[3] 关于标准化系统中模糊性的重要性,以及试图消除模糊性中的不确定性的反效果,请参见鲍克和斯塔尔对疾病国际分类的分析:Bowker and Star, "Knowledge and Infrastructure"。

合当地限制、满足各方部署需要。边界对象还要足够鲜明，以便不同环境中的不同群体都能以独特方式将它们识别出来。

在加州大学伯克利分校的脊椎动物学博物馆的历史中，斯塔尔和格瑞史莫记录了动物学家、博物馆官员、赞助人、业余收藏家、捕猎者和大学管理人员是如何赋予地图、标本与野外考察笔记等边界对象不同含义的。与拉图尔对法国巴氏消毒法的描述形成对比——该消毒法使法国的路易斯·巴斯德享有了科学企业家的特权，这是借转化盟友的关心来争取盟友的必经点①，斯塔尔和格瑞史莫拓展了分红的过程。他们没有预先假定任何一种观点是首要的，而是认为所有行动者都在试图争取盟友。每个行动者都有项目。大学管理人员有，博物馆官员有，捕猎者、业余收藏家还有其他人也有。没有很多个镜头同时对着同个项目，因为没有全球性项目。这项目不是循环的，在此过程中积累了不同属性。相反，像标本、笔记和地图之类的边界对象是在社会世界的重合处共同构建的，它们的不同属性促进了协调。

唐纳德·麦肯齐和尤瓦尔·米洛举了个金融界的例子：在芝加哥期货交易所（CBOT）使用布莱克-斯科尔斯期权定价公式时，不同属性都发挥了重要作用。② 在此情况下，相当数量的参与者很可能并没有理解布莱克-斯科尔斯模型背后的数学。但是比缺乏理解更有趣的是，交易员、清算所经理、芝加哥期货交易所官员和美国证券交易委员会的监管人员对布莱克-斯科尔斯模型各有各的理解（我们可以使用"误解"这个词）。这一模型可以为交易所内交易员的期权定价，确定清算所的保证金以及监管净资本要求，因为"布莱克-斯科尔斯模型"是作为交易所、清算所和监管机构重合处的边界对象而共同构建的。而且，它可以在这些领域内和跨领域做协调工作，尽管 1987 年 10 月市场崩盘后，该模型在客观上未能符合当时期权价格的实际模式。③

简而言之，不管是在商业、科学还是金融领域，误解的回路可以促进"商业回路"。④ 如果某个处境下的各方就对象的意义或游戏规则或甚至在玩什么游戏，被迫达成了明确协议，那么可能他们本身的理解就存

---

① Bruno Latour, *The Pasteurization of France*, 1988.

② Yuval Millo and Donald MacKenzie, "The Usefulness of Inaccurate Models: The Emergence of Financial Risk Management," in press.

③ 从业人员将这种差异称为波动偏差。

④ Viviana Zelizer, "Circuits of Commerce," 2004.

在很大差异,以至于早就注定了这会阻止协议达成,导致协调失败。虽然不同群体对游戏规则的含义或游戏本身的性质没有达成一致,但通过具有不同含义对象的流通,每个群体都可以在不损害他人合作的情况下得出自己对情况的理解。正如我们在本书的三个民族志案例中所看到的那样,也正如其他研究所表明的那样,误解可以促进协调。

民族志研究场景:从单一到多元

为了研究情境,我的研究合作者和我在三个不同环境下展开了民族志的研究。尽管这三者的环境类型跨越了很大的范围,但在每个案例中我们都在单一组织(橡胶厂、新媒体初创企业、投资银行)中研究了商业活动(制造机床、建立网站、套利交易)。我们是基于理论上的考虑而决定对特定组织展开民族志研究的。例如,研究交易室,是为了解决我们最初研究的某个问题:为什么在网络高速连接的时代,投资银行会把自己的套利交易员全部聚集到一个交易室内呢? 在有人宣布"距离消失"的时期,地点会如何发挥其重要性呢? 通过只在一个交易室内展开观察,我们能够关注人们工作时的微观过程。更普遍地说,从人口生态学家关于组织多样性的概念,过渡到关于多样性组织概念的过程中,所有情况都表明,竞争评价原则是在单一组织中运作的,这一点十分重要。关注商业活动的决定有着相似的动机:在组织有外部市场导向但组织内部却存在多种协调评价原则的情况下,去研究情境。

但同时这些边界条件也造成了严重的束缚。一方面,我从创业个人到创业组织的转变程度还远远不够。公司是正式、合法的行动单位,探索组织内行动者的行动是有意义的。但越来越多的行动单位、创新单位也导致了企业不再是具有法律约束力的公司,而是跨越组织边界的网络。① 另一方面,我把自己的案例研究局限于商业公司,并不是说非营利组织没有采取差异化形式。但是不应该只是为了增加案例数量或种类而将分析拓展到业务部门之外,相反(这里发展了上面提到过的关于创新单位的点),经济社会学需要拓展到公司之外的领域,因为某些最具有创新性的重组涉及了跨组织互动。

---

① 这一主题贯穿于保罗·狄马乔所编辑的《21 世纪的公司》(*The Twenty-First-Century Firm*)的多篇文章中。

药品和医疗技术的创新为我们提供了丰富的案例。这些都是利润丰厚的领域，但是在这些领域寻求高利润的公司不能全靠自己来开发、测试产品。问题不仅仅是它们依靠科学家（并有自己的价值标准）来取得基础知识的进步，或者它们必须与研究型医院的医生合作开展临床试验，或者它们要依靠政府监管机构来批准新产品。恰巧，它们也需要与患者合作，从患者的非专业知识和组织能力中获益。

例如，史蒂文·爱泼斯坦研究了群体价值观和商业价值观在治疗艾滋病方面的冲突，发现这些价值观的差异有时可以促进共同目标的谈判。艾滋病患者想要获得更广泛的医疗保健，包括实验性新药治疗；制药公司想要设计并销售新的营利性治疗药物。尽管最终的谈判没有使制药公司以群体为导向，但审批过程的变化确实考虑到了许多用户的需求。① 类似地，米歇尔·卡伦（Michel Callon）和沃罗娜·拉贝赫里索卡（Vololona Rabeharisoa）以肌肉萎缩症为例，研究了组织形式和价值框架间的互动。② 一开始，研究与开发是科学家和医生的唯一领域，他们对病人群体的参与不屑一顾，认为这是对他们领域的无知侵犯。病人，在这个案例中是儿童患者的父母，对慢速发展的治疗方法失去了耐心，开始记录（用照片和详细的每日第一手观察）疾病的发展状况。医生和病人之间的互动集中在筹款方面。研究人员和家长合作，让孩子在为募捐而播放的马拉松式电视节目和其他筹款项目中出力，但家长们却争取在研究方向上有更大发言权。随着冲突升级，一些医生开始意识到，现在大量收集门诊患者病历本上患者父母的信息是有相当大的医疗价值的，这使专家和非专业知识分子重归于好。

类似案例还有对龙卷风的研究。一开始，职业气象学家认为俄克拉荷马州的风暴追逐者是高睾丸激素的刺激寻求者，但许多风暴追逐者所做的事情不仅仅是寻求肾上腺素的危险激增。一方面，为了靠近龙卷风，他们分享了关于"漏斗"从空中落下接触地面时的"行为"知识。民用无线电增强了风暴期间的即时通信，并促进了这一非专业知识在更广泛

---

① Steven Epstein, "The Construction of Lay Expertise: AIDS Activism and the Forging of Credibility in the Reform of Clinical Trials," 1995; Steven Epstein, "Activism, Drug Regulation, and the Politics of Therapeutic Evaluation in the AIDS Era," 1997.

② Michel Callon, "The Increasing Involvement of Concerned Groups in R & D Policies: What Lessons for Public Powers?" 2003; Michel Callon and Vololona Rabeharisoa, "Research in the Wild and the Shaping of New Social Identities," 2003.

的群体中的传播。另一方面，在用摄像机和录音设备记录自己壮举的同时，风暴追逐者也在沿途对龙卷风进行记录。专业气象学家和这些外行积极分子之间的互动产生了新的研究形式，导致人们对破坏性龙卷风有了新的理解，并为公众提供了更可靠、高度本地化的极端风暴警报。[①]

除了这些案例，我们还看到了诸如家庭、同性恋活动家、商业团体、患者群体、科学家、寻求刺激者的非正式组织以及政府机构等各种各样的相关行动者，由此我们可以想到基因检测和器官捐献等领域的新发展，在这些领域中相关行动者也有可能包括了跨越国际边界的非政府组织（NGO）。我们如何才能研究这些情境类型呢？哪里的最有趣的互动不仅不在组织内部，还超越了组织形式呢？

网络分析是个可供使用的工具。但是，正如我在第一章中所指出的那样，除了少数例外，网络分析通常集中在练习模式，而排除了在这些互动中可能起作用的各种价值。[②] 网络分析中有大量关于结构的研究成果，相比之下，关于情境的研究成果却很贫乏。[③] 另一种有用的办法是在多地展开民族志研究，这需要调查者研究若干（可能还是多样的）环境。[④] 但即使是只去熟悉一个环境也需要花费相当长的时间。短期民族志的风险就是，要么分析家只是简单确认了先前的假设，要么，如果意

---

① 这个故事的商业价值在哪里？除了本州公立大学的橄榄球教练，得克萨斯州和俄克拉荷马州最家喻户晓的人物可能就是州内大城市电视台的气象学家了。用著名的极端天气预报员来增加市场份额，然后获得更高的商业广告收入。

② 拉斯洛·布鲁斯特、巴拉兹·韦德尔和我正将网络分析与价值账目融合在一个公民行动主义项目中。在一项针对匈牙利 1000 个最大公民协会的调查中，我们要求每个组织代表为其最近的三个项目各说出三个最重要的组织合作伙伴，以此来收集网络数据。为了挖掘价值，我们提出了一个开放式问题：为什么你的组织是有价值的？我们还要求他们对以下列表中的项目进行顺序排名：我们的组织是有价值的，因为我们有创造力、有爱心、专业、主动、挑战现状、独一无二、有偿付能力、效率高、创造联系、令人兴奋、独立自主、参与性强、信息丰富、肉眼可见、忠于传统、提供替代方案、公开透明。有关该研究项目的发现，请参见：Balazs Vedres, László Bruszt, and David Stark, "Organizing Technologies: Genre Forms of Online Civic Association in Eastern Europe," 2004；David Stark, Balazs Vedres, László Bruszt, "Rooted Transnational Publics: Integrating Foreign Ties and Civic Activism," 2006。

③ 关于一个有趣的例外，参见 Ann Mische, *Partisan Publics: Communication and Contention across Brazilian Youth Activist Networks*, 2008。

④ 关于多地点的民族志研究，特别参见 George E. Marcus, *Ethnography through Thick and Thin*, 1998。关于"9·11"事件后重建曼哈顿下城的民主参与和多种形式公民集会的多地点研究，参见 Monique Girard and David Stark, "Socio-technologies of Assembly: Sense-Making and Demonstration in Rebuilding Lower Manhattan," 2007。

料之外与先入之见相混淆而引发了新的问题,那就没有太多时间来处理混淆了。多地点民族志研究的支持者回应说,不应过分夸大深度和范围之间的权衡。例如,研究对象跨越组织领域移动,提供了单一地点民族志所不可能达到的深度。

在网络分析和民族志的混合理论中,行动者网络理论(ANT)可以说是解释最为充分也是最有前景的理论。从社会网络分析的角度来看,大多数关于行动者网络框架的研究还没有充分结构化,至今还没有采用或发展出成熟的定量研究方法。从传统民族志的观点来看,行动者网络理论在"追随行动者"的训诫方面传播得太少。但可能是我们对混合理论的要求太高了,如果我们期望它们能以某种附加方式来结合两种传统中较为详尽的研究形式。无论如何,现在判断法国行动者网络理论与美国定量网络分析之间的互动会产生什么还为时过早。我期待出现一些有趣的发展。与此同时,像 ANT 这样的混合理论已经为经济社会学带来了新的见解,它认为社会网络不仅涉及人与人之间的联系,而且还涉及人、思想和物质对象之间的联系。例如,结果是"市场手段"的研究丰富了市场研究。[①]

除了将我的研究限制在商业环境下的单一地点的民族志,我在本书中还介绍了所有限制在雇员相对较少环境中的民族志(大约有 100 人的匈牙利机器车间、最多 150 人的新媒体初创企业、有 160 名交易员的套利组织)。大型组织可以采取差异化形式吗?这个经验性问题超出了本书的讨论范围,还有待进一步研究。一种可能性是把差异化形式嵌套在更大的组织中,出于对外部负责的考虑,该组织将具有差异化结构。大型企业——对股东、税务机关和其他政府监管机构负责——提供了一种研究环境。更有趣的是军事组织,因为它第一眼看上去简直令人难以置信。

军事组织似乎是我们最不可能找到差异化形式的地方。说到"军事"这个词,我们会想到等级制度——例如,晋升结构达到了精确校准的程度,下达命令有着明确命令和控制规定。军事组织内部等级森严,但我们有充分的理由期待在那里找到新兴的差异化形式。职业结构的确是官僚主义的,如果没有垂直的权力系统,广义上的军事操作就不可能行之有效。但是战场和维和任务也(还有人说是越来越)需要复杂的分

---

① Fabian Muniesa, Yuval Millo, and Michel Callon, eds., *Market Devices*, 2007.

布式情报结构,其中横向协调关系与纵向指挥渠道一样具有决定性作用。当然,目前军事院校和战争学院以及积极的军事实践者就组织结构展开了激烈争论。[①]

这场辩论范围广泛。一个有用的切入点是新信息技术在战斗或维和方面的作用,它可以很快涉及其他方面。辩论一方看到了信息技术(IT)作为中心化的有力工具所蕴含的最大潜力。他们认为,新技术增加了远程指挥官所能获得的信息数量并提升了其速度和质量,使他们对大局更为了如指掌。与此同时,通过卫星连接起来的电子传感器和无线电话为地球另一端的决策者提供了直接即时的接触战场的途径。配备了这些技术,远程指挥官就可以将"焦距镜头"从最大范围调到最小范围,在极端情况下,他可以实时地看到和步兵夜视镜同样的图像。在该论点中,新技术考虑了指挥和控制的集中化增强:有等级的上级可以监督战场,因为他有更好的视野,无论是从比喻义还是字面义上来说。

辩论的另一方回应:是的,轨道红外摄像机可以探测到部分不可见光谱,夜视镜可以穿透黑暗,但是没有任何技术可以穿透"战争的迷雾"[②]。对套利交易者来说,获取大量即时信息是重要的,但这还不够。和他们一样,那些站在辩论这一边的人将战斗视为有意义的。信息是必不可少的,但关键挑战其实在于解释。他们还认为这种解释必须是基于知识的。知识是在网络中的,分布在领域内不同单元的垂直联系之间的。有位将军说:"我看见了战场的其他方面,但如果说我知道得更多,

---

[①] 我第一次遇到这种辩论是在受邀参加华盛顿特区的一系列会议时,会议主题是美国军队的组织问题。那是在伊拉克战争之前,我和丹尼尔·比恩兹、约翰·凯利正在合作研究"9·11"事件后重建工作中的技术和组织问题。我负责的是关于差异化结构的研究。参会人员包括了国防部(DOD)的研究人员和官员,西点军校、空军和海军学院的教员以及许多现役高级官员,包括若干美国陆军将军和海军高级军官,其中还包括了阿瑟·塞布罗夫斯基海军上将,他是个直言不讳的人,既是部队转型办公室的主任,也是海军战争学院的前院长。那时我告诉自己,这些冗长的谈话将在未来的研究中成为引人注目的领域。

[②] "网络中心战争"是争论的中心术语和争议性术语(David S. Alberts, John J. Garstka, and Frederick P. Stein, Network Centric Warfare: Developing and Leveraging Information Superiority, 2000)。尽管一些人,尤其是国防部的文职官员,将网络视为自上而下的沟通渠道,而另一些人则将其视为权力下放的一个方面,认为其赋予了基层官员权力。后者明确采用"对等"语言作为使用新技术的关键新机遇(David S. Alberts and Richard E. Hayes, Power to the Edge, 2003; Dan Baum, "Battle Lessons: What the Generals Don't Know," 2005)。"转变"是唐纳德·拉姆斯菲尔德重组计划的口号,其中部分灵感源于军事革命的概念。但它的含义也是有争议的,这体现在一次非常活跃的晚餐谈话后少将迪恩·卡什给我的名片上。在他精心印制的名片背面写着这样一句话:"每个人都想转变。没有人想要改变。"

这不过是个传说罢了。我所在组织真正的知识基础是下级官员。我必须时刻牢记这一点,因为地位的上升会使人健忘。他们是知识渊博的。当然,我们需要向他们提供信息,并从他们那里获取信息。但我们正在努力改进他们之间的协作。这是我们所需要应对的技术和组织变革的重要领域。"

这种合作是纷繁复杂的,因为它日益涉及不同军事部门的彼此依赖。海军军官、空军飞行员和陆军上尉都是作为战士来训练的,但却是在完全不同的亚文化下。这些问题必须实时横向解决,而不能求助上级发出更多的命令。但是当代军事任务(无论是作战还是维和)都超出了军种合作的范畴,年轻的步兵上尉必须经常在网络中与具有不同兴趣、价值观和目标的人合作,而这些目标无法轻易地与军事目标相协调。这些人可以是政府、有争议的政党、高度本地化的社区团体或部落当局的代表。这些人中还常常包括了跨国非政府组织的代表,这些代表对局势的定义不仅可能与军方不同,而且也可能与彼此不同,正如在人道主义援助和人权组织之间发生冲突的情况一样。① 年轻上尉在做决策时只考虑这些是远远不够的,要想让自己的任务取得成功,他需要获得信息、建立信任、共享信息,并通过差异化网络产生知识。

出于这些原因,军事组织为研究争议性价值秩序发挥作用的情况提供了情境,但是我们有很多理由来充分解释为什么其提供了一个有特殊限制的案例。尽管我们可以很容易地接受新媒体初创企业互动设计师的声明,比如说他要向自己的项目领导报告,他对每个依赖于他的人负责,但是一想到军事事务的责任在一个主要横向的纬度,我们就觉得不舒服。我们可能会承认,在激烈的战斗中,有效的指挥和控制实际上与横向协调的主动性有关,我们甚至可能承认战术操作的权力横向地在相对较低级别的军官之间分配。但是这种想法也存在限制,因为我们意识到,确实存在这样一条界线,一旦跨越了它,分散权力就变成了推卸责任。因此我们公众要求权力等级制度实行垂直问责。我们把年轻人送到充满危险和暴力的环境中,教导他们要对上级服从、负责,这是出于一种信念,即我们有理由让他们对上级负责。命令链向下延伸,因为它也是一个向上延伸的责任链,最终向外延伸,使上级对我们负责。

---

① 关于战场上多视角复杂性的深度讨论,请参见戴维·肯尼迪(David Kennedy)的 *War and Law*,特别是第 111—164 页。

　　但我们不应过早认为层级制度解决了问责制的问题。可悲的是,等级问责制的原则常常停留在最底层,而很少向上延伸,即使向上,也只是向上一个层级而已。在像阿布格莱布这样的美国监狱里,不人道、非法对待拘留者是可耻的,但它确实发生了。这是全美国的耻辱,因为没有任何军事上级或国防部的文职上级因此遭到问责。

　　差异化形式给问责制带来了独特的问题。一个人既可以对不同领域的许多人负责,也可以不对任何人负责。但这种表述方式并没有将困境完全表述出来。从“一”开始,人们在写这个字的时候总是理所当然地、隐含地假定责任单位是个人。一段时间以来,经济社会领域的网络分析家一直认为行动的实际单位不是个人或者独立公司,而是网络。现在是时候考虑这种经济行动的描述是如何对一般的责任理论,特别是法学理论产生影响了。在法学理论中,责任单位是人——个人或法人(法人单位)。如今,法学理论正在努力处理血汗工厂劳动等案件中出现的新复杂情况,其中跨国体育用品公司很少拥有生产设备,但是通过跨分包关系而达成的紧密合作却使网络成了有效的行动单元。① 法学理论的发展不过是更普遍问题的特殊例子罢了:那么,如何使差异化网络负责呢? 这个问题是经济社会学前沿研究所面临的又一个挑战。

---

① 关于承认网络是新的道德行动者的法律理论的概念问题,参见:Gunther Teubner, "Beyond Contract and Organization? The External Liability of Franchising Systems in German Law," 1991; Richard M. Buxbaum, "Is ‘Network’ a Legal Concept?" 1993; Karl-Heinz Ladeur, "Towards a Legal Theory of Supranationality: The Viability of the Network Concept," 1997。

参考文献

Abbott, Andrew. 1992. What do cases do? Some notes on activity in sociological analysis. pp. 53-82 in *What Is A Case? Exploring the Foundations of Social Inquiry*, ed. Charles C. Ragin and Howard S. Becker. London and New York: Cambridge University Press.

Abolafia, Mitchell. 1996. *Making Markets: Opportunism and Restraint on Wall Street*. Cambridge: Harvard University Press.

Abolafia, Mitchell Y., and Martin Kilduff. 1988. Enacting market crisis: The social construction of a speculative bubble. *Administrative Science Quarterly* 33:117-193.

Agre, Philip E. 1965. Conceptions of the user in computer systems design. pp. 67-106 in *The Social and Interactional Dimensions of Human-computer Interfaces*, ed. Peter J. Thomas. New York: Cambridge University Press.

Akerlof, George A. 1970. The market for "lemons": Quality uncertainty and the market mechanism. *Quarterly Journal of Economics* 84(3): 488-500.

Alberts, David S., John J. Garstka, and Frederick P. Stein. 2000. *Network Centric Warfare: Developing and Leveraging Information Superiority*, 2nd ed. revised. Washington: U. S. Department of Defense, Command and Control Research Program.

Alberts, David S., and Richard E. Hayes. 2003. *Power to the Edge*.

Washington: U. S. Department of Defense, Command and Control Research Program.

Allen, Peter M. , and J. M. McGlade. 1987. Modeling complex human systems: A fisheries example. *European Journal of Operational Research* 24:147-167.

Amin, Ash, and Patrick Cohendet. 2004. *Architectures of Knowledge : Firms Capabilities , and Communities.* Oxford: Oxford University Press.

Amin, Ash, and Joanne Roberts. 2008. The resurgence of community in economic thought and practice. pp. 11-34 in *Communities of Practice : Community , Economic Creativity , and Organization ,* ed. Ash Amin and Joanne Roberts. Oxford: Oxford University Press.

Amin, Ash, and Nigel Thrift. 1992. Neo-marshallian nodes in global networks. *International Journal of Urban and Regional Research* 16:571-587.

——. Forthcoming. *Reinventing Politics.*

Arbib, Michael A. 2000. Warren McCulloch's search for the logic of the nervous system. *Perspectives in Biology and Medicine* 43 (2): 193-216.

Arnoldi, Jakob. 2004. Derivatives: Virtual values and real risks. *Theory , Culture and Society* 21(6): 23-42.

Arthur, W. Brian. 1989. Competing technologies, increasing returns, and lock-in by historical events. *Economic Journal* 99(394): 116-131.

——. 1994. *Increasing Returns and Path Dependence in the Economy.* Ann Arbor: University of Michigan Press.

——. 2007. The structure of invention. *Research Policy* 36 (2): 274-287.

Ashcraft, Karen Lee. 2001. Organized dissonance: Feminist bureaucracy as hybrid form. *Academy of Management Journal* 44(6): 1301-1322.

Bach, Jonathan, and David Stark. 2002. Innovative ambiguities:

NGOs' use of interactive technologies in Eastern Europe. *Studies in Comparative International Development* 37:3-23.

——. 2004. Link, search, interact: The co-evolution of NGOs and interactive technologies. *Theory, Culture and Society* 21(3): 101-117.

Bacon, Francis. [1620] 1960. *Novum Organum (The New Organ)*. Indianapolis: Bobbs-Merrill.

Baker, Wayne. E. 1984. The social structure of a national securities market. *American Journal of Sociology* 89:775-811.

Barry, David, and Clauss Rerup. 2006. Going mobile: Aesthetic design considerations form Calder and the Constructivists. *Organization Science* 17(1): 262-276.

Barsade, Siegal. 2002. The ripple effect: Emotional contagion in groups. *Administrative Science Quarterly* 47:644-675.

Baum, Dan. 2005. Battle lessons: What the generals don't know. *New Yorker*, January 17, pp. 42-48.

Bechky, Beth. 2003. Sharing meaning across occupational communities: The transformation of understanding on a production floor. *Organization Science* 14(3): 312-320.

Beckert, Jens. 1996. What is sociological about economic sociology? Uncertainty and the embeddedness of economic action. *Theory and Society* 25:803-840.

——. 1999. Agency, entrepreneurs, and institutional change: The role of strategic choice and institutionalized practices in organizations. *Organization Studies* 20(5): 777-799.

Benkler, Yochai. 2006. *The Wealth of Networks: How Social Production Transforms Markets and Freedom*. New Haven: Yale University Press.

Beunza, Daniel, and Raghu Garud. 2007. Calculator, lemmings, or frame-makers? The intermediary role of securities analysts. pp. 13-39 in *Market Devices*, ed. Fabian Muniesa, Yuval Millo, and Michel Callon. Blackwell Synergy (special issue of *Sociological Review* 55 [2]).

Beunza，Daniel，and David Stark. 2003. The organization of responsiveness：Innovation and recovery in the trading rooms of Wall Street. *Socio-economic Review* 1：135-164.

——. 2005. Resolving identities：Successive crises in a trading room after 9/11. pp. 293-320 in *Wounded City：The Social Impact of 9/11*，ed. Nancy Foner. New York：Russell Sage Foundation Press.

Bijker，Wiebe E. 1995. *Of Bicycles，Bakelites，and Bulbs：Toward A Theory of Sociotechnical Change*. Cambridge and London：MIT Press.

Bijker，Wiebe E.，Thomas P. Hughes，and Trevor J. Pinch. 1990. *The Social Construction of Technological Systems：New Directions in the Sociology and History of Technology*. Cambridge and London：MIT Press.

Boczkowski，Pablo. 2001. Affording flexibility：Transforming information practices in online newspapers. PhD dissertation，Department of Science and Technology Studies，Cornell University.

——. 2004. *Digitizing the News：Innovation in Online Newspapers*. Cambridge：MIT Press.

Boltanski，Luc，and Eve Chiapello. 2005. *The New Spirit of Capitalism*. London：Verso.

Boltanski，Luc，and Laurent Thévenot. 1991. *De la Justification：Les Economies de la Grandeur*. Paris：Gallimard.

——. 1999. The sociology of critical capacity. *European Journal of Social Theory* 2：359-377.

——. 2006. *On Justification：The Economies of Worth*. Princeton：Princeton University Press.

Bourdieu，Pierre. 1977. *Outline of A Theory of Practice*. Cambridge：Cambridge University Press.

——. 1986. Habitus，code，et codification. *Actes de la Recherche en Sciences Sociales* 64：40-44.

Bowker，Geoffrey，and Susan Leigh Star. 1994. Knowledge and

infrastructure in international information management: Problems of classification and coding. pp. 187-213 in *Information Acumen: The Understanding and Use of Knowledge in Modern Business*, ed. Lisa Bud-Frierman. London: Routledge.

——. 2000. *Sorting Things Out: Classification and Its Consequences*. Cambridge: MIT Press.

Brandenburger, Adam. 2007. The power of paradox: Some recent developments in interactive epistemology. *International Journal of Game Theory* 35:465-492.

Brown, John Seely. 1997. Introduction: Rethinking innovation in a changing world. pp. ix-xxviii in *Seeing Differently: Insights on Innovation*, ed. John Seely Brown. Boston: Harvard Business School Press.

Brown, John Seely, and Paul Duguid. 1998. Organizing knowledge. *California Management Review* 40:90-111.

——. 2000. *The Social Life of Information*. Boston: Harvard Business School Press.

——. 2001a. Creativity versus structure: A useful tension. *MIT Sloan Management Review* 42:93-95.

——. 2001b. Knowledge and organization: A social-practice perspective. *Organization Science* 12:198-213.

Bruszt, László. 2002. Market making as state making: Constitutions and economic development in postcommunist Eastern Europe. *Constitutional Political Economy* 15:53-72.

Bruszt, László, and David Stark. 2003. Who counts? Supranational norms and societal needs. *East European Politics and Societies* 17(1):74-82.

Bryan, Dick, and Michael Rafferty. 2006. *Capitalism with Derivatives: A Political Economy of Financial Derivatives, Capital and Class*. New York: Palgrave Macmillan.

——. 2007. Financial derivatives and the theory of money. *Economy and Society* 36(1):134-158.

Burawoy, Michael. 1979. *Manufacturing Consent : Changes in the Labor Process under Monopoly Capitalism*. Chicago: University of Chicago Press.

Burns, Tom, and G. M. Stalker. 1961. *The Management of Innovation*. London:Tavistock.

Burt, Ronald. 1995. *Structural Holes : The Social Structure of Competition*. Cambridge: Harvard University Press.

——. 2005. *Brokerage and Closure*. Oxford: Oxford University Press.

Buxbaum, Richard M. 1993. Is "network" a legal concept?. *Journal of Institutional and Theoretical Economics* 149(4): 698-705.

Callon, Michel. 1998a. An essay on reframing and overflowing: Economic externalities revisited by sociology. pp. 244-269 in *The Laws of the Markets*, ed. Michel Callon. Oxford: Blackwell Publishers.

——. 1998b. Introduction: Embeddedness of economic markets in economics. pp. 1-57 in *The Laws of the Markets*, ed. Michel Callon. Oxford: Blackwell Publishers.

——. 2003. The increasing involvement of concerned groups in R&D policies: What lessons for public powers?. pp. 30-68 in *Science and Innovation : Rethinking the Rationales for Funding and Governance*, ed. A. Geuna, A. J. Salter, and W. E. Steinmueller. Cheltenham: Edward Elgar.

——. 2007. What does it mean to say that economics is performative?. pp. 311-357 in *Do Economists Make Markets ? On the Performativity of Economics*, ed. Donald MacKenzie, Fabian Muniesa, and Lucia Siu. Princeton: Princeton University Press.

Callon, Michel, Cecile Meadel, and Vololona Rabeharisoa. 2002. The economy of qualities. *Economy and Society* 31(2): 194-217.

Callon, Michel, Yuval Millo, and Fabian Muiesa, eds. 2007. *Market Devices*. Malden: Blackwell.

Callon, Michel, and Fabian Muniesa. 2005. Economic markets as calculative collective devices. *Organization Studies* 26 (8):

1229-1250.

Callon, Michel, and Vololona Rabeharisoa. 2003. Research in the wild and the shaping of new social identities. *Technology in Society* 25:193-204.

Camic, Charles. 1987. The making of a method: A historical reinterpretation of the early Parsons. *American Sociological Review* 52:421-439.

Castells, Manuel. 1996. *The Rise of the Network Society*. Cambridge: Blackwell Publishers.

Clark, Andy. 1993. *Associative Engines: Connectionism, Concepts, and Representational Change*. Cambridge: MIT Press.

———. 1997. *Being There: Putting Brain, Body, and World Together Again*. Cambridge: MIT Press.

———. 1999. Leadership and influence: The manager as coach, nanny, and artificial DNA. pp. 47-66 in *The Biology of Business: Decoding the Natural Laws of Enterprise*, ed. John H. Clippinger. San Francisco: Jossey-Bass.

———. 2003. *Natural-born Cyborgs: Minds, Technologies, and the Future of Human Intelligence*. Oxford: Oxford University Press.

Clark, Gordon L., Maryann P. Feldman, and Meric S. Gertler. 2000. *The Oxford Handbook of Economic Geography*. Oxford: Oxford University Press.

Clippinger, John H. 1999. Tags: The power of labels in shaping markets and organizations. pp. 67-88 in *The Biology of Business: Decoding the Natural Laws of Enterprise*, ed. John H. Clippinger. San Francisco: Jossey-Bass.

Clouse, Abby. 2008. Narratives of value and the antiques roadshow: A game of recognitions. *Journal of Popular Culture* 41(1): 3-20.

Cohen, Michael D. 1981. The power of parallel thinking. *Journal of Economic Behavior and Organization* 2:285-306.

———. 1983. Conflict and complexity: Goal diversity and organizational search effectiveness. *American Political Science Review* 78：435-451.

Conrad，Michael. 1983. *Adaptability*. New York：Plenum Press.

Contractor，Noshir S.，and Peter R. Monge. 2002. Managing knowledge networks. *Management Communication Quarterly* 16：249-258.

Corbridge，Stuart，and Nigel Thrift，eds. 1994. *Money，Power and Space*. London：Blackwell Publishers.

Damarin，Amanda. 2004. Fit，flexibility，and connection：Organizing employment in emerging web labor markets，New York City 1993—2003. PhD dissertation，Department of Sociology，Columbia University.

DeLanda，Manuel. 1991. *War in the Age of Intelligent Machines*. New York：Swerve Editions.

——. 2006. *A New Philosophy of Society：Assemblage Theory and Social Complexity*. London：Continuum International Publishing Group.

Derman，Emanuel. 2007. Modeling and its discontents. Paper presented at the Conference on Uncertainty，Center on Organizational Innovation，Columbia University，September 2007.

Desrosières，Alain. 1994. Official statistics and business：History，classification，uses. pp. 168-186 in *Information Acumen：The Understanding and Use of Knowledge in Modern Business*，ed. Lisa Bud-Frierman. London：Routledge.

——. 1998. *The Politics of Large Numbers：A History of Statistical Reasoning*. Cambridge：Harvard University Press.

Dewey，John. [1938] 1998. Analysis of reflective thinking. pp. 137-144 in *The Essential Dewey，Volume 2：Ethics，Logic，Psychology*，ed. Larry A. Hickman and Thomas M. Alexander. Bloomington：Indiana University Press.

——. [1938] 1998. The pattern of inquiry. pp. 169-179 in *The Essential Dewey，Volume 2：Ethics，Logic，Psychology*，ed.

Larry A. Hickman and Thomas M. Alexander. Bloomington: Indiana University Press.

———. 1939. *Theory of Valuation*. Chicago: University of Chicago Press.

DiMaggio, Paul, ed. 2001. *The Twenty-first-century Firm: Changing Economic Organization in International Perspective*. Princeton: Princeton University Press.

DiMaggio, Paul J., and Walter W. Powell. 1983. The iron cage revisited: Institutional isomorphism and collective rationality in organizational fields. *American Sociological Review* 48 (2): 147-160.

———. 1991. Introduction. pp. 1-38 in *The new institutionalism in organizational analysis*, ed. Walter W. Powell and Paul J. DiMaggio. Chicago: University of Chicago Press.

Dodds, Peter Sheridan, Duncan J. Watts, and Charles F. Sabel. 2003. Information exchange and the robustness of organizational networks. *Proceedings of the National Academy of Sciences* 100 (21): 12516-12521.

Dorf, Michael C., and Charles F. Sabel. 1998. A constitution of democratic experimentalism. *Columbia Law Review* 98:267-529.

Dosi, Givoanni, and Bruce Kogut. 1993. National specificities and the context of change: The coevolution of organization and technology. pp. 249-262 in *Country Competitiveness: Technology and the Organization of Work*, ed. Bruce Kogut. New York: Oxford University Press.

Dourish, Paul. 2004. *Where the Action Is: The Foundations of Embodied Interaction*. Cambridge: MIT Press.

Dourish, Paul, and Graham Button. 1998. On technomethodology: Foundational relationships between ethnomethodology and system design. *Human-computer Interaction* 13(4): 395-432.

Dow, Sheila, and John Hillard, eds. 1995. *Keynes, Knowledge and Uncertainty*. Aldershot, UK: Edward Elgar.

Dreyfus, Laurence. 1996. *Bach and the Patterns of Invention*.

Cambridge, MA: Harvard University Press.

Dunbar, Nicholas. 2000. *Inventing Money : The Story of Long-term Capital Management and the Legends Behind It*. New York: John Wiley & Sons.

Dupuy, Jean-Pierre. 1989. Common knowledge, common sense. *Theory and Decision* 27:37-62.

——. 1994. The self-deconstruction of convention. *Substance : A Review of Theory and Literary Criticism* 23(2): 86-98.

——. 2000. *The Mechanization of the Mind : On the Origins of Cognitive Science*. Princeton: Princeton University Press.

Epstein, Steven. 1995. The construction of lay expertise: AIDS activism and the forging of credibility in the reform of clinical trials. *Science , Technology , & Human Values* 20:408-437.

——. 1997. Activism, drug regulation, and the politics of therapeutic evaluation in the AIDS era. *Social Studies of Science* 27: 691-726.

Espeland, Wendy Nelson, and Michael Sauder. 2007. Rankings and reactivity: How public measures recreate social worlds. *American Journal of Sociology* 113(1): 1-40.

Espeland, Wendy Nelson, and Mitchell L. Stevens. 1998. Commensuration as a social process. *Annual Review of Sociology* 24:313-343.

Eymard-Duvernay, François. 1994. Coordination des échanges par l'entreprise et qualité des biens. pp. 331-358 in *Analyse Éonomique des Conventions*, ed. André Orlean. Paris: PUF.

Favereau, Olivier, Olivier Biencourt, and Francois Eymard-Duvernay. 2002. Where do markets come from? From(quality) conventions. pp. 213-252 in *Conventions and Structures in Economic Organization : Markets , Networks and Hierarchies*, ed. Olivier Favereau and Emmanuel Lazega. Cheltenham: Edward Elgar.

Favereau, Olivier, and Emmanuel Lazega, eds. 2002. *Conventions and Structures in Economic Organization : Markets , Networks and Hierarchies*. Cheltenham: Edward Elgar.

Fischer, Claude S. 1992. *America Calling : The Social History of the Telephone until 1940*. Berkeley: University of California Press.

Fleming, Lee. 2001. Recombinant uncertainty in technological search. *Management Science* 47:117-132.

Fligstein, Neil. 1990. *The Transformation of Corporate Control*. Cambridge: Harvard University Press.

——. 1996. Markets as politics: A political-cultural approach to market institutions. *American Sociological Review* 61 (4): 656-673.

——. 1997. Social skill and institutional theory. *American Behavioral Scientist* 40(4): 397-405.

——. 2001. *The Architecture of Markets : An Economic Sociology of Capitalist Societies*. Princeton: Princeton University Press.

Fontana, Walter, and Leo Buss. 1994. "The arrival of the fittest": Toward a theory of biological organization. *Bulletin of Mathematical Biology* 56(1): 1-64.

——. 1996. The barrier of objects: From dynamical systems to bounded organizations. pp. 56-116 in *Barriers and Boundaries*, ed. J. Casti and A. Karlqvist. Reading: Addison-Wesley.

Franz, K. 2005. *Tinkering: Customers Reinvent the Early Automobile*. Philadelphia: University of Pennsylvania Press.

Friedland, Roger, and Robert R. Alford. 1991. Bringing society back in: Symbols, practices, and institutional contradictions. pp. 232-266 in *The New Institutionalism in Organizational Analysis*, ed. Walter W. Powell and Paul J. DiMaggio. Chicago: University of Chicago Press.

Fullbrook, Edward, ed. 2001. *Intersubjectivity in Economics : Agents and Structures*. London and New York: Routledge.

Gábor, István R. 1979. The second (secondary) economy. *Acta Oeconomica* 22(3-4): 291-311.

Galison, Peter L. 1997. *Image and Logic : A Material Culture of Microphysics*. Chicago: University of Chicago Press.

Galison, Peter L., and Emily Thompson, eds. 1999. *The*

Architecture of Science. Cambridge: MIT Press.

Galloway, Alex. 2006. *Protocol: How Control Exists after Decentralization*. Cambridge: MIT Press.

Garud, Raghu, Sanjay Jain, and Philipp Tuertscher. 2008. Incomplete by design and designing for incompleteness. *Organization Studies* 29(3): 351-371.

Garud, Raghu, and Peter Karnφe. 2001. Path creation as a process of mindful deviation. pp. 1-40 in *Path Dependence and Creation*, ed. Raghu Garud and Peter Karnφe. Mahwah: Lawrence Erlbaum Associates.

——. 2003. Bricolage versus breakthrough: Distributed and embedded agency in technological entrepreneurship. *Research Policy* 32 (2): 277-300.

Gibson-Graham, J. K. 2006. *A Postcapitalist Politics*. Minneapolis: University of Minnesota Press.

Girard, Monique, and David Stark. 2007. Socio-technologies of assembly: Sense-making and demonstration in rebuilding Lower Manhattan. pp. 145-176 in *Governance and Information: The Rewiring of Governing and Deliberation in the 21st Century*, ed. David Lazer and Viktor Mayer-Schoenberger. New York and Oxford: Oxford University Press.

Gladwell, Malcom. 1999. The science of the sleeper. *New Yorker*, October 4, pp. 48-55.

——. 2000. Designs for working. *New Yorker*, December 11, pp. 60-70.

Godechot, Olivier. 2000. Le bazar de la rationalite. *Politics* 13:17-56.

Gould, Glenn. 1994. Forgery and imitation in the creative process. *Grand Street* 13(2): 53-62.

Grabher, Gernot. 1994. *Lob der Verschwendung* [In praise of waste: Redundancy in regional development]. Berlin: Edition Sigma.

——. 1997. Adaptation at the cost of adaptability? Restructuring the Eastern German regional economy. pp. 107-134 in *Restructuring Networks: Legacies, Linkages, and Localities in Postsocialism*, ed. Gernot Grabher and David Stark. London and New York: Oxford University Press.

——. 2001. Ecologies of creativity: The village, the group, and the heterarchic organisation of the British advertising industry. *Environment& Planning A* 33:351-374.

——. 2002a. Cool projects, boring institutions, and temporary collaboration in social context. *Regional Studies* 36:205-214.

——. 2002b. The project ecology of advertising: Tasks, talents and teams. *Regional Studies* 36:245-262.

Grabher, Gernot, and David Stark. 1997. Organizing diversity: Evolutionary theory, network analysis, and the postsocialist transformations. pp. 1-32 in *Restructuring Networks : Legacies, Linkages, and Localities in Postsocialism*, ed. Gernot Grabher and David Stark. London and New York: Oxford University Press.

Graham, Benjamin, and David L. Dodd. 1934. *Security Analysis : Principles and Techniques*. New York: McGraw-Hill.

Grandclément, Catherine. 2008. Wheeling one's groceries around the store: The invention of the shopping cart, 1936-1953. pp. 233-251 in *Food Chains : From Farmyard to Shopping Cart*, ed. Warren Belasco and Roger Horowitz. Philadelphia: University of Pennsylvania Press.

Grandori, Anna, and Santi Furnari. 2008. A chemistry of organization: Combinatory analysis and design. *Organization Studies* 29(3): 459-485.

Granovetter, Mark S. 1985. Economic action and social structure: The problem of embeddedness. *American Journal of Sociology* 19:481-510.

Hagel, John Ⅲ, and John Seely Brown. 2005. Productive friction: How difficult business partnerships can accelerate innovation. *Harvard Business Review* 83(2): 82-91, 148.

Hagstrom, Peter, and Gunnar Hedlund. 1998. A three-dimensional model of changing internal structure in the firm. pp. 166-191 in

Dynamic Firm: The Role of Technology, Strategy, Organization and Region, ed. Alfred Chandler, Peter Hagstrom, and Orjan Solvell. London and New York: Oxford University Press.

Hamilton, Gary G., and Robert C. Feenstra. 1995. Varieties of hierarchies and markets: An introduction. *Industrial and Corporate Change* 4(1): 51-91.

Hannan, Michael T. 1986. Uncertainty, diversity, and organizational change. pp. 73-94 in *Behavioral and Social Sciences, Fifty Years of Discovery: In Commemoration of the Fiftieth Anniversary of the "Ogburn report"*, ed. Neil J. Smelser and Dean R. Gerstein. Washington: National Academy Press.

Hannan, Michael T., L. Polos, and Glen Carroll. 2007. *Logics of Organization Theory: Audiences, Codes, and Ecologies*. Princeton: Princeton University Press.

Hansen, Thomas F. 2003. Is modularity necessary for evolvability? Remarks on the relationship between pleiotropy and evolvability. *BioSystems* 69: 83-94.

Hargadon, Andrew. 2003. *How Breakthroughs Happen*. Boston: Harvard Business School Press.

Heath, Christian, Marina Jirotka, Paul Luff, and Jon Hindmarsh. 1995. Unpacking collaboration: The interactional organization of trading in a city dealing room. *Computer Supported Cooperative Work* 3: 147-165.

Hedlund, Gunnar. 1986. The hypermodern MNC: A heterarchy. *Human Resource Management* 25: 9-35.

——. 1993. Assumptions of hierarchy and heterarchy, with applications to the management of the multinational corporation. pp. 211-236 in *Organization Theory and the Multinational Enterprise*, ed. Sumantra Ghoshal and D. Eleanor Westney. London: Macmillan.

Hedlund, Gunnar, and Dag Rolander. 1990. Action in heterarchies— New approaches to managing the MNC. pp. 15-46 in *Managing the Global Firm*, ed. Christopher A. Bartlett, Yves Doz, and Gunnar Hedlund. London and New York: Routledge.

Hennion, Antoine. 1997. Baroque and rock: Music, mediators and musical taste. *Poetics* 24:415-435.

——. 2004. The pragmatics of taste. pp. 131-144 in *The Blackwell Companion to the Sociology of Culture*, ed. Mark Jacobs and Nancy Hanrahan. Oxford and Malden: Blackwell.

Herlocker, Jonathan L. 1999. Algorithmic framework for performing collaborative filtering. pp. 230-237 in *Proceedings of the 22nd International Conference on Research and Development in Information Retrieval*. New York: ACM.

Hoftstadter, Douglas R. 1979. *Gödel, Escher, Bach*. New York: Basic Books.

Holland, John. 1992. Complex adaptive systems. *Daedalus* 121(1): 17-30.

Hull, John C. 1996. *Options, Futures, and Other Derivative Securities*. Englewood Cliffs: Prentice Hall.

Hutchins, Edwin. 1995. *Cognition in the Wild*. Cambridge: MIT Press.

Hutchins, Edwin, and Tove Klausen. 1991. Distributed cognition in an airline cockpit. pp. 15-34 in *Distributed Cognition and Communication at Work*, ed. Y. Engestrom and D. Middleton. Cambridge: Cambridge University Press.

Hutter, Michael, and Günther Teubner. 1993. The parasitic role of hybrids. *Journal of Institutional and Theoretical Economics* 149:706-715.

Introna, Lucas D., and Frenando M. Ilharco. 2006. On the meaning of screens: Towards a phenomenological account of screeneness. *Human Studies* 29(1): 57-76.

Jacob, Francois. 1977. Evolution and tinkering. *Science* 196: 1161-1166.

Kahl, Steve. 2008. The dynamics of categorization. Manuscript, University of Chicago.

Kait, Casey, and Stephen Weiss. 2001. *Digital Hustlers: Living Large and Falling Hard in Silicon Alley*. New York: Harper Collins.

Kauffman, Stuart A. 1989. Adaptation on rugged fitness landscapes. pp. 527-618 in *Lectures in the Science of Complexity*, vol. 1, ed. D. Stein. Reading, MA: Addison-Wesley, Longman.

——. 1993. *The Origin of Order: Self-organization and Selection in Evolution*. London: Oxford University Press.

Kellogg, Katherine C., Wanda J. Orlikowski, and JoAnne Yates. 2006. Life in the trading zone: Structuring coordination across boundaries in postbureaucratic organizations. *Organization Science* 17(1): 22-44.

Kelly, John, and David Stark. 2002. Crisis, recovery, innovation: Learning from 9/11. *Environment and Planning A* 34: 1523-1533.

Kennedy, David. 2006. *Of War and Law*. Princeton and Oxford: Princeton University Press.

Kidder, Tracy. 1981. *The Soul of A New Machine*. Boston: Little, Brown, and Company.

Kirzner, Israel M. 1982. Uncertainty, discovery, and human action: A study of the entrepreneurial profile in the Misesian system. pp. 139-159 in *Method, Process, and Austrian Economics: Essays in Honor of Ludvig von Mises*, ed. I. M. Kirzner. Lexington: D. C. Heath.

Kline, Ronald, and Trevor Pinch. 1996. Users as agents of technological change: The social construction of the automobile in the rural United States. *Technology and Culture* 37:763-795.

Knight, Frank H. 1921. *Risk, Uncertainty and Profit*. Boston: Houghton Mifflin Company.

Knorr-Cetina, Karin. 1981. Introduction: The micro-sociological challenge of macro-sociology: Towards a reconstruction of social theory and methodology. pp. 1-47 in *Advances in Social Theory and Methodology: Toward An Integration of Micro- and*

Macro-Sociologies, ed. Karin Knorr-Cetina and Aaron V. Cicourel. London: Routledge & Kegan Paul.

———. 2002. The market as an epistemic institution. Paper presented at the New York Conference on Social Studies of Finance, Columbia University.

Knorr Cetina, Karin, and Urs Bruegger. 2002. Global microstructures: The virtual societies of financial markets. *American Journal of Sociology* 107:905-950.

Knorr Cetina, Karin, and Alex Preda. 2001. The epistemization of economic transactions. *Current Sociology* 49:27-44.

Kogut, Bruce, and Anca Metiu. 2001. Open source software development and distributed innovation. *Oxford Review of Economic Policy* 17:248-264.

Kogut, Bruce, Weijan Shan, and Gordon Walker. 1992. The make-or-cooperate decision in the context of an industry network. pp. 348-365 in *Networks and Organizations*, ed. Nitin Nohira and Robert G. Eccles. Cambridge: Harvard Business School Press.

Kogut, Bruce, and Udo Zander. 1992. Knowledge of the firm, combinative capabilities, and the replication of technology. *Organization Science* 3:383-397.

Konrad, George, and Ivan Szelenyi. 1979. *The Intellectuals on the Road to Class Power*. New York: Harcourt, Brace and Jovanovich.

Kornai, János. 1980. *Economics of Shortage*. Amsterdam: North-Holland.

Kunda, Gideon. 1993. *Engineering Culture : Control and Commitment in A High Tech Corporation*. Philadelphia: Temple University Press.

Kunda, Gideon, and John Van Mannen. 1999. Changing scripts at work: Managers and professionals. *Annals of the American Academy of Political and Social Science* 561:64-80.

Ladeur, Karl-Heinz. 1997. Towards a legal theory of supranationality: The viability of the network concept. *European*

Law Journal 3(1)：33-54.

Lamont, Michèle, and Laurent Thévenot, eds. 2000. *Rethinking Comparative Cultural Sociology：Repertoires of Evaluation in France and the United States*. Cambridge and New York：Cambridge University Press.

Landau, Martin. 1969. Redundancy, rationality, and the problem of duplication and overlap. *Public Administration Review* 29(4)：346-358.

Lane, David. 1995. Models and aphorisms. *Complexity* 1(2)：9-13.

Lane, David, and Robert Maxfield. 1996. Strategy under complexity：Fostering generative relationships. *Long Range Planning* 29：215-231.

Latour, Bruno. 1986. Powers of association. pp. 261-277 in *Power, Action, and Belief：A New Sociology of Knowledge*, ed. John Law. London and Boston：Routledge & Kegan Paul.

——. 1987. *Science in Action：How to Follow Scientists and Engineers Through Society*. Cambridge：Harvard University Press.

——. 1988. *The Pasteurization of France*. Cambridge：Harvard University Press.

——. 1991. Technology is society made durable. pp. 103-131 in *A Sociology of Monsters：Essays on Power, Technology, and Domination*, ed. John Law. London and Boston：Routledge & Kegan Paul.

——. 2005. *Reassembling the Social*. Oxford：Oxford University Press.

Latour, Bruno, and Steve Woolgar. 1979. *Laboratory Life：The Social Construction of Scientific Facts*. Los Angeles：Sage.

Lemieux, Thomas, W. Bentley MacLeod, and Daniel Parent. 2007. Performance pay and wage inequality. Working Paper Series, May, National Bureau of Economic Research, Cambridge.

Lenoir, Timothy. 2000. All but war is simulation：The military-entertainment complex. *Configurations* 8(3)：289-335.

——. 2002a. Authorship and surgery: The shifting ontology of the virtual surgeon. pp. 283-308 in *From Energy to Information: Representation in Science, Art, and Literature*, ed. Linda Henderson and Bruce Clarke. Stanford: Stanford University Press.

——. 2002b. The virtual surgeon. pp. 28-51 in *Semiotic Flesh: Information and the Human Body*, ed. Phillip Thurtle. Seattle: University of Washington Press.

——. 2003. Programming theaters of war: Gamemakers as soldiers. pp. 175-198 in *Bombs and Bandwidth: The Emerging Relationship Between IT and Security*, ed. Robert Latham. New York: New Press.

Leonard-Barton, Dorothy. 1995. *Wellsprings of Knowledge: Building and Sustaining the Sources of Innovation*. Boston: Harvard Business School Press.

Lépinay, Vincent. 2002. Finance as circulating formulas. Paper presented at the New York Conference on Social Studies of Finance, Columbia University.

Lester, Richard K., and Michael J. Piore. 2004. *Innovation: The Missing Dimension*. Cambridge and London: Harvard University Press.

Lettvin, J. Y., H. R. Maturana, W. S. McCulloch, and W. H. Pitts. 1959. What the frog's eye tells the frog's brain. *Proceedings of the Institute of Radio Engineering* 47: 1940-1951.

Levinthal, Daniel A., and James G. March. 1993. The myopia of learning. *Strategic Management Journal* 14:95-112.

Levy, Thierry. 2001. The theory of conventions and a new theory of the firm. pp. 254-272 in *Intersubjectivity in Economics: Agents and Structures*, ed. Edward Fullbrook. London and New York: Routledge.

Lewis, David K. 1969. *Conventions: A Philosophical Study*. Cambridge: Harvard University Press.

Lewis, Michael. 1999. How the eggheads cracked. *New York Times*, January 24.

Leyshon, Andrew, and Nigel Thrift. 1997. *Money/Space: Geographies of Monetary Transformation*. London and New York: Routledge.

Long, Norton E. 1958. The local community as an ecology of games. *American Journal of Sociology* 64(3): 251-261.

MacKenzie, Donald. 2000. Long-term capital management and the sociology of finance. *London Review of Books*, April 13.

——. 2002. Risk, financial crises, and globalization: Long-term capital management and the sociology of arbitrage. Manuscript, University of Edinburgh.

——. 2006. *An Engine Not A Camera : How Financial Models Shape Markets*. Cambridge: MIT Press.

——. 2007. Is economics performative? Option theory and the construction of derivatives markets. pp. 54-86 in *Do Economists Make Markets? On the Performativity of Economics*, ed. Donald MacKenzie, Fabian Muniesa, and Lucia Siu. Princeton: Princeton University Press.

MacKenzie, Donald, and Yuval Millo. 2003. Negotiating a market, performing theory: The historical sociology of a financial derivatives exchange. *American Journal of Sociology* 109: 107-145.

MacKenzie, Donald, Fabian Muniesa, and Lucia Siu. 2007. Introduction. pp. 1-23 in *Do Economists Make Markets? On the Performativity of Economics*, ed. Donald MacKenzie, Fabian Muniesa, and Lucia Siu. Princeton: Princeton University Press.

Manovich, Lev. 2001. *The Language of New Media*. Cambridge: MIT Press.

Manville, Brook. 1999. Complex adaptive knowledge management: A case from McKinsey & Company. pp. 89-112 in *The Biology of Business : Decoding the Natural Laws of Enterprise*, ed. John H. Clippinger. San Francisco: JosseyBass.

March, James G. 1991. Exploration and exploitation in organizational learning. *Organization Science* 2:71-87.

Marcus, George E. 1998. *Ethnography Through Thick and Thin*. Princeton: Princeton University Press.

Martin, Ron. 1999. The new economic geography of money. pp. 2-27 in *Money and the Space Economy*, ed. Ron Martin. Chichester, UK: John Wiley & Sons.

McCulloch, Warren S. [1945] 1965. A heterarchy of values determined by the topology of nervous nets. pp. 40-44 in *Embodiments of Mind*, ed. W. S. McCulloch. Cambridge: MIT Press. Originally published in 1945 in *Bulletin of Mathematical Biophysics* 7(2):89-93.

——. 1960. The reliability of biological systems. pp. 264-481 in *Self-organizing Systems*, ed. M. G. Yovitz and S. Camerons. New York: Pergamon Press.

McCulloch, Warren. S., and Pitts, Walter H. 1943. A logical calculus of the ideas immanent in nervous activity. *Bulletin of Mathematical Biophysics* 5:115-133.

McKenzie, Jon. 2001. *Perform or Else: From Discipline to Performance*. New York: Routledge.

Meyer, John W., and Brian Rowan. 1977. Institutionalized organization: Formal structure as myth and ceremony. *American Journal of Sociology* 83(2): 340-363.

Meyerson, Debra, Karl E. Weick, and Roderick M. Kramer. 1996. Swift trust and temporary groups. pp. 166-195 in *Trust in Organizations*, ed. R. M. Karmer and T. R. Tyler. Thousand Oaks, CA: Sage.

Miller, Daniel. 2005. Materiality: An introduction. pp. 1-50 in *Materiality*, ed. Daniel Miller. Durham and London: Duke University Press.

Miller, Peter, and Ted O'Leary. 2007. Mediating instruments and making markets: Capital budgeting, science, and the economy. *Accounting, Organizations, and Society* 32(7-8): 701-734.

Millo, Yuval. 2001. Safety in numbers: How exchanges and regulators shaped index-based derivatives. Paper presented at the New York Conference on Social Studies of Finance, Columbia University.

Millo, Yuval, and Donald MacKenzie. In press. The usefulness of inaccurate models: The emergence of financial risk management. *Accounting, Organizations and Society*.

Miltner, Robert. 2001. Where the visual meets the verbal: Collaboration as conversation. *Enculturation* 3.

Mirowski, Philip. 2001. *Machine Dreams : Economics Becomes A Cyborg Science*. London and New York: Cambridge University Press.

Mische, Ann. 2008. *Partisan Publics : Communication and Contention across Brazilian Youth Activist Networks*. Princeton: Princeton University Press.

Mische, Ann, and Harrison White. 1998. Between conversation and situation: Public switching dynamics across networks. *Social Research* 65(3): 695- 724.

Mllering, Guido. 2006. *Trust : Reason , Routine , Reflexivity*. Amsterdam: Elsevier.

Monge, Peter R. , and Noshir N. Contractor. 2003. *Theories of Communication Networks*. New York: Oxford University Press.

Moreau, C. P. , A. B. Markaman, and D. R. Lehmann. 2001. "What is it?" Categorization flexibility and consumers' responses to really new products. *Journal of Consumer Research* 27: 489-498.

Morin, Edgar. 1974. Complexity. *International Social Science Journal* 26:555-582.

Muniesa, Fabian. 2000. Un robot walrasien: Cotation électronique et justesse de la découverte des prix. *Politix* 13:121-154.

——. 2002. Reserved anonymity: On the use of telephones in the trading room. Paper presented at the New York Conference on Social Studies of Finance, Columbia University.

——. 2007. Market technologies and the pragmatics of prices. *Economy and Society* 36(3): 377-395.

Muniesa, Fabian, Yuval Millo, and Michel Callon, eds. 2007. *Market Devices*. Blackwell Synergy (special issue of *The Sociological Review* 55 [2]).

Neff, Gina. 2004. Organizing uncertainty: Individual, organizational and institutional risk in New York's Internet industry, 1995-2003. PhD dissertation, Department of Sociology, Columbia University.

——. 2005. The changing place of cultural production: The location of social networks in a digital media industry. *Annals of the American Academy of Political and Social Science* 597(1): 134-152.

Neff, Gina, and David Stark. 2003. Permanently beta: Responsive organization in the Internet era. pp. 173-188 in *Society Online : The Internet in Context*, ed. Philip E. N. Howard and Steve Jones. Thousand Oaks: Sage.

Neff, Gina, Elizabeth Wissinger, and Sharon Zukin. 2005. Entrepreneurial labor among cultural producers: "Cool" jobs in "hot" industries. *Social Semiotics* 15(3): 307-334.

New York New Media Association. 2000. *3rd New York New Media Industry Survey*.

Obstfeld, David. 2005. Social networks, the tertius iungens orientation, and involvement in innovation. *Administrative Science Quarterly* 50(1): 100-130.

O' Mahony, Siobhan. 2002. The emergence of a new commercial actor: Community managed software projects. PhD dissertation, Stanford University.

O'Neill, Michael. 2007. "My vision quickening": Dante and romantic poetry. pp. 45-66 in *Dante Rediscovered : From Blake to Rodin*, ed. David Bindman, Stephen Hebron, and Michael O' Neill. Grasmere, UK: Wordsworth Trust.

Orlikowski, Wanda J. 2002. Knowing in practice: Enacting a

collective capability in distributed organizing. *Organization Science* 13(3): 249-273.

——. 2007. Sociomaterial practices: Exploring technology at work. *Organization Studies* 28(9): 1435-1451.

Orlikowski, Wanda, and C. S. Iacono. 1999. The truth is not out there: An enacted view of the "digital economy". pp. 352-380 in *Understanding the Digital Economy: Data, Tools, and Research*, ed. E. Brynjolfsson and B. Kahin. Cambridge: MIT Press.

Oudshoorn, Nelly, and Trevor Pinch. 2003. Introduction: How users and nonusers matter. pp. 1-28 in *How Users Matter: The Co-construction of Users and Technologies*, ed. Nelly Oudshoorn and Trevor Pinch. Cambridge: MIT Press.

Padgett, John F. 2001. Organizational genesis, identity, and control: The transformation of banking in Renaissance Florence. pp. 211-257 in *Networks and Markets*, ed. James Rauch and Alessandra Casella. New York: Russell Sage Foundation.

Padgett, John F., and Christopher K. Ansell. 1993. Robust action and the rise of the Medici, 1400-1434. *American Journal of Sociology* 98:1259-1319.

Page, Scott E. 2007. *The difference: How the Power of Diversity Creates Better Groups, Firms, Schools, and Societies*. Princeton: Princeton University Press.

——. 2008. Uncertainty, difficulty, and complexity. *Journal of Theoretical Politics* 20(2): 115-149.

Perrow, Charles. 2002. Disaster prevention and mitigation. Manuscript, Yale University.

Pinch, Trevor. 1986. *Confronting Nature: The Sociology of Solar-neutrino Detection*. Dordrecht: Kluwer Publishers.

Pinch, Trevor, and Wiebe Bijker. 1987. The social construction of facts and artifacts: Or how the sociology of science and the sociology of technology might benefit each other. pp. 17-50 in *The Social Construction of Technology*, ed. Wiebe Bijker,

Thomas Hughes, and Trevor Pinch. Cambridge: MIT Press.

Pinch, Trevor, and Frank Trocco. 2004. *Analog Days : The Invention and Impact of the Moog Synthesizer*. Cambridge: Harvard University Press.

Piore, Michael J. , and Charles F. Sabel. 1984. *The Second Industrial Divide*. New York: Basic Books.

Pitts, Walter H. , and Warren S. McCulloch. 1947. How we know universals: The perception of auditory and visual forms. *Bulletin of Mathematical Biophysics* 9:127-147.

Podolny, Joel M. , and Marya Hill-Popper. 2004. Hedonic and transcendent conceptions of value. *Industrial and Corporate Change* 13:61-89.

Podolny, Joel M. , and Karen L. Page. 1998. Network forms of organization. *Annual Review of Sociology* 24:57-76.

Podolny, Joel M. , and Toby E. Stuart. 1995. A role-based ecology of technological change. *American Journal of Sociology* 100: 1224-1260.

Poincaré, Henri. [1908] 1982. *Foundations of Science*. Washington: University Press of America.

Poon, Martha. In press. From New Deal institutions to capital markets: Commercial consumer risk scores and the making of subprime mortgage finance. In *Accounting , Organizations , and Society*.

Porteus, David. 1999. The development of financial centers: Location, information externalities and path dependence. pp. 95-114 in *Money and the Space Economy*, ed. Ron Martin. Chichester: John Wiley & Sons.

Powell, Walter W. 1990. Neither market nor hierarchy: Network forms of organization. *Research in Organizational Behavior* 12: 295-336.

——. 1996. Inter-organizational collaboration in the biotechnology industry. *Journal of Institutional and Theoretical Economics* 152:197-215.

Powell, Walter W., and Jason Owen-Smith. 1998. Universities and the market for intellectual property in the life sciences. *Journal of Policy Analysis and Management* 17:253-277.

Powell, Walter W., Douglas R. White, Kenneth W. Koput, and Jason Owen-Smith. 2005. Network dynamics and field evolution: The growth of interorganizational collaboration in the life sciences. *American Journal of Sociology* 110(4): 1132-1205.

Power, Michael. 2007. *Organized Uncertainty: Designing A World of Risk Management*. Oxford: Oxford University Press.

Pratt, Andy C. 2000. New media, the new economy, and new spaces. *Geoforum* 31:25-36.

Preda, Alex. 2006. Socio-technical agency in financial markets: The case of the stock ticker. *Social Studies of Science* 36 (5): 753-782.

Pryke, Michael. 2008. Money's eyes: The visual preparation of financial markets. Manuscript, The Open University.

Rediker, Marcus. 2004. *Villains of All Nations: Atlantic Pirates in the Golden Age*. Boston: Beacon Press.

Reuf, Martin. 1999. The emergence of organizational forms: A community ecology approach. *American Journal of Sociology* 106:658-714.

Reverre, Stephane. 2001. *The Complete Arbitrage Deskbook*. New York: McGraw-Hill.

Ricoeur, Paul. 2005. *The Course of Recognition*. Cambridge: Harvard University Press.

Rocha, Luis M. 1999. Evidence sets and contextual genetic algorithms: Exploring uncertainty, context and embodiment in cognitive and biological systems. PhD dissertation, State University of New York at Binghamton.

——. 2001. Adaptive webs for heterarchies with diverse communities of users. Paper presented at the conference From Intelligent Networks to the Global Brain: Evolutionary Social Organization through Knowledge Technology, Brussels, July 3-5.

LAUR 005173.

Ross, Andrew. 2003. *No Collar : The Humane Workplace and its Hidden Costs*. New York: Basic Books.

Sabel, Charles, F. 1990. Moebius-strip organizations and open labor markets: Some consequences of the reintegration of conception and execution in a volatile economy. pp. 23-54 in *Social Theory for A Changing Society*, ed. Pierre Bourdieu and James Coleman. Boulder, CO, and New York: Westview Press and the Russell Sage Foundation.

——. 1997. Design, deliberation, and democracy: On the new pragmatism of firms and public institutions. pp. 101-149 in *Liberal Institutions , Economic Constitutional Rights , and the Role of Organizations*, ed. K.-H. Ladeur. Baden-Baden: Nomos Verlagsgesellschaft.

Sabel, Charles F. , and Jane Prokop. 1996. Stabilization through reorganization? Some preliminary implications of Russia's entry into world markets in the age of discursive quality standards. pp. 151-191 in *Corporate Governance in Central Europe and Russia*, vol. 2, ed. Roman Frydman, Andrzej Rapaczynski, and Cheryl Gray. World Bank/Central European University Privatization Project Publication. Budapest: CEU Press.

Sabel, Charles F. , and Jonathan Zeitlin. 1997. Stories, strategies, structures: Rethinking historical alternatives to mass production. pp. 1-33 in *World of Possibilities : Flexibility and Mass Production in Western Industrialization*, ed. Charles F. Sabel and Jonathan Zeitlin. Cambridge: Cambridge University Press.

Sack, Warren. 2005. Discourse architecture and very large-scale conversations. pp. 242-282 in *Digital Formations*, ed. Robert Latham and Saskia Sassen. Princeton: Princeton University Press.

Sassen, Saskia. 1997. The spatial organization of information industries. pp. 33-52 in *Globalization : Critical Reflections*, ed. J. H. Mittelman. London: Lynne Rienner.

——. 2004. The locational and institutional embeddedness of electronic markets. pp. 224-246 in *Markets in Historical Contexts : Ideas and Politics in the Modern World*, ed. Mark Bevir and Frank Trentmann. London: Cambridge University Press.

Schelling, Thomas C. 1960. *The Strategy of Conflict*. London: Oxford University Press.

Schivelbusch, Wolfgang. 1995. *Disenchanted Night : The Industrialization of Light in the Nineteenth Century*. Berkeley: University of California Press.

Schumpter, Joseph A. 1934. *The Theory of Economic Development*. Cambridge: Harvard University Press.

Sen, Amartya. 1990. *On Ethics and Economics*. Oxford: Oxford University Press.

——. 1993. Capability and well-being. pp. 30-53 in *The Quality of Life*, ed. Martha Nussbaum and Amartya Sen. Oxford: Oxford University Press.

Shardanand, Upendra, and Pattie Maes. 1995. Social information filtering: Algorithms for automating word of mouth. Paper presented at the Conference on Human Factors in Computing Systems, Chicago.

Sheller, Mimi. 2004. Mobile publics: Beyond the network perspective. *Environment and Planning D : Society and Space* 22(1): 39-52.

Simon, Herbert. 1969. *The Sciences of the Artificial*. Cambridge: MIT Press.

Smith, Charles. 1990. *Auctions : The Social Construction of Value*. Berkeley: University of California Press.

——. 2001. *Success and Survival on Wall Street : Understanding the Mind of the Market*. New York: Rowman and Littlefield.

Sperber, Dan, and Deirdre Wilson. 1996. *Relevance: Communication and Cognition*. Malden and Oxford: Wilely-Blackwell.

Staber, Udo, and Jörg Sydow. 2002. Organizational adaptive

capacity: A structuration perspective. *Journal of Management Inquiry* 11(4): 408-424.

Star, Susan Leigh, and James Griesemer. 1989. Institutional ecology, translations, and boundary objects: Amateurs and professionals in Berkeley's Museum of Vertebrate Zoology, 1907-1939. *Social Studies of Science* 19:387-420.

Stark, Ben, and David Stark. 2006. Satisfaction guaranteed: Megachurches as shopping malls. Center on Organizational Innovation Working Papers, Columbia University.

Stark, David. 1985. The micropolitics of the firm and the macropolitics of reforms: New forms of workplace bargaining in Hungarian enterprises. pp. 247-273 in *States vs. Markets in the World-System*, ed. Peter Evans, Dietrich Rueschemeyer, and Evelyne Huber Stephens. Beverly Hills: Sage Publications.

——. 1986. Rethinking internal labor markets: New insights from a comparative perspective. *American Sociological Review* 51: 492-504.

——. 1989. Coexisting organizational forms in Hungary's emerging mixed economy. pp. 137-168 in *Remaking the Economic Institutions of Socialism*, ed. Victor Nee and David Stark. Stanford: Stanford University Press.

——. 1990. Privatization in Hungary: From plan to market or from plan to clan?. *East European Politics and Societies* 4(3): 351-392.

——. 1992. Path dependence and privatization strategies in East Central Europe. *East European Politics and Societies* 6(1): 17-53.

——. 1996. Recombinant property in East European capitalism. *American Journal of Sociology* 101:993-110.

——. 2001. Ambiguous assets for uncertain environments: Heterarchy in postsocialist firms. pp. 69-104 in *The Twenty-first Century Firm: Changing Economic Organization in International Perspective*, ed. Paul DiMaggio. Princeton:

Princeton University Press.

Stark，David，and László Bruszt. 1998. *Postsocialist Pathways : Transforming Politics and Property in East Central Europe.* Cambridge and New York：Cambridge University Press.

Stark，David，and László Bruszt. 2001. One way or multiple paths? For a comparative sociology of East European capitalism. *American Journal of Sociology* 106(4)：1129-1137.

Stark，David，and Victor Nee. 1989. Toward an institutional analysis of state socialism. pp. 1-31 in *Remaking the Economic Institutions of Socialism : China and Eastern Europe*, ed. Victor Nee and David Stark. Stanford：Stanford University Press.

Stark，David，and Balazs Vedres. 2006. Social times of network spaces：Network sequences and foreign investment in Hungary. *American Journal of Sociology* 111(5)：1367-1411.

Stark，David，Balazs Vedres，and László Bruszt. 2006. Rooted transnational publics：Integrating foreign ties and civic activism. *Theory and Society* 35(3)：323-349.

Suchman，Lucy. 2000. Located accountabilities in technology production. Paper presented at the Workshop on Heterarchy, Santa Fe Institute.

——. 2007. *Human-machine Reconfigurations : Plans and Situated Actions*, 2nd ed. Cambridge and New York：Cambridge University Press.

Swedberg，Richard. 2007. *Principles of Economic Sociology.* Princeton：Princeton University Press.

Sydow，Jörg，Lars Lindkvist，and Robert DeFillippi. 2004. Project-based organizations，embeddedness and repositories of knowledge. *Organization Studies* 25(9)：1475-1488.

Terranova，Tiziana. 2000. Free labor：Producing culture for the digital economy. *Social Text* 18：33-58.

Teubner，Günther. 1991. Beyond contract and organization? The external liability of franchising systems in German law. pp. 105-132 in *Franchising and the Law : Theoretical and Comparative*

Approaches in Europe and the United States, ed. Christian Joerges. Baden-Baden: Nomos Verlagsgesellschaft.

Thévenot, Laurent. 1984. Rules and implements: Investment in forms. *Social Science Information* 23:1-45.

——. 2001. Organized complexity: Conventions of coordination and the composition of economic arrangements. *European Journal of Social Theory* 4:405-425.

——. 2007. The plurality of cognitive formats and engagements: Moving between the familiar and the public. *European Journal of Social Theory* 10(3): 409-423.

Thompson, E. P. 1971. The moral economy of the English crowd in the eighteenth century. *Past and Present* 50:76-136.

——. 1982. Time, work-discipline, and industrial capitalism. pp. 299-309 in *Classes, Power, and Conflict*, ed. Anthony Giddens and David Held. Berkeley: University of California Press.

Thrift, Nigel. 1994. On the social and cultural determinants of international financial centres: The case of the City of London. pp. 327-355 in *Money, Power and Space*, ed. S. Corbridge, N. J. Thrift, and R. L. Martin. Oxford: Blackwell.

——. 1999. The place of complexity. *Theory, Culture and Society* 16 (3): 31-69.

——. 2000. Pandora's box? Cultural geographies of economies. pp. 689-704 in *The Oxford Handbook of Economic Geography*, ed. G. L. Clark, M. P. Feldman, and Meric S. Gertler. Oxford: Oxford University Press.

——. 2001a. "It's the romance not the finance that makes the business worth pursuing": Disclosing a new market culture. *Economy and Society* 30:412-432.

——. 2001b. Software writing cities. Address to the Taub Urban Research Center, New York University, February 26.

——. 2004a. Movement-space: The changing domain of thinking resulting from the development of new kinds of spatial awareness. *Economy and Society* 33(4): 582-605.

——. 2004b. Remembering the technological unconscious by foregrounding knowledges of position. *Environment and Planning D : Society and Space* 22(1): 175-190.

——. 2005. *Knowing Capitalism*. London: SAGE Publications.

——. 2006. Re-inventing invention: New tendencies in capitalist commodification. *Economy and Society* 35(2): 279-306.

Tilly, Charles. 2006. *Why ?. Princeton*: Princeton University Press.

Turkle, Sherry. 1998. *Life on the Screen*. New York: Simon & Schuster.

Urry, John. 2004. The "system" of automobility. *Theory, Culture and Society* 21(4-5): 25-39.

Uzzi, Brian. 1997. Social structure and competition in interfirm networks: The paradox of embeddedness. *Administrative Science Quarterly* 42:35-67.

——. 1999. Embeddedness in the making of financial capital: How social relations and networks benefit firms seeking financing. *American Sociological Review* 64:481-505.

Vallas, Steven P. 2006. Empowerment redux: Structure, agency, and the remaking of managerial authority. *American Journal of Sociology* 111(6): 1677-1717.

Van den Bulte, Christophe, and Rudy K. Moenaert. 1998. The effect of R&D team co-location on communication patterns among R&D, marketing and manufacturing. Manuscript, Marketing Department, Wharton School, University of Pennsylvania.

Vedres, Balazs, Laszlo Bruszt, and David Stark. 2004. Organizing technologies: Genre forms of online civic association in Eastern Europe. pp. 171-188 in *Cultural Production in A Digital Age*. (Special issue of the *Annals of the American Academy of Political and Social Science*.)

Vedres, Balazs, and David Stark. 2008. Opening closure: Intercohesion and entrepreneurial dynamics in business groups. Center on Organizational Innovation Working Papers, Columbia University.

Velthuis, Olav. 1999. The changing relationship between economic sociology and institutional economics: From Talcott Parsons to Mark Granovetter. *American Journal of Economics and Sociology* 58(4): 629-649.

——. 2005. *Talking Prices: Symbolic Meanings of Prices on the Markets for Contemporary Art*. Princeton: Princeton University Press.

von Goldammer, Eberhard, Joachim Paul, and Joe Newbury. 2003. Heterarchy—hierarchy: Two complementary categories of description. Vordenker Web-forum for Innovative Approaches in Science, Economy and Culture. August. http://www. vordenker. de/heterarchy/a_heterarchy-e. pd. fvon Hippel, Eric. 2001. Innovation by user communities: Learning from open source software. *Sloan Management Review* 42:82-86.

von Neumann, John. 1956. Probabilistic logics and the synthesis of reliable organizations from unreliable components. pp. 43-98 in *Automata Studies*, ed. C. E. Shannon and J. McCarthy. Princeton: Princeton University Press.

Wagner, Gunter P. , and Lee Altenberg. 1996. Complex adaptations and the evolution of evolvability. *Evolution* 50(3): 967-976.

Wark, McKenzie. 2004. *A Hacker Manifesto*. Cambridge: Harvard University Press.

Weick, Karl E. 1977. Organization design: Organizations as self-designing systems. *Organizational Dynamics* 6:31-45.

——. 1979. *The Social Psychology of Organizing* , 2nd ed. Reading: Addison-Wesley.

——. 1993. The collapse of sensemaking in organizations: The Mann Gulch disaster. *Administrative Science Quarterly* 38:628-652.

——. 1995. *Sensemaking in Organizations*. Thousand Oaks: Sage.

Weick, Karl, and Karlene H. Roberts. 1993. Collective mind in organizations: Heedful interrelating on flight decks. *Administrative Science Quarterly* 38(3): 357-382.

Weitzman, Martin L. 1998. Recombinant growth. *Quarterly Journal of Economics* 113(2): 331-360.

Wenger, Etienne. 1998. *Communities of Practice : Learning , Meaning , and Identity*. Cambridge: Cambridge University Press.

White, Harrison C. 1981. Where do markets come from?. *American Journal of Sociology* 87:983-38.

——. 1992a. Agency as control in formal networks. pp. 92-117 in *Networks and Organizations*, ed. Nitin Nohira and Robert G. Eccles. Cambridge: Harvard Business School Press.

——. 1992b. Cases are for identity, for explanation, or for control. pp. 83-104 in *What Is A Case ? Exploring the Foundations of Social Inquiry*, ed. Charles C. Ragin and Howard S. Becker. London and New York: Cambridge University Press.

——. 1992c. *Identity and Control*. Princeton: Princeton University Press.

——. 1993. Values come in styles, which mate to change. pp. 63-91 in *The Origins of Values*, ed. Michael Hechter, Lynn Nadel, and Richard E. Michod. New York: Aldine de Gruyter.

——. 2002. *Markets from Networks : Socioeconomic Models of Production*. Princeton: Princeton University Press.

Williamson, Oliver. 1981. The economics of organization: The transaction cost approach. *American Journal of Sociology* 87 (3): 548-577.

Wilkinson, John. 1997. A new paradigm for economic analysis?. *Economy and Society* 26(3): 305-339.

Wilson, Edward O. 2003. *The Future of Life*. New York: Vintage Books.

Wittgenstein, Ludwig. 1999. *Tractatus Logico- philosophicus*, trans. C. K. Ogden. Mineola: Dover Publications.

Wolfe, Tom. 1987. *The Bonfire of the Vanities*. New York: Farrar, Straus and Giroux.

Yates, JoAnne. 1989. *Control Through Communication : The Rise of System in American management*. Baltimore: Johns Hopkins

University Press.

——. 2005. *Structuring the Information Age : Life Insurance and Technology in the 20th Century*. Baltimore: John Hopkins University Press.

Zaheer, Srilata A. 1997. Acceptable risk: A study of global currency trading rooms in the US. Working Paper 97-22, Wharton Financial Institutions Center, Philadelphia.

Zaheer, Srilata, and Elaine Mosakowski. 1997. The dynamics of the liability of foreigners: A global study of survival in financial services. *Strategic Management Journal* 18:439-464.

Zaloom, Caitlin. 2003. Ambiguous numbers: Trading and technologies in global financial markets. *American Ethnologist* 30:258-272.

——. 2004. The discipline of the speculator. pp. 253-269 in *Global Assemblages : Technology, Politics and Ethics as Anthropological Problems*, ed. Aihwa Ong and Stephen Collier. New York: Blackwell.

——. 2006. *Out of the Pits : Traders and Technology from Chicago to London*. Chicago: University of Chicago Press.

Zelizer, Viviana A. 1985. *Pricing the Priceless Child : The Changing Social Value of Children*. New York: Basic Books.

——. 1996. Payments and social ties. *Sociological Forum* 11(3): 481-495.

——. 1998. The proliferation of social currencies. pp. 58-68 in *The Laws of the Markets*, ed. Michel Callon. Oxford: Blackwell Publishers.

——. 2004. Circuits of commerce. pp. 122-135 in *Self, Social Structure, and Beliefs : Explorations in Sociology*, ed. Jeffrey C. Alexander, Gary T. Marx, and Christine L. Williams. Berkeley and Los Angeles: University of California Press.

——. 2007. *The Purchase of Intimacy*. Princeton: Princeton University Press.

后 记

搜索、探究、发现是本书的主题。在前言部分,我讲述了一系列论点,通过探究、不确定性、多样性、模糊性和反思性来探讨差异化结构的概念。我所开展的研究使我来到了不同环境的不同行动者身旁——陈旧匈牙利工厂中的工人、硅巷这一先进环境中的新媒体工作者以及世贸中心豪华玻璃温室里的套利交易者。在我跟随这些行为主体搜寻价值时,我的民族志案例研究是关于探究的探究。我使用了本领域研究的见解来探究本研究领域,我反思了已取得的研究进展,并对未来的研究提出了一些意见和建议。在后记中,我将探讨差异化结构的社会成本,反思从特定组织走向更广泛社会时这些成本会带来什么问题。

在关于经济社会学的网络分析方法的新作品中,我们可以看到一个典型的模式,它根据可识别的标准化公式来运转:确定一个或一些市场导致的问题,规定一个或者若干差异化结构带来的问题,然后解释这些市场和差异化结构特有的问题是如何通过网络解决的。就这样,这一战略取得了巨大成功。但很少有人会采取下一步行动①,即研究组织的网络形式所引发的问题。因此,下一个问题,用本书的话来说就是:差异化结构会带来什么问题呢?

正如我们在新媒体工作者身上最能敏锐地看到的那样,个体成本是存在的。在个人层面,对不同领域的许多人负责,可能会令人在情感上疲惫不堪,正如吉迪恩·昆达在对一家高科技公司的民族志研究中所强

---

① 关于对此模式的重要背离,请参见 Joel M. Podolny and Karen L. Page, "Network Forms of Organization," 1998。在 2001 年出版的《不确定环境下的模糊资产》(*Ambiguous Assets for Uncertain Environments*)一书中,我探讨了差异化形式造成的责任问题。

有力地证明的那样。[①] 令人好奇的是，过度劳累既是极端奉献的标志（为公司鞠躬尽瘁），也是耻辱的标志（自我管理失败）。最有价值的员工是那些能将工作推到心理边缘但又不会跌入情感悬崖的人。

在这里，差异化结构的研究可以从新制度主义的概念中获益匪浅，因为事实不是差异化结构没有自己的组织方案形式和约定俗成。宽容的习惯可以作为文化方案的一个例子，证明在多种评价原则的差异化环境中，人们将文化方案视为理所应当。[②] 但容忍可能是少数几个明确的优秀个人品质之一，而其他优秀个人品质则折射出了更为复杂困惑的两难境地。正如我在第三章结语中所建议的那样，当我们对许多人负责时，我们也可以不对任何人负责，或者最终只对自己负责，因为只有我们自己才可以成为自己贡献的真正评判者——在可能出现表现焦虑和过度劳累的环境中。

但是我们中的许多人不想要在抑制自我创造力的组织中工作。我们加入这些组织，正是因为它们能在最大限度上激发我们的潜能，使我们以自己的方式感受到自己的价值。我们重视在非层级的自我管理环境中工作的自主性，但是这种个人责任的伦理要求我们从管理工作（当然不是由他人来管理）转向自我管理。[③] 当人们开始无情地追求创新时，我们需要对新形成的组织习惯展开更多研究。

我们在个人层面上发现的表现焦虑是在社会层面上体现出来的。这里，我从差异化组织形式的特点转向了它所在的超企业家资本主义的更普遍特点。我们可以用本书开头的术语来思考这种超企业家的资本主义：社会层面的搜索是没有明确目标的——现在的搜索是如此极端，以至于我们的社会正处于这样一种危险之中，即在找到搜索目标时，我们甚至无法识别出它究竟是什么。这种搜索是无穷无尽的。它为我们带来了巨大的财富和科学、医学的进步，还使能让人快乐、健康和延长寿命的新技术得到更多的应用，造福千家万户。但是，这显然也是一种弊病。

---

① Gideon Kunda, *Engineering Culture: Control and Commitment in a High Tech Corporation*, 1993.

② Luc Boltanski and Eve Chiapello, *The New Spirit of Capitalism*, 2005.

③ 泰勒主义是关于工人阶级的管理，人际关系则是关于中层管理人员的管理，而最新的发展是关于管理高管的性格。如果咨询公司以前的目标是提高业绩，那么现在的咨询公司会就高级人员的个人业绩为他们给出建议。参见 Nigel Thrift, *Knowing Capitalism*, 2005。

在超企业家资本主义中，任何领域都可以成为利润最大化活动的目标。虽然我们希望儿童药物的制造商在不断追求进步、有效和安全的药品方面具有企业家精神，尽管我们希望汽车制造商和能源供应商能减少对政府保护的依赖，在追求绿色交通和可持续能源方面具有真正的企业家精神，但是我们真的想要企业家成为自己的精神领袖吗？在我的家乡俄克拉荷马城，VictoryChurch. tv 和 LifeChurch. tv 等大教堂的 MBA 牧师就是这样的企业家，在这些地方我们发现经济价值和精神价值彼此混合，令人不安。①

超企业家资本主义不断寻找着新的活动领域和新的创造力来源。②它在差异化组织的员工中找到了新源泉，它从中认识到，当创造力可以从等级控制中解脱出来时，它所受的限制也会变少。在这方面，它朝着实践群体运动所预期的方向发展，由此组织也开始意识到，活动并不是正式组织的，经常跨越正式组织边界的活动可以产生丰富的创造性表现。③ 但是当消费者进入生产过程时，他也在远远超出任何专业团体界限的能量中找到了创造力。就像"自我管理"的概念一样，"消费者是生产者"这一观念具有双重价值，它的积极内涵和福柯式的自我管理相互结合。

从最基本的过程说起。我在超市里，把货架上的东西拿下来，放到购物车里，这时我进行了一项富有成效但没有任何报酬的"劳动"。这对我来说可能是显而易见的，因为我记得祖父告诉过我，去杂货店的时候记得买几磅面粉，店员会在柜台后面帮顾客称重。如果我在收银台用商店的自助扫描设备来扫描商品，更多的读者会发现，本来超市是需要专门雇人来做这件事的。如果你在亚马逊网站上买了一本书，在键盘上输入你的地址、信用卡号和账单信息，或者如果你是通过电话订购商品的话，零售商本来是要专门雇人来做这件事的。

我不是指责在我做这些额外工作时超市没有付钱给我，也不是鼓励你把未收到报酬的敲键盘的账单寄给你最喜爱的在线零售商或你作为

① Ben Stark and David Stark, "Satisfaction Guaranteed：Megachurches as Shopping Malls," 2006.
② Nigel Thrift，"Re-inventing Invention：New Tendencies in Capitalist Commodification," 2006.
③ Ash Amin and Joanne Roberts，"The Resurgence of Community in Economic Thought and Practice," 2008.

常客的航空公司。人们很容易想起组织如何发现自己的生产资源是可以增加的,如果这些资源跨越了组织的正式边界。① 实际上,通常在这些情况下,组织往往会对你的义务劳动有些微妙的承认:邀请你成为它们的会员。某人曾是教堂、犹太教堂、民间协会或其他志愿组织的正式成员,而现在他的钱包里塞满了这个或那个常客计划的会员卡。

贝塔测试将终端用户作为产品设计的积极参与者,从而将这个过程带入了下一阶段。在软件和网站开发等领域的贝塔测试中,公司会发布公认有缺陷的产品,邀请用户帮助他们识别程序中的"bug"或故障。当用户下载测试版时,通常会收到短信欢迎他加入测试社区:"恭喜! 您已经下载了 XYZ(公司名称)测试版。这意味着您已自愿成为 XYZ 测试社区的一分子。棒极了! 欢迎您的加入。帮助别人不会占用您太多时间,也不需要您有什么特殊技能,但却有助于我们改进新产品。"② 用户可以提前使用新功能,而公司则吸引了数百万"眼球"来免费寻找新产品的缺陷。

科研人员早就认识到,在制造商推出新产品时,设计过程其实并没有彻底完成。相反,当用户抵制产品内置的某些功能、识别产品的潜在功能并改进产品时,用户其实是在帮助科研人员完成"设计过程"。电话、自行车和拖拉机都是著名的案例。③ 所有产品,特别是用户不熟悉的新产品,都需要相当大的解释灵活性。④ 新的"用户创新社区"使这一见解成了公司战略的一部分。这些公司不用无计划的方法,而是积极培

---

① 企业从无偿劳动中获益的历史和资本主义的历史一样古老。但是,在早期,这种做法是建立在对生育有贡献的弱势地位(例如,严重依赖家庭中无偿的女性劳动力)的基础上的,而今天,它是建立在客户自身的市场参与基础上的,促进了分销、营销和设计。

② Gina Neff and David Stark,"Permanently Beta:Responsive Organization in the Internet Era," 2003.

③ Claude S. Fischer, *America Calling:The Social History of the Telephone until 1940*, 1992;Trevor Pinch and Wiebe Bijker,"The Social Construction of Facts and Artifacts:Or How the Sociology of Science and the Sociology of Technology Might Benefit Each Other," 1987;Ronald Kline and Trevor Pinch,"Users as Agents of Technological Change:The Social Construction of the Automobile in the Rural United States," 1996.

④ Pinch and Bijker,"Social Construction of Facts and Artifacts."

养用户社区，并让用户参与设计过程的早期阶段。① 这就是搜索，你不知道自己的搜索目标，而是依靠用户进行搜索并识别搜索目标。

我和吉娜·内夫用"永久性贝塔"这一术语来指代在用户参与设计过程的制度障碍被消除时出现的组织。查尔斯·萨贝尔在非同寻常的背景下写作，提出了"莫比乌斯带组织"一词②——指的是莫比乌斯带的拓扑结构，它没有内部也没有外部。这些组织有着如此不确定的边界，以至于我们很难界定什么在内部，什么在外部。

新的社交网站从与用户合作、响应用户变成了为用户建立网站，网站上的所有内容都是由用户产生的，在这一过程中，搜索的规模和范围得到了前所未有的扩大。在新媒体公司 NetKnowHow 开展民族志研究时，我和莫妮克·吉拉德也对此类网站的先驱之一——由硅巷公司 Concrete Media 创立的 Bolt 做了一些研究。Bolt 是从互联网社区和电商网站起家的，试图成为"美国的网上高中报纸"。一开始，Bolt 聘请了许多青少年杂志的作家，向其支付业界最高的稿酬。后来，Bolt 自己也开发了一个空间，在那里青少年可以自己发布内容。Bolt 可以在线跟踪青少年的使用模式，编辑们发现青少年更有可能阅读同龄人写的文章——甚至是在他们开启隐身模式时，所以，导航到该网站的角角落落不是轻而易举的。再后来，Bolt 解雇了工资高昂的作家，采取了"用户即生产者"的模式，随后网站流量增加了，公司也得到了繁荣发展。2000年，也就是公司最为成功的时候，Bolt 的行政副总裁说："我们不会让人们坐在那里思考'青少年想要什么'，这没用，即使你能想出答案，一切也会很快发生变化。你可以试着替他们创作，但这没有什么用。我们现在95％的内容都是青少年自己创作的。"

Bolt 在互联网时代存在了很长一段时间，1996 年到 2007 年更是更

---

① Eric von Hippel, "Innovation by User Communities: Learning from Open Source Software," 2001；Raghu Garud, Sanjay Jain, and Philipp Tuertscher, "Incomplete by Design and Designing for Incompleteness," 2008. 用户"消费、修改、驯化、设计、改造、抵制技术"，并通过这个过程塑造技术，也被技术塑造着（Nelly Oudshoorn and Trevor Pinch, "Introduction: How Users and Non-users Matter," 2003）。

② Neff and Stark, "Permanently Beta"；Charles F. Sabel, "Moebius-Strip Organizations and Open Labor Markets: Some Consequences of the Reintegration of Conception and Execution in a Volatile Economy," 1990.

新了无数个版本。① 在动荡的岁月里,Bolt 不断遭到青少年用户的集体性反抗,因为他们憎恨 Bolt 在用户活动中偷偷植入赞助商广告,抵制这一商业化倾向。这些反抗预示着未来脸书(Facebook)的持续挣扎,脸书凭借着更强大的软件,先是占领了大学社交网络市场的巨大份额,然后一举占领了高中社交网络市场。最近,脸书被迫退出了某广告平台,因为该平台跟踪了脸书在第三方合作网站上的会员交易,并将其变成代言,植入朋友的"新闻推送"中。在 MoveOn.org 组织 5 万多名脸书用户签署了请愿书后,脸书被迫改变了政策。

社交网络的目的其实是将用户内容和用户的人脉变现。商业社交网络体现了资本主义几个世纪以来的发展:生产的日益社会化与利润的私有化相结合。社交网站成了最持久的商品化和强化价值搜索的争夺焦点。

在战争、贫困和环境灾难的背景下,毫无疑问,类似于脸书上的战争显得有些微不足道。但是它们也在小范围内表明,如果组织将差异化范围扩大到公司的正式边界之外,也会造成更大的社会困境。当然,我们更喜欢响应性强的组织,还有什么方法能比让我们参与组织建设更具有响应性呢?当然,我们更喜欢至少表面上有面对面沟通的组织。但是,那些因我们的参与和我们社区的结构而繁荣的组织,难道我们在它们的方式和目标上就没有发言权吗?

我不是要谴责什么,或指手画脚地说:"这里,你看,真正控制这些组织的人在顶层。问题就出在这里。"事实上,我认为这个问题更具有挑战性。更有趣的困境是这些新组织形式是复杂系统,其中核心问题不再是以直截了当的控制语言进行表述。从辩论的角度来说,为了进行强调,可能把它们看成失控的系统会更为准确。如果要减少争议,可以将它们视为一种体系,其受益人意识到当他们放弃直接控制时,他们可以增加自己的利润。②

像"权力的缰绳"这样的常见比喻是带有误导性的。权力是被"行使

---

① 具有讽刺意味的是,由于 Bolt 很早就认识到这些青少年原创内容的价值,在环球传媒集团(UMG)提起的一场诉讼中,它被迫支付数百万美元的庭外和解金,从而导致破产。UMG 控告 Bolt 侵犯版权,理由是用户在 Bolt 网站上未经授权使用 UMG 的视频和音乐(Saul Hansell, "Universal Near Deal with Video Site on Royalties," New York Times, February 12, 2007)。

② John Seely Brown, "Introduction: Rethinking Innovation in a Changing World," 1997.

的"这一观念也是如此——好像它是组织的健美体操。这些关于权力的观点是可以由人掌控或理解的,也是令人欣慰的,因为它们表明,如果权力可以由目前没有权力的人掌控,那么事情就可以得到纠正,并重新得到控制。但是这些给人安慰的观念是错误的,因为权力以差异化的形式遍布于整个组织,它是分散而非集中的。而且,即使我们可以将权力置于"最高层",抓住它,我们又能用它来做什么呢?如果我们坚持维持原样,那么我们就可以建立新的等级制度,但对于那些"在底层"试图推翻这个制度的人来说,这肯定不是他们想要的结果。如果我们分散权力,那么我们将建立差异化结构,然后我们会发现自己面临着这些问题:分散权威、横向问责、竞争的评价原则、竞争的表现标准、将自我管理作为自我的管理,以及在谁是不是组织成员的模糊情况下,谁对莫比乌斯带特质是有发言权的。换句话说,我们面临的正是我一直指出的那些难以控制的过程。差异化结构带来了问题,其中许多问题无法在差异化组织的层面上得到解决。

这些问题其实都有现成的答案:平息竞争性评价原则之间的冲突。让我们形成单一的经济价值指标——市场价值;让我们形成单一的社会价值观指标——"家庭价值观"。

但还有一个答案:对差异化结构问题的反应不是减少差异化结构,而是增加差异化结构——评价原则间的竞争,不仅是在组织内部,而且是在更广泛的社会范围内。因此,答案不在于控制,而在于政治,差异化政治①,通过阐明有价值的替代原则而公开挑战价值的市场尺度。

举个例子,在回答"生物圈的价值是什么"这一问题时,哈佛大学生物学家爱德华·威尔逊讨论了将市场价值放在其生产力上的行为,但总结认为其他指标更有价值,正是对未来的不确定,才使这种定价变得徒劳无功:"没有人可以预料到任何动物、植物或微生物在未来的全部价值。其潜力已经跨越了一系列已知的、迄今为止无法想象的人类需求。"②

挑战价值搜索的市场主导地位的过程不可能一帆风顺,但是,正是因为不协调可以变成富有成效的不协调,我们才有信心驳斥任何指责它

---

① David Stark and László Bruszt, "One Way or Multiple Paths? For a Comparative Sociology of East European Capitalism," 2001.

② J. K. Gibson-Graham, *A Postcapitalist Politics*, 2006; Ash Amin and Nigel Thrift, *Reinventing Politics*, forthcoming.

会抑制企业活动的指控。这种企业家精神将是创新重组的,但它不会以市场利益为导向。[①] 当价值搜索从利润搜索中释放出来时,评价原则之间真正差异化竞争的摩擦将产生新的创业形式。

面对我们社会当前的适应性危机,面对真正对我们自然和社会环境的破坏,我们需要新的创业形式。重点不仅限于采取新的目的和手段,以一种能够维持我们的社区和环境的形式建立政策和实践来创造财富,我们还需要社会摩擦,以及产生能够识别创新解决方案的反思性认知。

在组织领域,复杂性是各种评估原则的相互交织。当有多个标准来衡量资产构成时,企业资产就会得到相应增长。在社会层面也是如此:当构成价值的要素中产生了组织失衡时,价值就增加了。在过去,时代的不确定性增加了我们社会的风险,而现在则是搜索的不确定性增加了全球性的风险。为了迎接这一挑战,我们必须勇于走出已知的搜索空间。用对财富的追求来引导搜索,用市场术语来说,将使人类陷入贫困,资源陷入枯竭。为了追求更多的财富而失去了我们的世界,对我们又有什么好处呢?

值得吗? 当我们中有更多的人站出来,用不同的声音从不同的立场来问"什么是值得的",我们就可以做得更好。差异化搜索是失衡的,但正是失衡才带来了发现。

---

① Edward O. Wilson, *The Future of Life*, 2003, p. 113.